맞수기업열전

맞수기업열전

RIVAL NOMICS

정혁준 지음

기업가정신이 필요하다

'기업가'를 사전에서 찾아보면 세 가지의 다른 한자 표기를 발견할 수 있다. 기업가企業家는 일반적으로 기업을 경영하는 경영자를 뜻하며, 기업가起業家는 일으킬 기起가 뜻하는 대로 새로운 가치나 일자리를 창출하는 사람을 말하며, 기업가機業家는 천을 짜는 사업을 하는 사람을 표현한다.

기업가정신entrepreneurship이라고 할 때의 기업가는 두 번째의 의미를 담고 있다. 즉, 현상유지의 수준을 뛰어넘어 위험에도 불구하고 새롭게 도전함으로써, 새로운 가치를 창출하고 일자리를 만드는 마음가짐과 행동력이 기업가정신의 핵심이다. 기업가정신은 국가경제 전체의 활력을 불러일으키고, 성장의 원동력과 일자리 창출에 중요한 몫을 담당한다.

우리나라에서는 최근 들어서 기업가정신이 계속 위축되고 있다. 우리나라에서 기업가정신이 쇠퇴하고 있는 이유에 대해서는 네 가지 가능성이 존재한다. ① 사업 기회가 줄어들기 때문이거나, ② 성공에 대한 보상이 크지 않아서일 수 있으며, ③ 성공 확률 자체가 아주 낮기 때문이거나, ④ 실패했을 때의 위험도가 아주 크기 때문일 가능성이 있다.

그러나 진정한 기업가정신의 관점에서 본다면 처음 두 가지 측면은 기업가정신 쇠퇴의 근본적인 이유라고 보기는 어렵다. 인류 역사상 새로운 사업기회는 끊임없이 생겨났고, 진정한 기업가는 보통 사람들이 볼 수 없는 기회를 찾아서 새로운 가치를 창출하는 사람이기 때문이다. 또한 진정한 기업가란 결과에 대한 욕심 이전에 자기가 하고 싶고 옳다고 믿는 일을 하는 사람이기 때문에, 보상이 크지 않다는 것이 기업가정신 쇠퇴의 근본적인 이유는 되지 못한다.

우리나라에서 기업가정신을 쇠퇴하게 만드는 가장 근본적인 이유는 낮은 성공 확률과 한 번 실패했을 때 다시 재기할 기회를 주지 않는 사회 시스템에서 찾을 수 있다.

이 책에 소개된 기업들은 이러한 어려움에도 불구하고 남들이 찾기 어려운 기회를 포착하여 도전하고 결국 좋은 성과를 낸 기업들이다. 중소기업들의 사례들이 많았으면 하는 아쉬움은 있지만, 기업가 정신이라는 추상적 개념을 눈으로 확인할 수 있는 구체적인 사례들이라고 할 수 있다. 또한 경쟁자는 동반자라는 진리를 다시 한번 확인시켜준 구체적인 기록들이기도 하다.

이 책이 기업가정신에 대한 관심을 다시 불러일으키고, 공감대를 형성하는 데 일조하기를 바란다.

안철수 · KAIST 석좌교수

안 철 수

성공의 힌트를 찾아라

요즘, 하루에도 수없이 쏟아지는 위기극복 전략 이론과 성공 사례의 홍수 속에서 현기증을 느낄 만합니다. 저에게는 오히려 이런 때일수록 가장 기본적인 원칙이 선명하게 다가옵니다.

'위기관리는 평소에 해야 한다'는 평범한 진리입니다. 위기가 닥쳤을 때, 무엇을 해야 할지 몰라 허둥대는 경우가 있고, 긴장은 되지만 지속성장을 위해 흔들림 없이 계획대로 추진하는 경우도 있습니다.

이 차이는 결국 기업 경영에 리스크관리 원칙을 '평소 실행했는지 여부'에 따라 나뉘며, 실제 위기가 우리 곁에 왔을 때 그것에 대해 우려하고 대응하는 것은 이미 늦은 게 아닌가 생각합니다.

그런 차원에서 저희는 지금, 그때가 언제인지는 정확히 알 수 없으나 이 '위기라는 비가 그쳤을 때'를 차분히 준비하고, 실행하고 있습니다.

사실 현대카드와 현대캐피탈의 빠른 성장속도와 경영실적에 많이들 관심을 갖고, 그 비결에 대해 궁금해 합니다. 저희는 이 세상에 존재하지 않는 혁신적 경영기법을 새로 만들어냈다기보다, 지극히 평범하지만 중요한 원칙을 회사의 역량과 DNA에 맞게 전략으로 설정한 후, 예외 없이 지켜나가기 위해 끈기 있게 노력했을 뿐입니다.

이 책은 대한민국 대표 기업들이 각자의 방식으로 어떻게 위기를 극복해 왔는지, 또 어떻게 선의의 경쟁을 펼치며 오늘날에 이르렀는지에 대한 생동감 넘치는 이야기들로 구성되어 있습니다.

이 속에서, 기업의 혁신과 성공에 대한 좋은 힌트와 지혜를 얻을 수 있기 바랍니다.

정태영 · 현대카드/현대캐피탈 대표이사

당신의 맞수는 누구입니까?

케인스와 하이에크, 제갈공명과 사마의, 김연아와 아사다 마오, 소녀시대와 원더걸스, 송대관과 태진아, 마크 맥과이어와 새미 소사….

세상에 이름을 남긴 멋진 맞수들The Rivals입니다. 물론 우리 주변에도 맞수는 있습니다. 지금 이 순간에도 우리는 회사에서, 학교에서, 조직에서, 치열한 경쟁을 벌입니다. 그러다 보면 우리는 맞수를 만나게 됩니다.

불황의 시대, 맞수끼리의 경쟁은 더욱 불꽃을 냅니다. 기회는 불황의 골만큼 낮고 그 기회를 얻기 위한 경쟁은 치열해지니까요. IMF보다 더 어렵다는 2009년입니다. 미래의 전망은 안 보이고 살아갈 날은 막막합니다. 앞으로 5년 뒤를 생각하면 한숨만 나옵니다.

하지만 IMF 때도 그랬습니다. 그때도 온통 잿빛 미래였습니다. 그렇지만 5년이 지난 뒤 기회를 찾아낸 사람이 있었습니다. 그들은 바로 옆자리에 앉은 동료였고 맞수였습니다.

이번 위기가 지나가고 나면 승자와 패자가 확연하게 갈릴 게 분명합니다. 위기는 모든 것을 쓸어가 버릴 것 같지만 위기가 끝나면 언제나 새로운 패러다임이 나타났습니다.

이 책에 나오는 수많은 맞수기업들은 서로 경쟁하며 새로운 패러다임을 찾아 성공했습니다. '맞수의 경제학', 이른바 '라이벌노믹스'입니다.

이 책은 맞수를 상대하고 경쟁에 이기기 위한 전략 보고서이자 백서입니다. 일단 스스로가 맞수기업의 CEO가 돼 보기 바랍니다. 내가 삼성전자의 CEO라면 LG전자와 경쟁할 때 "이런 전략을 썼을 텐데"라며 새로운 전략을 세워 보세요. 경영·경제학에서 나오는 경쟁전략 이론을 체득하게 될 것입니다.

맞수는 거꾸러뜨려야 할 상대만이 아닙니다. 협력하고 전략적으로 게임해야 하는 상대자이기도 합니다. 맞수는 자신을 더욱 강하게 단련시키고 성장시켜주는 한없이 고마운 존재인 것이죠.

이 책은 위기에 어떻게 대응해야 할지 고민하는 사람들을 위해 준비했습니다. 위기를 기회로 만들려는 사람을 위한 책입니다. 책을 관통하는 맥은 크게 3가지입니다. 기업가정신과 게임의 법칙, 그리고 변화에 적응하는 기업의 진화입니다. 이 책을 통해 통찰insight해 보시기 바랍니다.

위기에서 기회를 찾은 사람에겐 닮은 점이 있습니다. 기업가 정신으로 불리는 '앙트레프레누어십Entrepreneurship'입니다. 이 말은 '시도하다' 또는 '모험하다'라는 프랑스어에서 유래됐습니다. 지금과 같은 위기국면에서 과감한 도전과 신선한 발상으로 경쟁자를 앞서 나가기 위해 필요한 것입니다. 미국의 경제학자 조지프 슘페터도 끊임없이 새로운 기회를 찾아 나서는 기업가 정신을 자본주의 경제의 발전 동력이자 변화의 주체로 꼽았습니다.

기업가정신이란 게 CEO에게만 필요한 게 아닙니다. 회사를 때려치우고 창업을 하는 사람에게만 필요한 것도 아닙니다. 회사원들에게 기업가정신은 더욱 필요합니다. 위기와 불황의 시기, 진취적인 기업가정신이야말로 성공하는 지름길입니다.

지금 기업들의 화두는 창조 경영입니다. 이 말은 기업가정신의 다른 말입니다. 기업들은 지시와 규율에 따라 움직이는 수동적인 직원에게 더이상 기대를 걸지 않습니다. "이 회사가 내 회사"라고 생각하며 일하는 사람을 원합니다. 그런 사람이 성과가 높기 때문입니다. 고난을 헤쳐 뚫고 나갔던 정주영 회장과 이병철 회장이 그랬던 것처럼 말이죠.

기업가정신이 있는 사람일수록 더 많은 돈을 벌어들인다는 것을 아십니까? 지난해 '골프황제' 타이거 우즈는 1524억 원을 벌었습니다. 전체 스포츠 선수 중 최고 수입입니다. 골프공을 똑바로 더 멀리 보낼 수 있는 이론적 지식은 우즈보다 그의 코치가 더 많이 알고 있을 겁니다. 하지만 위기를 헤쳐 나가는 실행력과 도전정신에선 우즈가 더 앞섭니다. 누가 더 많은 보상을 받아야 할까요? 회사의 전략 기획실은 CEO보다 더 많은 정보와 전략을 갖고 있을 것입니다. 하지만 CEO는 더 많은 연봉을 받습니다. 우즈와 CEO가 많은 보상을 받는 이유는 기업가 정신을 갖고 실행하는 사람이 상대적으로 적기 때문입니다.

요즘 어렵다고 시중에 나와 있는 경제학 책이나 자기계발서를 많이 찾습니다. 그렇게 하면 지금의 위기를 극복하고 기회를 찾을 수 있을까요? 그런데 그런 책을 읽는 사람조차 스스로 확신을 갖고 책을 읽지는 않습니다.

왜 그럴까요? 혼자 열심히 한다고 해서 승자가 되는 것이 아니기 때문입니다. 이겨야 하는 경쟁시대입니다. 경쟁은 혼자하는 게 아닙니다. 회사에서 또는 사회에서 살아남기 위해선 경쟁자를 분석해야 합니다. 자기 옆자리 동료와 같은 직급의 사람들이 어떻게 행동하느냐를 먼저 파악해야 합니다.

이를 위해선 게임이론game theory이 필요합니다. 게임이론은 상대편의 대응 전략을 고려하면서 자기의 이익을 효과적으로 달성하기 위해 어떠한 전략을 선택할 것인가를 분석하는 것입니다.

게임이론은 이른바 '죄수의 딜레마'로 풀이하기도 하죠. 독방에 따로 갇힌 두 죄수가 각각 심문을 받습니다. 둘 다 죄를 부인하면 무죄입니다. 둘 다 죄를 인정하면 5년 징역형입니다. 한쪽만 고백하고 다른 쪽이 부인한다면, 고백한 죄수는 무죄로 석방되고 부인한 죄수는 10년 징역형을 받습니다. 최선의 선택은 둘이 지은 죄를 고백하지 않고 무죄로 방면되는 것입니다. 하지만 서로 믿지 못하는 상황에서 합리적인 선택을 하기 쉽지 않습니다.

이 책을 쓰면서 저도 게임이론을 철저히 체득했습니다. 맞수기업은 숙명적으로 1등과 2등 기업으로 나눠지기 마련입니다. 일단 1등 기업은 자료 요청과 인터뷰 같은 취재를 거부합니다. 2등 기업과 묶이기 싫다는 것이지요. 특히 매출에서 차이가 큰 1등 기업은 강하게 반발하기 마련입니다.

우선 저는 협상 전략을 씁니다. 예를 들어 소주회사라면 1등 기업에게 "소주회사의 맞수 경쟁을 보여줌으로써 소주시장의 파이를 키울 수 있다. 맥주와 사케와 같은 술을 찾는 사람들이 소주에 관심을 갖게 만들 수 있잖느냐"고 부탁해 봅니다. 만약 협상으로 풀리지 않을 경우, 협박전략도 동원합니다. "자료가 없더라도 글을 쓴다. 하지만 내용이 풍부하지 않을 수 있다. 그렇게 되면 오히려 2등 기업보다 1등 기업이 초라하거나 빈약하게 보일 수 있다"고 어릅니다.

대부분의 기업들은 결국 취재에 협조합니다. 1등 기업으로선 글이 안 나가는 게 최선의 전략입니다. 하지만 이왕 글이 나올 바에는 자신들의 본모습을 화끈하게 보여주는 것이 전략적인 접근입니다. 저로서도 독자에게 더 다양한 정보를 줄 수 있게 되고, 독자도 풍부한 내용을 읽게 돼 저와 독자의 이익도 극대화될 수 있습니다.

글로벌 기업 삼성전자가 즐겨 쓰는 '치킨게임'도 게임이론의 하나입니다. 반도체, LCD 분야에서 1등 기업인 삼성전자는 대규모 투자로 상대를 위협해 상대가 투자를 포기하고 궁극적으로 사업에서 철수하도록 유도하는 전략적 방법을 씁니다. 후발자는 어떻게 해야 할까요? '게임의 룰'을 파괴하는 것이 후발자들의 전략입니다. 이 글에 나오는 CJ의 '다시다'와 현대카드의 'M카드'가 대표적이지요.

결국 게임이론은 전략적 마인드를 갖게 하는 것입니다. 자신의 전략이 중요하지만 그에 못지않게 상대방 전략에 관한 예측도 중요합니다. 그렇기 때문에 혼자서 경제학 책을 읽더라도 결코 자신의 경쟁력을 높이는 데는 도움이 안 됩니다. 자신의 이익을 극대화하려면 상대방, 특히 맞수가 어떻게 반응할 것인지를 예상하는 것이 중요하기 때문입니다.

　이 책은 각 분야에서 1위를 놓고 경쟁하는 맞수기업을 앞세워 기업가정신과 게임의 법칙을 보여주고 있습니다. 여러분이 몸담고 있거나 여러분의 자녀들이 도전해야 할 기업의 탄생과 생존 비밀을 소개합니다. 맞수기업들이 어떻게 시대변화를 읽고 기업을 만들었는지, 위기 속에서 새로운 시장을 개척해나가는지를 제시하고 있습니다. 위기와 불황을 뛰어넘은 한국의 초일류 기업들의 미래 전략도 엿볼 수 있을 것입니다. 『삼국지』처럼 재미있게 술술 읽으면서 자연스럽게 전략적 마인드를 체득했으면 좋겠습니다.

　마지막으로 이 글을 준비하면서 사내 도서실에서 무수한 기업들의 사사社史와 씨름했습니다. '△△기업 30년사' 'ㅇㅇ기업 60년사' 등 책장에 꽂힌 사사 가운데선 이미 우리 곁에서 사라진 기업들도 많았습니다. 빛바랜 기업 사사를 보면서 기업이 지속가능하기가 얼마나 어려운지 다시 한 번 느끼게 됐습니다.

2009년 7월
정혁준

|차례|

제1법칙 기업가정신의 법칙

제5법칙 진화의 법칙

스토리텔링의 법칙

RIVAL NOMICS

우리나라의 평균수명은 80살가량 됩니다. 하지만 은퇴는 60살이 채 안돼 맞이
해야 합니다. 이 때문에 대부분의 사람들은 인생의 한두 번은 창업을 해야 합
니다. 하지만 성공가능성은 10%도 안되는 게 현실입니다. 젊어서부터 기업가
정신을 길러야 하는 이유입니다.

제1법칙에서는 당신이 꼭 알아야할 창업의 비밀을 담았습니다. 이젠 글로벌에
서 경쟁하는 삼성전자와 LG전자의 창업 과정, 젊은 벤처기업 넥슨과 엔씨소프
트의 도전과 좌절의 얘기가 나옵니다.

이병철 회장, 정주영 회장, 구인회 회장 등 전설적인 경영자들은 물론 여전히
젊은 김택진 사장, 김정주 대표도 만나게 될 것입니다. 이들로부터 존 메이너
드 케인스가 말한 '야성적 충동Animal Spirits'의 기업가 정신을 통찰해 보기
바랍니다.

팁에서는 기업가 정신과 리더십에 관한 내용을 실었습니다. 실제로 창업을 하
지 않더라도 기업가 정신을 갖고 있는 사람과 그렇지 않은 사람은 회사를 보는
시각과 일하는 모습에서도 확연히 차이가 납니다. 실제로 많은 CEO들은 기업
가 정신이 충만한 사람을 원하고 있습니다. 진취적인 기업가 정신은 당신을 성
공으로 이끌어 줄 것입니다.

기업가
정신의
법칙

VS

삼성전자 반도체로 세계에 나서다
VS
라듸오로 샛별 시장을 열다 LG전자

"구 회장, 우리도 앞으로 전자사업을 하려고 하네."

1960년대 말 어느 날, 이병철 삼성그룹 회장이 구인회 LG그룹 회장과 커피를 마시다 전자사업 얘기를 꺼냈다. 구 회장이 벌컥 화를 내며 "이익이 남으니까 하려고 하지!"라며 자리를 박차고 나가버린다.

삼성과 LG는 사돈 집안이었다. 이병철 회장의 차녀 숙희 씨와 구인회 회장의 삼남 자학 씨가 결혼해 사돈을 맺었다. 또 이 회장과 구회장은 경남 진주의 지수초등학교에서 책상을 나란히 맞대고 공부하던 사이였다. 하지만 삼성의 전자사업 진출로, 두 사람은 끝내 서먹서먹해지며 맞수기업의 최고경영자로 갈라선다.

삼성전자와 LG전자(옛 금성사). 두 회사 모두 회사 이름에 별이 들어가 있다. 그래서 두 기업의 경쟁은 '별들의 전쟁'이다. 두 회사는 냉장고 · 세탁기부터 LCD · PDP · 휴대전화 · 디지털TV까지 서로 겨룬다. 국내뿐만이 아니다. 세계에서 1, 2위를 놓고 별들의 전쟁을 벌인다.

금성, 첫 국산 라디오를 내놓다

사실, 전자사업을 먼저 시작한 쪽은 LG였다. LG는 한국전쟁의 흔적이 채 가시지 않은 1958년 금성사를 만들면서 전자사업에 뛰어들었다. 아무도 가지 않은 길이었다. 회사 이름도 '샛별'이라는 뜻의 금성사로 지었다. 제조업이라고는 밀가루와 설탕, 면직물과 같은 이른바 3백白 산업이 고작이었던 때였다. 지금으로 따지면 벤처기업과 같았던 전자회사를 차린 것이다.

금성사는 창립 1년 만인 1959년 11월 첫 국산 라디오 A501을 만들어냈다. 라디오에는 금성사의 상징인 왕관 모양 마크와 '골드스타Goldstar' 로고도 함께 찍혔다. 제니스의 미제 라디오가 판치던 때였다.

LG전자 사사社史인 『LG전자 50년』을 보면, 첫 국산 라디오를 내놓게 된 배경이 잘 나와 있다. 구인회 회장은 1958년 형제들과 장남 자경(현 LG 명예회장)을 불러 모아 이렇게 말했다.

"우리가 언제까지 미제 PX 물건만 사 쓰고 라디오 하나 몬 맹글어 되겠나. 누구라도 해야 하는 기 아이가? 우리가 한번 해보는 기라. 몬자 하는 사람이 고생도 되겠지만서도 하다보면 나쇼날이다, 도시바다 하는 거 맹키로 안 되겠나."

금성사의 라디오는 처음에는 잘 안 팔렸다. 당시엔 도시는 물론,

시골에서도 라디오의 필요성을 못 느꼈다. 이 때문에 구 회장은 돈만 먹는 전자사업을 접으라는 요구에 시달렸다. 하지만 행운이 찾아왔다. 박정희 정부가 대국민정책 홍보를 위해 농촌에 라디오 보내기 운동을 대대적으로 벌였다. 그 결과 1961년 89만여 대였던 라디오 보급 대수가 1962년 말에는 134만 대로 늘어났다.

금성라디오는 시에도 등장할 정도로 한 세대를 풍미했다. 1961년 김수영은 아내가 '금성라디오 A501'을 사온 것을 소재로 「金星라듸오」라는 시를 썼다. 한 기업의 제품이 광고나 홍보가 아닌 문학에 등장하는 것은 매우 드문 일이다. 라디오가 그만큼 서민들의 삶과 가까이 하고 있음을 반영하고 있는 셈이다.

'순간의 선택이 10년을 좌우합니다.'

1975년 나온 금성사의 '샛별TV' 광고에서 나온 카피였다. 순간과 10년을 대비해 강렬한 제품 이미지를 이끌어 냈다. 샛별TV는 10년 정도 판매됐는데, 광고 카피는 지금도 선택의 중요성을 강조하는 상황이나 주례사에 종종 쓰일 정도다.

삼성의 전자사업 진출은 한발 늦었다. 이병철 회장과 박정희 대통령과의 불편한 관계도 한 원인이 됐다. 박 대통령은 이 회장을 "설탕과 밀가루 같은 소비재 장사나 하는 사람"이라 폄하했고, 이 회장 역시 박 대통령을 "만주사관학교를 나온 천박한 군인"(『묻어둔 이야기』, 이맹희 엮음, 청산, 1993)으로 여겨 서로 껄끄러운 사이였다.

삼성은 1969년 일본 산요와 합작투자 계약을 맺고 전자사업 인가 신청을 냈다. 하지만 금성사는 과당 경쟁이 격화될 것이라며 삼성의 전자사업 진출을 결사적으로 막았다. 결국 모든 제품을 전량 수출한다는 조건으로 삼성은 전자사업에 진출한다. 하지만 몇 년 뒤 삼성전자는 내수시장에도 진입한다. 초기에 삼성은 금성에 밀렸다. 라디오, 세탁기, TV 등 생활 가전 분야에서 삼성은 만년 2위였다. 이 회장은 "왜 이리 당하기만 하노"라며 격노했다.

하지만 삼성전자는 '이코노TV'라는 걸출한 스타를 만들어냈다. 당시 TV는 스위치를 켠 뒤 20초 이상 지나야 화면이 나왔다. 이코노TV는 이를 5초 이내로 단축시켰다. 1975년 8월 이코노TV가 나오자 선풍적인 인기몰이를 했다. 이듬해에는 500퍼센트라는 경이적인 성장을 기록했다.

반도체, LCD, 휴대폰에서의 맞수 경쟁

반도체. 삼성전자가 만년 2위를 벗어나 글로벌 기업으로 거듭나게 한 '산업의 쌀'이었다. 삼성은 1974년 이건희 회장(당시 동양방송 이사)이 사재를 털어 부도 직전이었던 한국반도체를 인수해 반도체 사업에 발을 들여놓는다. 삼성전자가 본격적으로 반도체 사업에 나선 것은 1980년대부터다. 1983년 도쿄 오쿠라호텔에 체류 중이던 이병철 회장은 장고 끝에 반도체 신규 투자를 견심한다. 이른바 '2·8 도쿄구상'이다. 만 73세의 노사업가가 반도체 입국을 선언한 것이다. 오일쇼크를 견뎌낸 일본의 저력이 반도체 등 첨단 정보통신 기술에 있었다고 판단했기 때문이다. 하지만 당시로선 무모한 도전이란 여론이 팽배했다. 대규모로 투자해야 하지만 성공 보장이 안 된다는 이유에서였다.

1983년 삼성전자는 당시 미국과 일본만 보유하고 있던 64KD램 개발을 선언했다. 경쟁사들은 무모하다며 비웃었다. 그러나 삼성은 64KD램 기술 개발에 성공한 데 이어, 1984년에는 256KD램을 개발해 반도체를 수출하기에 이른다. 1992년에는 D램 반도체 시장점유율 세계 1위를 차지했다.

반면 금성사는 반도체에 아픈 추억을 갖고 있다. 삼성전자가 한국반도체를 인수해 반도체사업에 나서자, 금성사도 1979년 대한전선의 대한반도체를 사들여 금성반도체를 출범시켰다. 금성반도체는 금성일렉트론으로 이름을 바꾼 뒤 1990년 1메가D램, 1991년 4메가D램을 잇따라 내놓으며 삼성전자와 경쟁을 벌였다. 하지만 1998년 김대중 정부의 빅딜정책으로 반도체사업을 현대그룹에 양보하게 된다. 구본무 LG회장은 청와대에서 LG에 반도체사업이 얼마나 중요한지 역설했으나 어쩔 수 없었다. 그날 밤 구 회장은 "모든 것을 다 버렸다"며 통한의 눈물을 흘렸다.

1993년 삼성은 27년 이상 써오던 세 개의 별이 그려진 로고를 푸른색 바탕에 'SAMSUNG'을 새겨 넣은 현재 로고로 바꿨다. 1995년에는 럭키금성그룹이 LG그룹으로 기업이미지CI를 교체해, 30년 넘게

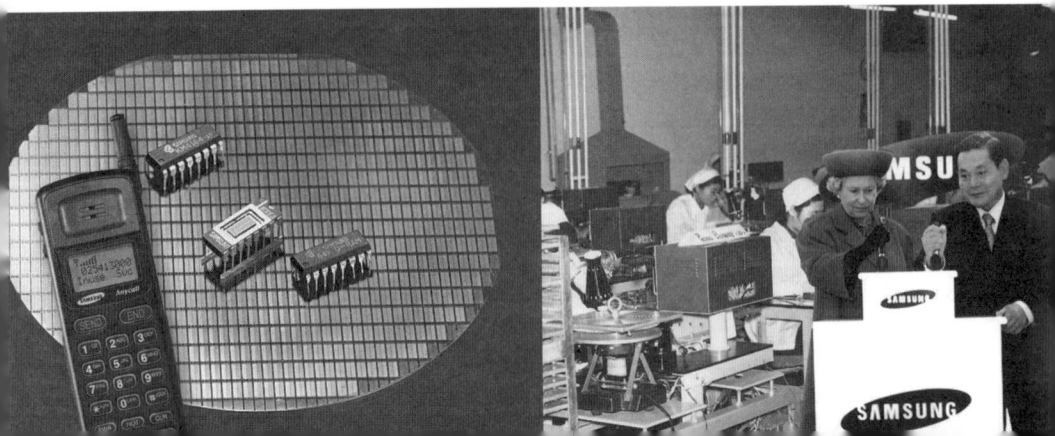

신혼부부들의 혼수 1호로 각인되었던 금성사는 역사 속으로 사라졌
다. 이미지 교체 뒤 LG는 '사랑해요 엘지~'라는 광고송을 히트시켰
고, 삼성은 '세계 초일류 기업'이라는 이미지를 부각했다. 두 회사는
최근까지 LCD와 PDP, 디지털TV 분야에서도 앞서거니 뒤서거니 하
면서 치열한 경쟁을 벌였다. 어느 때부터인가 두 회사는 세계 1, 2위
를 놓고 경쟁을 벌이고 있다.

휴대폰 15만대 화형식에 처하다

그 정점은 LCD 경쟁에서 첨예하게 형성됐다. 기술 수준은 막상막
하다. '삼성 파브와 LG 엑스캔버스 중에 어떤 것이 더 좋은가'라는
질문은 '엄마와 아빠 중 누가 더 좋으냐'는 질문과 비슷하다. 삼성전
자의 강점은 전체적으로 화면이 밝고 뚜렷하고 선명하다는 점이다.
삼성이 사용하는 패널TV 화면이 크리스털 블랙 패널이기 때문이다.
말 그대로 유리 성분이 섞여 있는 것인데, 그래서 밝은 곳에서 볼 때
화면에서 반사가 일어나기도 하고 장시간 볼 때는 눈이 피로해진다는
의견이 있다. 반면 LG의 최대 장점은 화면이 부드럽고 가장 자연색에
가깝다는 것이다. 선명도는 삼성에 비해 약간 떨어진다. LG는 이것을

사운드 전문가 마크 레빈슨이 직접 튜닝한 인비저블 스피커를 통해 보충했다. 음향이 '빵빵' 해진 것이다. 이런 평가 속에서 양사의 텔레비전은 시장에서 여전히 치열한 평행선을 달리고 있다. 차별화된 기술력으로 상대의 빈 곳을 메우고, 내가 모자라는 부분을 상대에게 허용한다. 빈틈없이 결합된 맞수기업의 경쟁구조 때문에 이 같은 백중세가 가능한 것이다.

휴대전화 사업에서 두 회사의 도약은 눈이 부실 정도다. 1990년대 초반까지 국내 휴대전화 시장은 모토로라가 장악했다. 1994년 삼성은 '산악이 많은 우리나라의 지형 구조에 맞는' 휴대전화를 내놓는다. 삼성전자의 브랜드 신화가 된 '애니콜' 이다.

삼성전자의 휴대전화와 관련한 일화 하나. 1995년 삼성전자의 휴대전화 화형식이 있었다. 휴대전화 품질이 좋지 않다는 평가를 들은 이건희 회장의 지시로 삼성전자는 출시한 단말기 15만 대(약 150억 원) 규모를 회수해 구미공장 직원들이 보는 앞에서 모두 태워버렸다. 그 뒤 삼성 휴대전화는 획기적으로 달라졌다고 삼성 사람들은 말한다. 발로 밟고 벽에 던져도 통화에 아무런 이상이 없는 휴대전화가 등장했다는 것이다. '삼성이 만들면 다르다' 는 말이 고객들에게 어필하기 시작했다.

LG전자도 삼성전자의 휴대폰 개발에 자극받아 '빌딩이 많은 도시 지형에 맞다' 며 화통이라는 휴대전화를 내놓았으나 큰 재미를 못 본다. 삼성에 끌려다니지 않기 위해서는 뭔가 뒤통수를 치는 아이템이 필요했다.

고심 끝에 범주 전환의 묘를 발휘했다. 1997년 10월 LG전자는 '귀

족의 자손'이라는 뜻의 '싸이언cION'을 내놓았다. 휴대폰이 나를 대변해주는 액세서리로 인식되기 시작했다는 걸 노린 전략이었다. 이것은 소비자들의 마음을 설레게 했다. 싸이언은 2000년 사이버공간Cyber을 연다on는 뜻의 'CYON'으로 이름을 바꿨다.

애니콜과 초콜릿폰의 글로벌 경쟁

LG전자는 2005년 11월 '초콜릿폰'을 선보이며 애니콜에 도전장을 낸다. 초콜릿폰은 이전 휴대전화 틀을 깨고 감성적인 디자인을 담았다. 이 휴대전화는 국내는 물론 전 세계적으로 돌풍을 일으키며 1년 5개월 뒤 1천만 대 판매를 돌파했다. 그 뒤 알루미늄 소재로 고급스런 느낌을 주는 '샤인폰'이 나왔다. 제품 외관을 고유의 미니멀한 디자인으로 설계한 '프라다폰'도 잇따라 태어났다.

삼성전자는 세계적으로 1천만 대 이상 팔린 텐밀리언셀러 휴대전화를 5종류 갖고 있다. 이건희폰, 벤츠폰, 블루블랙폰, E250, J700 등이다. LG전자는 샤인폰, 뷰티폰, 로터스폰 등 3종류를 갖고 있다.

두 회사의 휴대전화 경쟁은 이젠 안방에만 머물지 않는다. 글로벌 강자들과 맞서 싸우고 있다. 삼성은 2008년 북미시장에서 1위의 모토로라를 제치고 세계 2위 자리를 굳혔다. 삼성전자는 공격적인 마케팅을 펼쳐 3위 업체와 차이를 더욱 벌리고 1위 노키아와의 격차를 좁히겠다는 전략을 썼다.

LG전자도 2008년 연간 판매량에서 1억 대를 돌파하며 모토로라와 소니에릭슨을 제치며 세계 3위로 올랐다. LG전자는 비교 우위를 보이고 있는 북미지역에서 고가 제품 위주 판매로 영업이익율을 높이는 전략을 활용했다.

삼성의 시장 리드, LG의 현지 전략

삼성전자는 세계 1위 노키아와 일전을 벌여야 한다. 노키아의 텃밭인 중저가 휴대폰 시장을 잠식해야 한다. LG전자는 모토로라와 소니에릭슨을 확실하게 제치고 세계 3위를 굳혀야 한다. 중저가 이미지를 버리고 프리미엄 브랜드 마케팅으로 승부해야 한다. 물론 삼성전자는 자칫 그동안 쌓아놓은 고급 브랜드 이미지를 훼손할 가능성이 있고, LG전자는 글로벌 경제 위기로 선진국 시장에서 휴대폰 수요가 급감할 때 대처하기 힘들다는 약점도 있다.

미국과 일본의 하청 조립공장에 그쳤던 삼성전자와 LG전자는 이제 세계적인 전자기업으로 거듭나 세계 시장을 좌지우지하는 최강자로 자리잡아가고 있다. 시장 선점을 위한 신기술 개발, 끊임없는 영역 확장, 이 과정에서 회사 전체가 휘청거릴 수도 있는 과감한 '고액 투자'를 결정해야 할 때도 많았지만, 바로 옆에 맞수가 있었기 때문에 외롭고 무섭기보다는 오히려 과감할 수 있었다.

홍덕표 LG경제연구원 상무는 "삼성전자의 강점은 시장을 먼저 읽고 시장을 리드한다는 데 있다. 그래서 창의적인 제품에 강하다. 예를 들어 붉은 와인 잔 모양을 형상화한 보르도TV는 2006년 소니의 대표 상품인 브라이바TV를 누르고 세계점유율 1위에 올랐다. 마라톤을 혼자 완주하기 힘들 듯 삼성전자가 옆에 있기에 LG전자도 안주하지 않고 늘 깨어 있다"고 말했다.

김재윤 삼성경제연구소 상무는 "LG전자의 강점은 현지 시장에 대한 충분한 이해와 이에 맞는 전략을 잘 만들어 시장을 개척해 나가는 점이다. 인도 등 신흥국가에서 LG의 제품들이 인기몰이를 하는 이유가 바로 이 때문이다. 최근 실적이 개선되고 있는 LG전자는 여러모로 삼성전자에 자극을 주고 있다"고 말했다.

삼성과 LG의 구원투수들
인사이트 마케팅 vs 디지털 보부상

이윤우(63) 삼성전자 부회장과 남용(60) LG전자 부회장을 일컫는 말이다. 두 사람은 회사가 위기에 처했을 때 사령탑에 긴급 투입됐다.

샐러리맨의 신화

남용 부회장은 2007년 3월 주주총회에서 부회장으로 취임했다. 2006년 LG텔레콤 대표이사직에서 물러난 지 1년도 안 돼 화려하게 복귀했다. 당시 LG전자는 영업이익 1조 원 시대를 마감하고, 순이익도 1조5500억 원에서 7030억 원으로 반토막이 나는 위기 상황이었다. 구본무 LG그룹 회장이 남용 부회장을 LG전자 CEO로 발탁한 배경에는 8년여 가까이 LG텔레콤을 이끌어 오며 휴대전화 산업을 꿰뚫고 있다고 여겼기 때문이다.

이윤우 부회장 역시 이건희 회장이 경영 일선에서 손을 떼고 삼성전자를 총괄하던 윤종용 전 부회장마저 퇴진하면서 삼성전자의 수장을 맡게 됐다. 그룹의 대표사업을 책임져야 하는 그의 앞에 놓인 상황들도 호락호락하지 않다. 이 부회장은 "앞날을 생각하면 잠이 오지 않는다"는 말로 자신의 심정을 토로하

이윤우 삼성전자 부회장   남용 LG전자 부회장

기도 했다.

두 사람 모두 말단사원으로 시작해 CEO에 오른 '샐러리맨의 신화'를 일궈냈지만 서로 다른 이력을 갖고 있다. 한 사람은 전통적인 엔지니어 출신이고 또 다른 사람은 마케팅 전문가다.

남 부회장은 구자경 전 LG 회장의 비서실장을 거쳐 LG텔레콤 사장으로 부임한 뒤, 8년 동안 LG텔레콤을 이끌면서 680만 명의 가입자를 달성했다. 그는 고객 스스로도 알지 못하는 욕구를 파악해야 한다는 뜻을 담은 '인사이트 Insight 마케팅'을 강조한다. 그는 경영회의에 앞서 LG전자 상담원과 고객의 통화 내용을 먼저 경청한다. 상담 5~7개를 연속으로 들은 뒤 제품이나 서비스의 문제점과 해결 방안을 논의한다.

이 부회장은 1987년부터 반도체 분야에서 일해와 연구개발과 생산에 대해 누구보다 잘 아는 '현장통'이다. 반도체 사업부장 당시에는 사무실 구석에 야전 침대를 놓고 연구원과 밤을 새우며 개발과 생산을 독려한 사례는 지금도 '전설'처럼 내려오고 있다.

최근 인사에서 두 사람은 든든한 지원군을 맞이했다. 2009년 1월 삼성전자 인사에서 삼성전자는 이윤우·최지성이라는 투톱 체제를 비장의 카드로 내세웠다. 삼성전자는 6개로 나눈 총괄조직을 2개로 압축했다.

반도체와 LCD는 디바이스 솔루션 부문으로 합쳐 이윤우 부회장이 맡게 됐다. 휴대전화와 디지털TV는 디지털미디어커뮤니케이션 부문으로 합쳐 최지성 사장이 책임지게 됐다. 전자제품에 들어가는 부품은 이윤우 부회장이 맡고, 완제품 사업부서는 최지성 사장이 맡게 된 것이다.

야전돌격대장이 된 1인 사무소장

최 사장은 '디지털 보부상' '야전돌격대' 라는 별명에서도 알 수 있듯 해외 영업 현장에서 잔뼈가 굵은 인물이다. 그는 1985년 독일 프랑크푸르트에 1인 사무소장으로 발령을 받는다. 모든 업무를 혼자 처리해야 했고 모든 거래처를 혼자 힘으로 뚫어야 했다.

그는 전화번호부를 뒤져 '전자' '컴퓨터' 란 글자만 보이면 전화를 걸어 무조건 찾아갔다고 한다. 업계에서는 그를 현대판 개성상인이라 부른다. 알프스 산맥을 차량으로 넘어 다니며 부임 첫해 100만 달러어치의 반도체를 팔았다는 일화도 널리 알려져 있다.

LG전자에서도 2008년 12월 모바일커뮤니케이션사업본부 안승권 본부장이 사장으로 승진했다. 1957년생으로 최연소 사업본부장에 이어 최연소 사장 타이틀을 달았다. 안 사장은 LG전자가 휴대폰 기업으로 변신할 수 있도록 만든 주인공이다. 안 사장이 기술연구소 소장으로 있을 때 개발한 것이 초콜릿폰이었다.

그의 기본 전략은 '프리미엄 시장을 겨냥하고 히트 모델로 소비자들의 감성을 터치하는 것'이다. '휴대전화는 늘 갖고 다니는 것이니까 디자인과 감성적 요소를 강조해야 한다'는 얘기다. 그가 개발한 샤인폰, 시크릿폰 등 블랙라벨 시리즈는 LG전자의 휴대전화 사업을 본 궤도에 올려놓은 것으로 평가받는다.

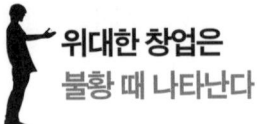

위대한 창업은
불황 때 나타난다

제너럴일렉트릭GE을 비롯해 마이크로소프트MS · 휴렛패커드HP · 코닥 · AT&T · 3M 등 세계적인 기업들은 한결같이 극도의 경제 침체기에 창업한 경우이다. 다우존스산업지수에 편입된 30개 기업 중 절반이 넘는 16개 기업이 불황 때에 회사를 세웠다.

보험업계의 개척자 존 F. 드라이든이 푸르덴셜공제조합을 설립한 것은 1875년. 경제 불황의 충격으로 실업의 고통을 겪던 노동자를 대상으로 보험 상품을 팔면서였다. 3년 뒤 발명가 에디슨이 GE를 창업할 때는 다수의 은행들이 무너지던 시기였다.

미디어그룹 월트디즈니는 대공황 직전 탄생했다. 창립자인 월트 디즈니는 광고대행사의 미술가로 취직하지만 한 달 만에 "그림에 재능이 없다"는 이유로 해고됐다. 1923년 디즈니는 할리우드로 가 회사를 세우며 재기에 성공했다.

콘래드 힐튼이 사업을 벌인 때는 1929년 대공황을 앞둔 불황기였다. 힐튼은 30만 달러의 부채 때문에 도산 직전까지 몰리기도 했다. 실리콘밸리의 첫 벤처기업 HP는 대공황의 여진이 가시지 않은 1938년 회사를 세웠다.

오일쇼크로 전 세계가 어려움을 겪고, 미국 역시 마이너스 성장을 기록했던 1970년대. 빌 게이츠는 1975년 하버드대를 때려치우며 MS를 세운다. 1년 뒤 스티브 잡스도 애플을 만든다. 우리나라에서도 외환위기 와중에 엔씨소프트(1998년)와 네이버(1999년)가 창업해 큰 성공을 거뒀다. 일본 아사히맥주가 기린의 아성을 무너뜨린 것도, 미국 2위 시리얼 업체였던 켈로그가 포스트를 따라잡고 1위로 올라선 것도, 각각 장기침체와 대공황 때였다.

불황 때 창업이 활발해지는 이유는 무엇일까? 일단 호황 때보다 창업비용이 싸다. 돈이 덜 든다. 사무실 비용도 낮고 상대적으로 임금도 낮아 우수한 인력을 구할 수 있다. 기업가 정신이 충만해질 때다. 더이상 잃을 게 없다는 생각에 과감하게 기업을 일으킨다.

온라인 백과사전인 위키피디아를 창업한 지미 웨일스 미국 위키미디어재단 이사는 "위키피디아는 모험을 두려워하지 않는 창조정신으로 성공했으며 그 바탕에는 기업가정신이 자리 잡고 있다"고 말했다. 웨일스 이사는 "위기는 오히려 기회가 될 수 있다. 위키피디아 창립 때에는 닷컴 붕괴로 자금 조달이 힘들어 혁신적인 아이디어에 의존할 수밖에 없었다"고 강조했다.

웹2.0시대의 서막을 연 위키피디아는 불과 8년 전인 2001년에 태어나 수많은 네티즌들이 빈 칸을 채우고 내용을 수정해가며 성장해온 백과사전이다.

1999년 당시 주식중개인이었던 웨일스 이사는 브리태니커 백과사전을 뒤지다 구닥다리 정보가 많아 어려움을 겪었다. 그렇다고 새 사전을 사기엔 너무 비싸 엄두를 낼 수 없었다. 그는 "인터넷에 백과사전을 만들면 어떨까"라는 생각에 온라인 백과사전인 '누피디어'를 만들었다. 여러 분야 전문가와 함께 업그레이드 했지만 실패했다. 그러나 그는 실망하는 대신 인터넷 개방형 소프트웨어를 착안해 모든 사람이 자유롭게 참가하는 백과사전을 만들어냈다.

엔씨소프트 인터넷은 재미다
VS
게임은 그래픽이다 넥슨

1994년 12월 겨울 넥슨NEXON이 문을 연다. 회사 이름은 '넥스트 제너레이션 온라인 서비스'란 뜻. 자본금 6천만 원이 종잣돈이었다.

김정주 넥슨홀딩스 대표는 게임에 미친 10여 명과 함께 이렇게 뭉쳤다. 여기엔 카이스트 동기였던 송재경 현 XL게임즈 대표도 있었다. 멋진 게임 한번 만들어보겠다는 열정이었다. 하지만 변변한 사무실도, 넉넉한 자금도 없었다. 설립 초기 넥슨은 현대자동차, 아시아나항공 등 대기업 홈페이지를 만들어주며 회사를 키워나간다. 여기서 얻은 수익을 게임사업에 투자한다.

하지만 처음부터 쉽지 않았다. 개발 기간이 긴 온라인 게임 특성상 개발과정에서 자금이 달리는 것은 당연했다. 당시엔 벤처 투자라는 것도 없었다. 그러다보니 외부 투자도 받기 힘들 때였다. 회사 설립 1년 뒤 넥슨은 직원 월급도 주지 못할 정도로 벼랑까지 몰렸다. 그해

12월 넥슨은 '바람의 나라'를 내놓는다. 벼랑 끝에서 떨어지지 않게 막아준 '바람의 나라'였다.

그때는 PC통신 시대였다. '단군의 땅'과 '쥬라기공원'이라는 텍스트 위주 게임이 PC통신에 등장할 때였다. 선발 주자가 있었던 것이다. 후발 주자가 도전하려면 하나가 더 필요했다. 차별화. 그것은 기술로 극복해야 했다. 게임에 그래픽을 입혔다. 세계 최초 그래픽 온라인 게임이다. '바람의 나라'가 바로 그것이다.

하지만 그래픽 온라인 게임을 이해시키는 것조차 어려운 일이었다. 넥슨 직원들이 서비스를 위해 천리안·하이텔을 찾았을 때, 그곳에서조차 온라인 게임을 이해하는 사람이 없었다.

'정보의 바다'에서 '재미의 바다'로

"너, 그거 해서 밥 벌어 먹고살 수 있겠냐?"

김택진 엔씨소프트 사장은 대학에서 회로를 디자인하고 수학 문제를 푸는 것보다 프로그래밍이 훨씬 더 맞았다. 친구들은 그런 그를 걱정했다. 소프트웨어 기업이 거의 전무했을 때였다.

김 사장은 서울대 컴퓨터연구회에서 활동하면서 이찬진 현 드림위즈 사장 등과 함께 아래아한글 개발에 참여했다. 타자교사 프로그램(한메타자교사)을 개발할 때 게임도 하나 만들었는데, 바로 베네치아였다. 컴퓨터 화면 위에서 비 오듯 쏟아지는 낱말을 치며 타자를 연습하는 게임이었다.

현대전자에 입사한 김택진 사장은 한국 최초 인터넷 포털 서비스인 아미넷(지금의 신비로)을 개발한다. 하지만 현대전자와 현대정보통신이 서로 인터넷 사업을 전담하기 위해 주도권 싸움을 하자 1년 넘게 사업이 표류하게 된다. 김 사장은 대기업에 염증을 느꼈고 회사 창업을 결심하게 된다.

1997년 엔씨소프트NCSOFT가 만들어진다. 회사 이름은 회사를 세우기 전에 다음 회사를 구상한다는 뜻의 '넥스트 컴퍼니(차세대 기업)'였다. 공교롭게 두 회사 모두 넥스트가 들어가 있다.

엔씨소프트 역시 돈이 없었다. 처음엔 국방부와 SK 등에 홈페이지를 만들어주며 게임사업 준비 자금을 모았다.

엔씨소프트도 차별화를 한다. 이미 네이버와 다음을 비롯해 여러 인터넷 업체가 벤처기업으로 커나가고 있을 때였다. 당시 대부분의 벤처기업들은 '인터넷은 정보의 바다'라는 틀에서 사업을 진행하고 있었다. 하지만 김택진 사장은 "남들 잘하는 것에 끼어들어 '조금 더 잘하네'라는 소리 듣는 것은 싫었다"며 "인터넷을 진짜 다르게 보고 싶었다"고 말한다. 남들이 인터넷을 '정보망'으로 여길 때 김 사장은 '엔터테인먼트망'으로 발상을 전환한다.

김사장은 당시 아이네트에서 게임을 개발하던 송재경 현 XL게임즈 대표를 영입한다. 1997년 IMF가 터지면서 아이네트에서 송 대표가 진행 중이었던 게임 프로젝트가 전격 취소됐다. 엔씨소프트로선 다행이었다. 송 대표의 손에서 '리니지'가 나온다.

엔씨소프트는 1998년 '리니지' 서비스를 시작한다. 하지만 사업자금을 확보하기가 쉽지 않았다. 김 사장은 어쩔 수 없이 집을 은행에 맡기고 세간을 줄여 이사한 후 남은 돈으로는 직원 월급을 줬다. 서버를 사고, 자투리 남은 돈마저 직원들의 추석 보너스로 썼다. 집에 들어간 김 사장은 깜깜한 방에서 자고 있는 아이들을 보며 "잘못돼서 (감방에) 들어가면 우리 어머니, 아버지가 잘 키워주시겠지"라는 생각까지 했다.

PC방 형님 고맙습니다

두 회사의 첫번째 도전은 유료화였다. '바람의 나라'가 나오자 천리안과 유니텔에서 폭발적인 인기를 끌었다. 하지만 서버도 매일 장애를 일으켰다. 자금을 들여 서버를 확충해야 했지만 당시에는 유료화에 대한 반감도 심했다. 유료와 무료 서비스의 갈림길이었다.

시범 서비스 5개월 만인 1996년 4월 넥슨은 '바람의 나라' 유료화를 선언한다. 김정주 대표는 "더 미뤄서 훌륭하게 만들자는 주장도 있었지만 유료화가 되자 우리도 프로의 책임감을 갖고 게임을 더 발전시키게 됐다"고 말했다. 요금은 분당 20원. 하지만 첫달 매출은 100만 원에도 미치지 못했다.

리니지도 마찬가지였다. 외환위기 직후 엔씨소프트도 어려워져 죽기 아니면 까무러치기로 유료화를 선언한다. 많은 사람이 한꺼번에 온라인에 접속해 게임을 즐기도록 하기 위해선 서버가 뒷받침돼야 했다. 300명이 접속하니까 서버가 죽었고 이를 극복하고 난 뒤 1천여 명이 모이니 서버가 또 다운됐다. 하지만 팀 내에서 상용화 반대 목소리도 있었다.

　두 회사를 살린 건 IMF와 PC방, 그리고 '스타크래프트'였다. 구조
조정의 칼날로 40~50대 회사원들이 거리로 쏟아져 나왔다. 그들이
생계 수단으로 선택한 것이 PC방이었다. 취업문이 꽁꽁 얼어붙자 졸
업을 앞둔 청년들도 막막했다. 그들은 PC방에서 게임을 하며 애써
힘든 현실을 잊었다. 당시 불어 닥친 '스타크래프트' 열기는 PC방 창
업을 부추겼다. PC방도 게임과 결합하며 비즈니스 모델을 찾을 수
있었다.

　모뎀 접속이 대부분이었던 당시 '훨훨 나는' 전용선을 간 PC방은
인터넷붐을 일으켰고 벤처열풍의 기반이 됐다. 온라인 게임이 세계적
으로 자리매김할 수 있게 된 것도, 게이머라는 신종 직업을 등장시킨
것도 PC방의 몫이었다. 컴퓨터업체와 통신사업자들도 IMF의 어려웠
던 시절을 PC방을 통해 뚫을 수 있었다. PC방 창업 열풍과 '스타크래
프트' 바람이 불면서 넥슨과 엔씨소프트는 난관을 헤쳐 나간다.

'바람의 나라' 와 '리니지' 엔 스토리텔링 요소가 녹아 있다. '바람의 나라' 는 김진의 만화가 원작이다. 고구려 국내성을 배경으로 한 스토리다. 등장인물의 옷도 고구려식으로 재현했고, 고구려 지명을 딴 배경도 게임 곳곳에 나온다. 게임에는 전사 · 도적 · 마법사 등이 등장한다. 쉽게 만들어 어린 아이들도 즐긴다. '바람의 나라' 에서 결혼한 커플이 실제 오프라인에서 결혼해 화제를 모으기도 했다.

불문율 깨니 국민스포츠 되더라

혈맹이란 뜻의 '리니지' 도 만화가 원작이다. 신일숙의 동명 만화를 게임으로 만든 '리니지' 는 잃어버린 왕의 혈통을 되찾는 것을 주제로 한다. 10세기 중세 유럽이 배경이다. 왕자 · 공주 · 기사 · 요정 · 마법사 등 네 개 종족 가운데 하나를 자신이 캐릭터로

선택하고 몬스터와 싸우는 과정에서 힘과 능력을 키워나간다. 뚜렷한 강자가 없는 곳에서 성주(리더)를 꿈꾸게 만드는 것이 '리니지'다. 누구나 성주가 될 수 있고, 세금을 과하게 거두는 악덕한 성주는 민초들이 몰아내기도 한다.

캐릭터에선 차이를 보인다. '바람의 나라' 캐릭터는 단순하고 귀여운 3등신이지만, '리니지'는 화려한 액션과 이펙트가 가능하도록 쭉쭉빵빵 8등신의 캐릭터를 사용한다.

엔씨소프트 캐릭터는 사실적이고 실감나는 그래픽이 장점이고, 넥슨 캐릭터는 팬시상품으로 쉽게 만들 수 있는 게 강점이다.

'바람의 나라'는 레벨이 올라가면 착용할 수 있는 아이템이 늘어나고 좀더 고급화되도록 해놓았다. 그러나 '리니지'는 아무리 초보라도 최고급의 아이템을 가질 수 있고 이를 착용하게 되면 지존급 능력치를 갖게 된다.

넥슨은 '카트라이더 신화'를 만들어낸다. 사실 '자동차경주 게임은 안 된다'는 게 온라인 게임업계의 불문율이었다. 자동차경주 게임은 실력 차가 극명해 초보자들이 적응하기엔 너무 문턱이 높기 때문이었다.

하지만 넥슨은 '카트라이더'를 내놓으며 이러한 불문율을 깨버린다. 과감한 포기였다. 자동차경주 게임은 복잡한 조작키 때문에 사람들이 쉽게 다가가지 못했다. '카트라이더'는 달랐다. 초보자는 방향키와 아이템키만으로도 즐길 수 있도록 했다. 스피드 경기에서는 부스터키 하나만으로 충분히 게임을 즐길 수 있게 만들었다.

나보다 앞서가는 게이머의 발목을 잡는 아이템도 만들어 전략과 재미를 함께 가져갔다. 시간도 3~5분으로 짧게 가져갔다. 이 때문에 '밥 내기 카트 한판' '떡볶이 내기 카트 한판' 등이 인기를 끌기 시작한다.

이재교 넥슨 실장은 "'카트라이더'는 '스타크래프트'에 빠져 있던 넥타이 부대와 고스톱만 치던 여성을 그 어렵다는 자동차 게임으로 몰아갔다. 2004년 12월 '카트라이더'는 PC방 점유율에서 14.84퍼센트를 기록해 '스타크래프트'를 제치고 1위에 올랐다"고 말했다. 서비스를 내놓은 지 4개월 만이다. '카트라이더'는 그해 삼성경제연구소 선정 10대 히트 상품 중 7위에 올랐다.

2008년 11월 11일 새벽 6시. 엔씨소프트의 '아이온'이 첫 선을 보이는 순간이었다. 김택진 사장을 비롯해 전 직원이 이른 새벽부터 회사에 모였다. 화면으로 아이온 접속 인원을 확인해보기 위해서였다. 모두가 카운트다운을 셌다. 3, 2, 1, 0….

2분 만에 1만 명, 8분 만에 3만 명이 몰리기 시작했다. 이재성 엔씨소프트 상무는 "40분을 버티지 못하고 서버 두 대를 추가로 개설했다. 낮 12시에 서버 한 대가 추가로 투입됐다. 하루 뒤 서버 4대가 다시 투입됐다. 100주 동안 PC방 점유율 1위 자리를 지켰던 '서든어택'을 단숨에 밀어내고 오픈 첫날 PC방 왕좌로 떠오르는 기록을 세웠다"고 말했다.

엔씨소프트는 '리니지 2' 이후 5년 만에 '아이온'을 내놓았다. 중간에 내놓은 게임은 연속 실패했고, 해묵은 게임 '리니지'로 10년 동안 버틴다는 비아냥거림도 들어야 했다. '아이온'이 처음 언론에 공개된 것은 2005년. 당시 김택진 사장은 "'리니지'와는 전혀 다른 게임을 개발하고 있다"고 말했다. 기획 기간까지 포함하면 개발 기간만 6년이 넘게 들었다. 게임 개발이 시작된 뒤 120명의 대형 개발팀이 꾸려져 300억 원이 넘는 개발비가 투입됐다.

전체 매출 절반을 해외에서 번다

물론 두 회사엔 빛과 그림자가 있다. 해킹이나 불법 프로그램을 통한 개인 정보 유출, 게임 아이템을 사고파는 현금 거래, 게임 아이템을 모으기 위해 운영되는 불법 영업장, 그래픽 표절, PC방과의 갈등은 그림자다.

하지만 컴퓨터와 초고속 인터넷, 네트워크 산업의 성장을 이끌고 일자리를 만들었다. 게임에서 캐릭터 산업으로 커가고 있으며, 한국의 온라인 게임을 세계에 수출하고 있다. 이는 온라인 게임의 빛이다.

이재교 넥슨 실장은 "초등학교 1학년이 가장 가고 싶은 회사 1위가 삼성, 2위가 넥슨이 될 정도로 온라인 게임은 인기를 끌고 있다. 탤런트 김희선씨도 넥슨 팬"이라고 말했다. 김희선 매니저는 "광고를 찍으려면 잠을 푹 자야 하는데 희선이가 매일 밤마다 게임 때문에 밤을 꼬박 샌다. 피부가 망가질까봐 속상하다"고 말할 정도로 게임은 인기다. MC몽과 신화도 '카트라이더'를 즐긴다고 한다.

현재 엔씨소프트는 '리니지' '리니지 2' '아이온' 등으로 대작 중심의 게임업체로 군림하고 있다. 넥슨은 '바람의 나라' '카트라이더'

'메이플스토리' 등으로 캐주얼 게임의 명가로 자리잡아가고 있다.

두 회사의 '넥스트'는 바로 '글로벌'이다. 넥슨은 세계 60개국에 20여 개 온라인 게임을 서비스하고 있다. 넥슨은 전체 매출의 50퍼센트 이상을 해외에서 벌어들이고 있다. 일본과 유럽 시장은 물론 브라질과 같은 남미에도 진출해 한국 온라인 게임의 위상을 높이고 있다.

엔씨소프트는 윤송이 최고전략책임자cso 겸 부사장이 해외사업을 진두지휘하고 있다. 윤 부사장은 2009년 초 서울 사옥에서 미국·대만·타이·일본·중국·유럽 등 6개 해외법인장을 모아 글로벌 전략회의를 수차례 열었다. 해외시장 공략의 교두보가 될 '아이온'도 중국을 필두로 북미·일본 등으로 진출할 예정이다.

같은 과 선후배인 맞수기업 대표
꼼꼼하거나 털털하거나

김택진(42) 엔씨소프트 사장과 김정주(41) 넥슨홀딩스 대표는 서울대 컴퓨터 공학과 선후배 사이다. 두 사람은 지난 10년 동안 선의의 경쟁을 펼쳐왔다. 사석에선 호형호제할 정도로 친하다고 한다.

하지만 두 사람의 스타일은 확연히 다르다. 김택진 사장은 공대생답게 꼼꼼하고 치밀하다. 원리를 중요시한다. '아이온' 개발 기간 내내 꼼꼼하게 챙겼다. 그의 꼼꼼함을 잘 보여주는 사례 하나. 엔씨소프트 설립 초기엔 게임 서버가 회사 안에 있었다. 그런데 사무실에 종종 비가 샜다. 서버에 물이 들어가면 서비스가 중단되기 때문에 엔씨소프트 사람들은 서버에 물이 들어가지 않게 막아야 했다. 김 사장은 집에 가서 쓰러져 잠을 자다가도 비만 오면 눈이 떠져 회사에 가곤 했다.

'감방 가면 애들은 부모님이 키워주시겠지'
김 사장은 '리니지'와 '아이온' 등 스케일이 큰 대작 중심의 작품을 내놓고 있다. 게임성이 뛰어나고 흥행 성적이 뛰어난 이른바 트리플A 게임을 선호한다.

김택진 엔씨소프트 사장   김정주 넥슨홀딩스 대표

작은 체구의 미소년 이미지를 지닌 앳된 얼굴이지만 김 사장은 벤처세계에선 '마이다스의 손'으로 통한다. 그는 현대전자에서 병역의무를 대신하던 1991년 미국 보스턴에 있는 소프트웨어 연구소에서 인터넷을 처음 접했다. "당시 본능에 가까운 감이 발동했다"는 김 사장은 조만간 인터넷을 기반으로 한 엔터테인먼트 산업이 뜰 것이라고 확신했다고 한다. "새로운 테크놀로지의 종착점은 언제나 엔터테인먼트"라고 생각한 그는 인터넷을 이용한 게임에 역량을 투입하기로 결정한다.

하지만 대학 졸업 10년 뒤, '리니지' 개발을 시작한 그는 이게 상업적으로 성공할 것인지에 대해선 전혀 기대하지 않았다. 게임산업을 이전에 겪어 보지 못했고, 그냥 해보고 싶은 신념 같은 걸로 시작을 했다고 한다.

최고 결정권자는 세상의 흐름을 읽을 수 있는 눈을 가져야 한다는 것이 김 사장의 지론이다. 그는 지식 부족을 메우기 위해 마케팅 경영철학 등 다양한 책과 매일 씨름한다. "인터넷 기반의 엔터테인먼트 분야가 우리나라 수출의 효자산업이 될 것"이라고 믿고 있는 김택진 사장은 전 세계 가정에 디지털 월드를 공급한다는 꿈을 가지고 온라인 게임의 신화를 이어가고 싶어 한다.

김정주 대표는 사업가적인 마인드가 뛰어나다. 부분 유료화를 처음으로 시장에 도입해 온라인 게임의 수익 모델을 만들었다. 뛰어난 순발력과 창의성을 자랑한다.

그러나 털털하다, 히피 같다는 말도 듣는다. 게임에서도 아기자기한 재미를 추구하는 캐주얼 게임을 선호한다. 이재교 넥슨 실장은 "김 대표는 자유로운 영혼의 소유자"라고 말한다.

정시 출퇴근은 히피의 영혼을 좀먹는다

김정주 대표의 카이스트 룸메이트는 대학 동기인 이해진 NHN 이사회 의장이었다. 두 사람 모두 삼성이 주는 장학금을 받으며 공부했다. 카이스트를 졸업한 뒤 이해진 의장은 삼성에 입사했다. 하지만 김정주 대표는 삼성에 들어가지 않고 받은 장학금을 모두 토해냈다.

왜 그랬을까? 1993년 이건희 삼성그룹 회장은 독일 프랑크푸르트에서 '신경영'을 선언한다. 신경영을 계기로 삼성은 양量 경영에서 질質 경영으로, 국민 기업에서 글로벌 기업으로 변신한다. 7 · 4제(7시 출근 4시 퇴근)가 대표적이다. 하지만 자유로운 영혼의 소유자인 김 대표는 7 · 4제에 도저히 적응하지 못할 것 같아 삼성 취업을 그만뒀다고 한다. 김 대표는 "심성이 착한 해진이는 삼성에 들어갔지만 나는 도저히 7시에 출근하지 못할 것 같아 계속 공부를 했다"고 말한다.

공부는 잘했을까? 김 대표는 전길남 카이스트 교수 밑에서 박사과정을 밟지만, 끝내 학위를 따지 못한다. 그는 농담 삼아 "게임에만 관심이 있어 전 교수님한테 쫓겨났다"고 말한다. 하지만 김 대표는 지금의 자신을 있게 해준 사람으로 부모님과 전 교수를 꼽는다. 그는 "전 교수님은 강하고 독특한 분이어서 밑에 있을 때는 원망도 하고 박사과정도 잠깐 하다가 관뒀다. 그런데 회사를 하다보니 그때 내가 배웠던 것을 쓰게 된다. 지금도 회사를 이끄는 잣대는 전 교수님이 주신 것"이라고 말했다.

넥슨은 한때 네이버와 주식 스와핑을 했다. 모두가 말렸지만 김 대표가 밀어붙였다. 당시엔 네이버가 힘들 때였다. 넥슨은 한때 네이버의 2대 주주로 올라 지분이 취약했던 이해진 의장의 우호 세력 역할도 했다. 결과적으로 넥슨은 자본 이득을 얻은 셈이다.

김정주 대표는 회사 건물에서 직원에게 내쫓길 뻔한 일화도 있다. 김 대표가 볼일이 있어 사무실을 찾았다가 개발팀에 들렀다. 마침 저녁 시간이라 대부분이 저녁을 먹으러 가고 몇몇 직원만 남아서 일을 하고 있었다. 김 대표는 한 직원 뒤에 서서 테스트 중인 게임을 유심히 지켜보고 있었다. 그 직원이 뒤를 돌아보고 깜짝 놀라며 "여긴 어떻게 들어오셨어요? 외부인이나 잡상인이 함부로 들어오면 안 돼요"라고 소리쳤다. 개발팀은 게임회사에서 보안을 가장 중시하는 곳이다. 김 대표는 자신을 알아보지 못한 직원들에게 떠밀리듯 나와야 했다.

어릴 때 바이올린을 배우기도 한 김정주 대표는 예술대학교에서 문화산업을 공부하고 있다.

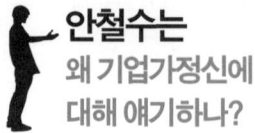

안철수는
왜 기업가정신에
대해 얘기하나?

"기업가정신이 무엇보다 중요한 세상이 온 것입니다."

어눌한 부산 사투리다. 하지만 논리적이다. 안철수 카이스트KAIST 석좌교수
는 지금 네 번째 삶을 산다. 의사, 프로그램 개발자, CEO 그리고 교수의 삶이
다. 그는 의사 일을 하면서 7년 동안 매일 새벽마다 컴퓨터 바이러스 프로그
램 개발에 매달렸다. 1989년 만 27살에 단국대 의대 교수가 됐다. 하지만
1995년 의예과 학장도 내던지고 안철수연구소를 세웠다. 2005년엔 CEO도
그만두고 훌쩍 미국으로 간다. 홀로 미 펜실베니아대 와턴스쿨에서 경영학석
사MBA 과정을 마친다. 지난해 가을학기부터 카이스트 석좌교수로 있으면서
'기업가 정신'을 강의하고 있다.

"앞으로 엄청나게 많은 사람들이 창업에 내몰리게 될 거예요. 하지만 우리 사
회는 기업가정신으로 창업하기가 너무 힘든데요. 벤처 붐 때처럼 많은 이들이
실패로 끝날까 걱정되죠. 사람들이 도전과 모험의 기업가정신을 가질 수 있는
토양을 빨리 만들어줘야 해요."

안 교수는 '대한민국 포트폴리오를 바꿔야 한다'고 강조했다. 위험 분산을 위

해서라도 대기업과 벤처 중소기업을 균형 있게 키워야 한다는 얘기다. 이미 1997년 외환위기 때 생생하게 겪었다. 앞으로는 몇몇 대기업이 흔들려도 다음 세대가 큰 영향을 받지 않는 경제 체질을 만들어가야 한다.

그는 지금 새싹들을 찾고 있다. 2005년 안철수연구소를 그만두고도 찾아보았지만 안 보였다. 그가 벤처기업을 처음 할 때는 새싹이 많았다. 벤처 1세대 메디슨이 그랬고, 다음커뮤니케이션이나 NHN이 그랬다. 하지만 지금은 찾을 수 없다. 그가 교수가 된 이유이기도 하다. 의사는 다른 사람이 할 수 있지만 컴퓨터 바이러스 백신 개발은 자신이 해야 했기에 의사를 그만두었다. CEO 자리에서 스스로 물러난 것도 개인의 성공 경험을 사회 전체와 나누기 위해서였다.

그는 자신을 '마이너리티'라고 했다. 뒤에 좀더 따라붙는다. '오피니언 리더'. 그렇다. '마이너리티 오피니언 리더'다. 몇 년 전 경제부처에서 벤처기업 사장을 모아놓고 '제2의 벤처기업 활성화'에 대해 얘기했다고 한다. 안 교수는 그때 벤처보다 기업가정신이 중요하다고 강조했다. 그는 "벤처라는 게 엘리트 스포츠와 굉장히 비슷해요. 벤처는 최첨단 기술로 급속도로 성장시키는 거예요. 저는 성과를 내기까지 다소 시간이 걸리더라도 (튼튼한 기업을 만들어가는) 기업가정신이 더 중요하다고 생각했는데요. 하지만 어느 사람도 제 말에 관심을 기울이지 않더군요."

왜 그는 기업가정신을 그토록 강조할까?

"풀뿌리 운동이라고 생각해요. 기업가정신으로 많은 사람들이 창업을 하면 건전한 중산층이 많이 형성될 수 있거든요. 결국 기업가 정신은 건전한 중산층을 키우는 데 기여할 것이라고 봐요."

에버랜드 산지개발에서 자연으로
VS
추위에 대한 도전으로 롯데월드

초대형 크리스마스트리 위로 신나는 캐럴이 울려 퍼진다. 루돌프가 끄는 사슴썰매를 탄 산타가 싱긋 웃는다. 불꽃이 밤하늘을 수놓는다. 아이는 꿈과 동화를, 연인은 낭만을, 어른은 추억을 떠올린다. 이곳은 이미 크리스마스의 낭만과 즐거움에 차 있다.

그네를 타듯 아슬아슬하게 하늘을 오르내리는 해적선 바이킹, 시원하게 물살을 가르는 후룸라이드, 아찔아찔 내달리는 제트열차와 환상특급, 세계 각국 고유 의상을 입고 펼치는 화려한 퍼레이드.

365일 환상과 모험의 세계가 있는 곳, 놀이공원의 맞수 에버랜드와 롯데월드다.

에버랜드의 시작은 '산지개발'이었다. 이병철 삼성그룹 회장은 1970년대 초 국내외 임학·농학·축산 쪽 전문가들과 만나며 산지개발 계획을 구상한다. 이 회장의 회고다.

"비행기를 탈 때마다 내려다 본 한국의 국토는 유난히 헐벗었다. 언젠가는 대한민국 산야에 나무를 심어 녹화시켜야 한다고 생각했다. 하지만 수십 개의 기업을 창립하며 운영하느라 손이 미치지 못했다. 각 기업들이 순조로이 성장을 해 여유가 생기자 그 당시 생각한 녹화 사업을 하고 싶었다."

어린이날에 추풍령 갈 뻔했다

산지개발 최종 후보지로 뽑힌 곳은 경기 용인, 경북 경주현 보문단지 일대, 추풍령 고개, 문경 새재 수안보 온천 주변 등 4개 지역이었다. 용인은 서울에 가까웠지만 땅이 척박해 나무를 심는 데 적합하지 못했다. 하지만 산지개발을 위해선 불모지가 '생산하는 땅'으로 변한 모습을 많은 사람에게 보여야 했다. 용인이 최종 낙점됐다.

산에는 밤·호두·살구·매실나무를 심었다. 척박한 땅에는 돼지를 키웠다. 농업용수를 공급하기 위해 인공 저수지도 만들었다. 돼지 분뇨를 퇴비에 사용했고, 저수지에는 물고기를 길러 수익성을 높였다. 살구로 넥타를 만들었고 돼지는 햄의 재료가 됐다.

황무지가 생동하는 생산의 땅으로 일궈지기까지 무수히 많은 사람들의 손을 거쳤다. 삼성 신입사원들도 골짜기에 친 천막을 숙소 삼아 나무를 심었다. 1971년 시작된 자연농원 공사는 6년의 시간이 걸린다. 1976년 4월 에버랜드는 자연농원이라는 이름으로 문을 연다. 당시 1인당 국민소득은 818달러였다.

롯데월드의 시작은 '일요일에 쉴 공간'이었다. 1980년대 초 신격호 롯데그룹 회장은 "우리나라는 일요일이면 쉴 수 있는 적합한 공간이 없다. 이를 충족시킬 수 있는 시설은 무엇일까"라며 롯데월드 구상을 싹 틔운다. 마침 정부가 롯데에 서울 잠실 일대 땅 매입을 의뢰한다. 애초 이 땅은 율산이 서울시한테 사들였으나, 율산이 해체된 뒤 한양그룹으로 넘어갔다. 한양이 다시 부도 위기에 처하자 땅이 나왔다.

신 회장은 프로젝트팀을 만들어 놀이공원 사업을 검토하라고 지시한다. 하지만 결과는 부정적이었다. 당시 프로젝트팀은 이 일대가 도심에서 멀리 떨어져 있는 데다 주변 시설도 아직 개발되지 않은 황무지나 다름없어 시기적으로 이르다는 결론을 냈다. 결정적으로 겨울철 온도가 1월 평균 섭씨 영하 7.4도 이하로 떨어져 사업성과가 불투명하다고 분석했다.

하지만 신 회장은 인정하지 않았다. "계획은 반드시 추진해야 한다"며 특유의 강한 의지를 보였다. 프로젝트는 다시 검토됐다. 우선 해결해야 할 문제는 추위 대책이었다. 여러 방안을 검토하던 중 "시설을 실내에 건립하면 어떻겠느냐"는 아이디어가 나온다. 아이디어는 곧바로 채택됐다. 롯데월드 어드벤처는 총 건축면적 11만7015제곱미터, 높이 56미터의 세계 최대 실내 놀이공원으로 태어난다. 당연히 기네스북에도 올랐다.

석촌호수에는 매직아일랜드라는 인공섬도 만들었다. 당시 석촌호수 주변엔 포장마차가 우후죽순 들어서 있었다. 여기서 오염물질이

유입돼 수질은 말이 아니었다. 매직아일랜드를 만들 당시, 12톤 트럭 6900대 분량의 바닥 오물을 거둬냈다. 1989년 7월 롯데월드도 문을 연다.

브랜드 네이밍의 천재들

'언제나 즐거운 마음의 고향'을 내건 에버랜드. 개장 당시 사람들의 입소문을 탄 건 사파리월드였다. 1976년 사자 사파리로 출발해 1992년엔 사자와 호랑이를 합사했다. 5천 평 공간에서 벌어지는 맹수들의 권력 다툼과 사랑과 질투는 여전히 진행형이다.

에버랜드의 강점은 동물원이 있다는 것이다. 1994년 9월 한·중 수교를 기념해 중국에서 들어온 판다 곰 '리리'와 '밍밍'은 에버랜드를 대표하는 귀염둥이가 됐다. 정순지 에버랜드 주임은 "1999년 홈런왕 '라이언킹' 이승엽의 한 시즌 최다 홈런 기록을 기념하기 위해, 그해 6월 태어난 아기 사자에 이 선수 이름을 따 '여비'란 이름을 붙였다"라고 말했다. 여비라는 녀석은 자란 뒤 사파리에서 '무림의 고수'가 됐다.

하지만 동물원과 단순 놀이시설은 지루해지기 쉽다. 어린이대공원이 그랬다. 에버랜드는 1985년 장미축제 야간 개장을 내놓누다. '한여름 밤의 꿈'과 같은 이미지에 취해 사람들의 발길이 잦아졌음은 물론이다. 김인철 에버랜드 과장은 "장미 축제의 성공으로 1992년 튤립, 1993년 국화, 1994년 백합 등 사계절 꽃 축제를 선보여 큰 인기를 모았다"고 말했다.

'도심 속 또 하나의 도시'라는 슬로건을 내건 롯데월드는 곧바로 연인들의 명소가 됐다. 두둥실 하늘에 올라 70미터 상공에서 시속 100킬로미터로 2초 만에 아래로 떨어져 짜릿한 스릴을 주는 '자이로 드롭', 보트를 타고 깜깜한 지하 동굴 수로를 따라가다 연인과 살짝 키스할 수도 있는 '신드바드의 모험'은 젊은 층에게 사랑을 받았다.

롯데월드는 개장 때부터 화려한 축제로 사람들의 관심을 끌었다. 대형 거리 퍼레이드와 환상적인 분위기의 쇼가 이어졌다. 롯데월드 전체에 울려 퍼지는 흥겨운 음악에 맞춰 화려한 의상을 입은 수백 명의 연기자들이 퍼레이드를 펼쳤다. 산타 복장의 밴드가 퍼레이드를 이끌며 루돌프가 끄는 썰매, 춤추는 크리스마스트리, 요정과 눈의 여왕 등이 스치며 지나간다. 백설 공주, 헨젤과 그레텔, 오즈의 마법사, 아기돼지 삼형제, 알라딘, 피터팬, 엄지공주 등 동화 주인공들은 동화와 현실의 경계를 단숨에 무너뜨린다.

회전목마는 아이와 연인에게 인기를 모았다. SBS 인기 드라마 〈천국의 계단〉에서 권상우와 최지우가 앉은 회전목마는 한때 연인들이 서로 타려 하는 인기 자리였다.

에버랜드의 위기는 장미가 시들해지면서 찾아왔다. 1990년대 후반 들어 지방자치단체들이 잇따라 꽃을 주제로 한 축제를 선보인다. 에버랜드만의 차별화 전략이 통하지 않았다. 여기에 롯데월드라는 경쟁자도 있었다. 지하철 2호선이라는 접근성과 날씨에 상관없이 갈 수 있는 장점을 내세우며 에버랜드에 도전장을 냈다.

에버랜드는 '썸머 스플래시' '스노우 페스티발' 등 메머드급 신규 축제를 선보인다. 관람객에겐 감성 서비스로 다가간다. 두 손을 앙증맞게 흔드는 핸드롤링은 손님들의 눈길을 끌었다. 서울 강남 나이트클럽의 유명 디스크자키DJ를 불러 서비스 교육을 받기도 했다.

놀이공원은 '감동'을 판다

롯데월드는 2006년이 위기였다. 그해 롯데월드 직원이 놀이기구를 타다가 추락 사고를 당한다. 롯데월드는 사과하는 뜻에서 시민들을 무료로 입장시켰지만 수만 명이 한꺼번에 몰려 35명이 다치는 또다른 사고를 낳았다.

롯데월드는 2007년 6개월 동안 문을 닫고 리뉴얼에 들어간다. 650억 원, 10만 명을 동원한 초대형 공사를 벌인다. 남기성 롯데월드 팀장은 "안정성을 보다 강화했다. 독일의 종합안정 승인기관인 TUV를 통해 놀이시설 운행과 관련한 1천여 안전항목을 테스트받았다"고 강조했다.

에버랜드와 롯데월드는 '감동'에서도 경쟁을 벌여야 한다. 놀이공원에 가족을 데리고 오게 만드는 것은 소비자가 물건을 구매하도록 만드는 것과 마찬가지다. 둘 다 일종의 전투인 셈이다. 이 전투에서 결정적 승리 요인은 바로 고객 충성도다. 그러한 충성도는 어디에서 나올까? 감동이다. 놀이공원은 감동을 판다. 할리데이비슨이 오토바이 대신 자유와 반항의 이미지를 팔고, 스타벅스가 커피가 아닌 세련된 여유 한 잔을 팔 듯. 놀이공원은 방문객에게 오락과 즐거움뿐만 아니라 평생 잊지 못할 감동을 줘야 한다.

대표적인 곳이 디즈니랜드다. 미국에서만 연간 6천만 명 이상이 이곳을 찾는다. 도쿄·파리·홍콩에 있는 디즈니랜드까지 합치면 전 세계적으로 연간 1억 명 이상이다. 이 가운데 70퍼센트가 재방문하는 사람들이다.

디즈니랜드는 고객이 원하는 것 이상의 감동을 주기 위해 노력한다. 고객이 놀이기구를 탔다가 소지품을 잃어버리면, 직원들이 영업이 끝난 뒤에도 고객과 함께 소지품을 찾는다. 고객에게 나쁜 경험을 기억하지 않도록 최선을 다하는 것이다. 도쿄 디즈니랜드의 서비스 경쟁력은 '100-1=0'이라는 생각에서 비롯된다. 100명의 고객이 경험이나 서비스에서 만족을 느꼈다 하더라도 1명의 고객이 단 한 가지라도 마음 상하는 일이 있다면 전체 서비스 가치는 0이 된다는 정신이다.

에버랜드는 자연과 동물원을 콘텐츠로 '가족과 함께하는 자연 속 리조트'를 꿈꾼다. 송광섭 에버랜드 상무는 "365가지의 다양한 테마가 있는 리조트, 삼대가 함께할 수 있는 대자연 속 테마 리조트로 발돋움해나갈 것"이라고 말했다. 롯데월드는 '도심 속 테마파크'를 추구한다. 김승환 롯데월드 상무는 "놀이공원과 더불어 아이스링크, 호텔 등 한 건물 안에서 모든 것을 해결할 수 있는 '도시 속 또 하나의 도시'를 추구하고 있다"고 말했다.

에버랜드와 롯데월드는 또다른 강력한 도전자와 맞붙어야 할 것 같다. '나이키의 경쟁 상대는 닌텐도'라는 비유가 가장 적절하다. 나이키의 주 타깃이 청소년인데, 이들이 닌텐도 게임에 몰두하게 되면 운동 시간이 줄어 나이키 매출이 떨어진다는 것이다. 게임에 몰두해 있는 요즘 아이들을 놀이공원으로 불러내려면 좀더 다양한 콘텐츠와 서비스로 먼저 고객에게 손짓해야 한다.

놀이공원 변천사
삼겹살에 술 한잔 1970년대 추억

1960년대만 해도 마땅한 놀이시설이 없었다. 간혹 스프링 말이 주르르 매달린 리어카가 동네에 나타나면 아이들은 엄마의 치맛자락을 붙들고 늘어졌다. 스프링 말은 아이들의 '로망'이었다. 스프링 말이 있는 집 아이들은 오락실집 아이만큼이나 부러움을 샀다.

펌프질 버너를 기억하시나요?

1974년 5월 5일 어린이대공원이 개장했다. 첫날 30만의 인파가 붐볐다. 1976년엔 에버랜드도 문을 열었다. 어린이대공원은 봄이 되면 벚꽃놀이로 인기를 모았다. 어린이날에 서울시민들이 아이들과 함께 가는 대표적인 놀이시설로 자리 잡았다. 1970년대엔 놀이공원이 '가족동산' '유원지' '위락시설' 등으로 불렸다.

당시 놀이공원에는 식사를 할 수 있는 도구와 식재료를 직접 갖고 오는 사람들이 많았다. 알코올을 넣어 펌프질을 했던 버너를 많이 썼다. 주된 메뉴는 김치찌개와 삼겹살이었다. 그러다 보니 화재가 많이 나 불 끄러 다니는 경우도

에버랜드가 자연농원이었던 시절 사람들로 북적대는 동물원 입구.

많았다고 한다. 당시에도 술을 판매했는데, 지금처럼 맥주와 포도주가 아닌 막걸리가 인기였다.

놀이공원에서 가장 잘 팔린 음식은 무엇이었을까? 1970년대 에버랜드의 인기 메뉴는 삼겹살과 김치찌개였다. 1980년대엔 맛바·셔벗·솜사탕, 1990년대엔 햄버거·추러스, 2000년대에 들어선 피자·스테이크가 인기 메뉴였다. 1970~80년대 가족사진을 찍어주는 사진사 아저씨들은 어디로 갔을까? 디카(디지털 카메라)라는 강력한 경쟁자가 나오면서 최근에는 보기 힘들어졌다.

에버랜드가 문을 열 때 인기를 모았던 것은 사파리월드와 빙글빙글 돌아가는 데이트컵이었다. 1980년대엔 겨울철 놀이문화의 대명사가 된 눈썰매장, 1990년대엔 워터파크 개념을 도입한 캐리비안 베이로 놀이공원은 변화·발전했다. 지금까지 에버랜드에서 사람들이 가장 즐겨 찾은 곳은 사파리월드, 독수리요새, 아마존 익스프레스 차례였다. 롯데월드의 경우, 신드바드의 모험, 자이로드롭, 아틀란티스 차례였다.

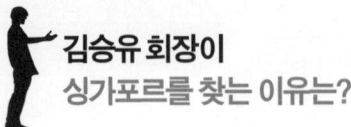

★맞수 키워드 03

김승유 회장이
싱가포르를 찾는 이유는?

팬택계열에는 '회장' 직책이 없다. 박병엽이라는 CEO가 있지만 그의 직책은 부회장이다. 고객과 직원을 '회장'으로 모시기 위해 그는 영원히 부회장이다. 박 부회장이 주재하는 회의에는 회의 탁자가 없다. 그는 원형으로 자연스럽게 배치된 의자에 앉아 격의 없이 대화하는 것을 좋아한다. 직급과 직책에 상관 없이 사원도 토론에 적극적으로 참여한다. 담배를 피울 수도 있다. 그렇게 결론이 날 때까지 토론하는 '결론 토론' 문화를 정착시키며 회사의 경쟁력을 높인다. 치열하고 집요하게 토의하고 협의하는 과정에서 문제점을 찾아내 대안을 이끌어내는 방식이다.

CEO 리더십이 진화하고 있다. 소통에 적극 나서고 있다. 조직을 관리하고 구성원들에 일방적으로 지시를 내렸던 CEO들이 변하고 있는 것이다. 리더십의 패러다임이 바뀌었기 때문이다. 요즘 CEO들은 현장에서 직원과 주주, 고객과 끊임없이 소통한다. 교장 선생님 같은 일방적 담화는 사라졌다.

직원과 주주와 고객의 니즈(욕구)가 다원화되고 있어 CEO의 의사결정 역시 복잡해졌기 때문이다. 노부호 서강대 교수(경영학)는 "과거 CEO는 지시하고 통제했으나, 지금의 CEO는 직원의 마음을 열고 생각을 공유하는 일이 더 중요해졌다. 소통을 통해 종업원들의 자발적인 참여를 이끌어내고 그들의 창조성을 개발해야 무한 경쟁에서 살아남을 수 있다"고 말했다. 이 때문에 CEO들은 경영 현안에 대해, 사내 쟁점에 대해, 기업 비전과 장래에 대해 끊임없이 '소통'하고 있다. 지시에서 소통으로의 변신이다.

김승유 하나금융그룹 회장은 자주 싱가포르를 찾는다. 싱가포르 국부펀드인 테마섹이 하나금융의 주요 주주인 까닭이다. 김 회장은 테마섹 고위 임원들을 만날 때 투자 유치에 관한 얘기는 잘 하지 않는다. 대신 그들과 '소통'한다. 싱가포르의 역사와 문화, 경제에 대해 얘기를 나눈다. 그러다 보면 대주주들은 김 회장을 신뢰하게 되고 자연스레 투자가 이뤄진다. 이 때문에 금융계에선 김 회장이 대주주를 만나고 오면 주식을 사라는 말이 나돈다. 만나면 투자를 이끌어내니 자연스럽게 주가가 오른다는 얘기다.

CEO의 소통은 이른바 '대리인 비용'을 줄이는 데도 한몫한다. 주주가 대리인인 CEO에게 권한을 위임했다고 보면 CEO는 주주의 이익을 충실히 보호해야 함에도 실제로는 자신의 이익을 추구하는 경우가 종종 있다. CEO는 자신의 성과를 높이기 위해 또는 계속 연임하기 위해 자신의 지위에서 얻는 정보를 주주에게 알리지 않고, 자신에게 유리한 경영전략을 추진하기도 한다. 그러다 CEO의 잘못된 판단으로 경영 차질이 빚어지면 주가가 떨어져 주주들은 막대한 피해를 입게 된다. 주주는 CEO의 이러한 행동을 감시하기 위해 사외이사를 두거나 CEO에게 막대한 스톡옵션을 주는 등 비용을 들여야 한다 CEO와 주주 사이의 소통은 신뢰를 높여줌으로써 이러한 대리인 비용을 줄여준다는 것이다.

현대건설 오일쇼크 위에 서다
VS
외환위기를 넘어서다 GS건설

"돌파구는 중동이다."

정주영 현대건설 회장은 1975년 중역회의에서 "오일달러를 벌기 위해서는 중동으로 가야 한다"고 말한다. 정 회장은 오일쇼크라는 위기에서 기회를 찾으려 했다. 1973년 닥친 1차 오일쇼크로 배럴당 1달러 75센트 하던 원유값이 2년도 안 돼 10달러까지 치솟는다. 한국은 파산 직전의 상황에 직면한다. 현대건설도 울산에 조선소를 지으면서 자금 사정이 악화된 상황이었다.

"중동은 위험합니다. 지금 중동에는 세계 굴지의 선진 건설사들이 진을 치고 있어 우리가 발붙이기 쉽지 않습니다."

당시 현대건설 해외 담당 중역은 강력하게 반대한다. 그때만 해도 중동 건설시장에서 수주를 한 한국 건설회사는 단 한 곳뿐이었다. 도전에는 항상 안정을 추구하는 반대 세력이 있기 마련이다. 손해를 볼

까봐 해외 진출을 두려워하는 중역들도 있었다. 하지만 정 회장은 끝까지 결심을 포기하지 않고 모험을 감행한다.

"이봐, 해봤어?"

정 회장은 이렇게 말하며 중동 진출에 나선다. 아라비아의 태양처럼 건설업계를 뜨겁게 달궜던 중동 신화는 이렇게 도전정신에서 나왔다. 1976년 현대건설은 사우디아라비아 주바일 산업항 공사를 따낸다. 공사 기간 44개월을 8개월 단축하는 조건이었다. 현대건설은 약속을 지킨다. 공사 금액은 9억3천만 달러로, 그해 우리나라 예산의 25퍼센트에 이르렀다. 그뒤 현대건설은 해외에서 각종 대형 공사를 수주하며 '건설 명가'의 자리를 굳혀나간다.

사실 현대건설이 국내 최초로 해외에 진출한 것은 1965년 9월 태국 파타니 나라티왓 고속도로 공사 때였다. 당시 국내 건설업은 위기에 처해 있었다. 1960년대 초 4·19와 5·16 등 두 차례의 큰 정치 혼란을 겪으면서 정부는 대규모 토목공사를 벌일 만한 예산이 없었다. 그나마 있던 비료공장과 같은 플랜트 공사도 선진 외국 건설업체들 차지였다. 기술이 부족한 국내 건설업체들은 손발을 접고 앉아 구경만 하는 꼴이었다.

정주영 회장의 특기는 '돌격전'이다. 일단 착공을 하면 투자비를 적게 들이기 위해 공기 단축에 들어가는 것이 정 회장의 투지를 앞세운 돌파작전이었다. 당시에도 그랬다. 공기 단축을 위해서는 밤낮으로 일하는 방법밖에 없었다. 결과적으로 공사는 현대건설에 빚만 잔뜩 안겨다주었다.

하지만 이 공사를 하면서 현대건설은 최신 장비 사용법과 선진 공법을 익히게 된다. 중동 신화도 실패가 밑천이 된 셈이다.

결정적 한마디 "해봤어?"

　정주영 회장은 아버지의 소 판 돈을 훔쳐 가출해 1946년 현대자동
차공업을 차린다. 그러던 어느 날, 정 회장은 자동차를 수리한 값을
받으러 갔다가 자신은 일한 대가로 30~40만 원을 받는 반면 건설업
자들은 1천만 원이라는 거금을 받는 것을 보게 된다. 부러워하거나
시기하기보다는 자신도 도전해보겠다는 생각을 하게 된다. 물론 정
회장의 결심에 동업자와 가족들은 한사코 반대했다. 건설업을 할 만
한 돈도 없거니와 경험도 없다는 이유에서였다.

　"해봤어?"

　정 회장은 예외 없이 "해봤어?"로 맞서며 건설사를 차린다. 1947
년 세운 회사가 바로 현대토건이다. 그뒤 현대자동차공업과 현대토건
을 합쳐 1950년 현대건설을 설립했다.

정 회장이 30년 가까이 동고동락했던 이명박 대통령과는 1965년
에 만난다. 그해 이 대통령은 현대건설 1차 필기시험에 합격했다. 하
지만 고려대에 다닐 때 학생운동을 하다 서대문형무소 생활을 했던
전력 때문에 면접시험 대상에서 탈락할 위기에 처했다. 이 대통령은
박정희 대통령에게 편지를 보내 학생운동의 순수성과 그 충정을 토로
한 뒤, 사회 진출을 막는 당국의 처사를 강도 높게 비판했다. 며칠 뒤
청와대에서 면접시험에 응시할 수 있도록 조치를 취해주었다. 그는
20대 이사, 30대 사장, 40대 회장이라는 샐러리맨 사상 초유의 승진
기록을 달성한다.

　　GS건설은 후발업체였다. 1969년 설립한 락희개발이 모태다. 락희
개발은 구인회 LG그룹 창업회장의 의지가 투영된 회사였다. 구 회장
이 락희개발을 만든 이유는 두 가지였다. 하나는 북악산 뒤 부암동에
디즈니랜드와 같은 서울 시민을 위한 휴식 공간을 만들기 위해서였
다. 평소 부동산 투자를 좋아하지 않았던 구인회 회장은 이를 위해 부
암동에 115만 평의 방대한 임야를 확보해놓는다. 또 하나는 당시 국

내 최고 높이인 45층 사옥을 지을 생각이었다. 락희그룹은 사옥이 없어 계열사들이 여러 곳에서 셋방살이를 하고 있었다. GS건설은 1987년 서울 여의도에 LG트윈타워를 완공하면서 구 회장의 못다 이룬 꿈을 실현하게 된다.

업계 1위도 부도를 맞는다

락희개발을 설립한 구 회장은 1970년대를 맞기 하루 전인 1969년 12월 31일 타계한다. 락희개발이 설립된 지 불과 보름도 채 되지 않은 뒤의 일이었다. 그해 12월 12일에 기안된 '락희개발주식회사 설립' 품의서 결재란에도 회장란은 빈 공간으로 남아 있다. 갑작스런 창업주의 타계로 GS건설은 한동안 서류상의 페이퍼컴퍼니로 명맥을 유지하게 된다.

변화의 바람이 불게 된 건 현대건설의 중동신화 때문이었다. 현대건설이 중동에서 막대한 달러를 벌어들이자 국내에서도 건설 붐이 일기 시작했다. GS건설도 해외건설 사업에 뛰어든다.

하지만 GS건설은 당시 국내 건설업계에서도 이렇다 할 경험을 갖고 있지 못했다. 충분한 사전 준비와 정보 입수도 없이 해외의 대형건설 공사에 뛰어들었다. 1985년 GS건설의 중동 수주 물량은 바로 전해에 견줘 38.3퍼센트 줄었고, 부채 비율은 777퍼센트까지 솟구쳤다. 당시 그룹의 기획조정실 감사팀이 감사에 나설 정도로 부실은 심각했다. 창사 이래 최대의 임원진 개편이 뒤따랐다. 공사 관리와 정보

입수 및 판단력 미숙에 대한 문책성 인사였다. GS건설은 기본으로 돌아가는 전략으로 사업 방향을 튼다. 수익성에 초점을 맞춰 사업을 벌이고 환경 변화에 대한 예측 시스템을 강화한다. 이 같은 전략은 IMF 외환위기를 맞으면서 진가를 발휘한다.

새천년을 맞으며 국내 건설사들은 건설 경기 침체로 고난의 시절을 맞게 된다. 2000년 11월 초 100위권 안의 건설업체 가운데 38곳이 워크아웃·법정관리 및 청산 작업에 들어갔다. 업계 3위였던 대우건설도 워크아웃됐다. 업계 7위였던 동아건설은 법정관리에 들어갔고, 아파트 건설로 이름을 얻었던 우성건설은 청산됐다.

40여 년 동안 건설업계 부동의 1위를 고수하던 현대건설도 2000년 그룹 후계 구도를 둘러싼 '왕자의 난'으로 위기를 맞게 된다. 회사 신뢰도가 미끄러지기 시작했고 그해 7월 신용평가회사는 현대건설의 신용등급을 하향조정했다. 차입금 규모가 5조4천억 원으로 금융 비용을 감당하기 어려운 상황이었다. 1차 부도를 냈다. 현대건설이 시장에서 퇴출되는 게 아니냐는 우려도 있었다. 자구책 마련으로 간신히 퇴출 보류 판정을 받았다. '부도 처리 뒤 법정관리'라는 최악의 시나리오에서 벗어났다. 결국 현대건설은 2001년 외환·산업·우리은행 등 채권단의 손에 넘어가게 된다. 하지만 5년 만인 2006년 워크아웃에서 졸업하며 홀로서기에 성공하는 저력을 보인다.

그러는 사이 2001년 3월 21일 밤 10시 정주영 명예회장은 향년 87세를 일기로 타계한다. 정 회장은 세계에서 유례없는 최단기간 고속도로 건설(경부고속도로), 세계 최대 조선소 설립, 국내 최초 우리 기술 자동차 생산(포니) 등 헤아릴 수 없을 만큼 많은 업적을 남겼다. 그는 왕회장으로 불리기도 하며 현대건설·현대자동차 등 각 업종에서 한국을 대표하는 기업을 포함해 83개 계열사를 거느린 대그룹을 일으켰다.

어릴 적 가난이 싫어 아버지의 소 판 돈을 훔쳐 무작정 상경했던 그는 1998년 6월 1001마리의 소떼를 몰고 방북하며 남북교류의 물꼬를 트기도 했다. 지난 2007년 대한상공회의소가 대학 교수와 최고경영자 등을 대상으로 조사한 '기업가 정신 실태 및 존경받는 기업인' 설문에서 가장 많은 34.1퍼센트가 '존경하는 기업인'으로 정주영 회장을 꼽았다.

종목전환으로 2위, 그다음은?

1990년대 중반까지 GS건설은 그저 그런 건설업체였다. 하지만 GS건설은 외환위기 이후 이어진 건설업계 불황기에 사업 포트폴리오를 조정하며 위기를 기회로 바꿨다. 외환위기 전까지만 해도 GS건설의 건설공사는 그룹에서 발주하는 공사가 대부분이었다. 무엇보다 그룹 공사 중심에서 벗어나 업종을 다양화할 필요가 있었다. 단순 공정에 속하는 건축 공사에서 벗어나기 위해 기술 집약적인 플랜트 공사에 참여해야 한다는 목표를 설정했다.

앞서 1990년대 초 국내 대형 건설사들은 그룹의 엔지니어링 회사를 앞세워 해외 플랜트 사업을 진행했다. 하지만 동남아 지역에 외환위기가 닥치면서 사업은 대부분 중단됐고 타격을 받은 국내 기업들은 엔지니어링 부문을 정리했다.

하지만 GS건설은 1999년 LG엔지니어링을 합병했다. 합병으로 동반 부실을 초래할 것이라는 비판도 있었다. 그럼에도 70퍼센트에 이르는 건축·주택 사업 비중을 줄이고, 플랜트 등 고부가가치 분야의 기술과 인력을 확보하기 위해선 합병이 필요했다. GS건설은 금융위기 신호가 포착되자 신속한 의사결정으로 현금을 최대한 확보해 초유의 위기를 이겨낼 수 있었다. 이런 노력의 결과, 2000년 다른 건설사들이 경영난을 겪는 가운데 매출과 순이익을 20퍼센트 이상 늘렸다. 현재 GS건설은 수익 구조의 30퍼센트 이상을 플랜트 부문에서 달성할 정도로 사업 구조를 성공적으로 재편했다.

현대건설은 모두가 인정하는 '전통의 강호'다. GS건설은 이른바 '신흥 강호'다. 두 회사는 관록과 패기로 맞선다. 모두 주택에서 강하고, 해외시장 개척에 적극적이다. 현대건설은 토목에 강하고, GS건설은 플랜트에서 우위에 서 있다.

2009년 현대건설은 건설업계 1위 자리를 되찾았다. 현대건설은 2008년 7조2700억 원 매출에 4800억 원의 영업이익을 올려 건설업계 1위를 차지했다. 매출액 7조 원 돌파는 국내 건설업체 가운데 처음이다. GS건설은 매출 6조8671억 원에 영업이익 4768억 원으로 대우건설을 제치고 2위로 올라섰다.

아파트 브랜드의 모델 전쟁
이영애의 '품격' 과 고소영의 '자존'

현대건설의 '힐스테이트Hillstate' 는 2006년 첫선을 보인다. 아파트 브랜드를 만들지 않았던 현대건설이 2년여 동안 고심 끝에 내놓은 브랜드다. 현대건설은 건설업계에선 선두업체였지만 브랜드에선 후발업체였다.

현대건설은 'H' 라는 알파벳을 강조하고 있다. 우리나라 경제를 부흥시킨 '현대' 의 정통성을 현대건설이 잇고 있다는 의미에서다. 새 브랜드 출시 뒤에는 H로 시작하는 단어들을 명예Honor, 열정Hotness, 역사History, 사람Human이라는 키워드와 연결시켰다. 이러한 키워드는 광고에서도 이어진다. 임권택 감독은 역사, 가수 윤도현은 열정, 헤드헌터 유순신은 휴먼, 작가 최인호는 명예를 상징하는 인물로 나온다.

현대건설은 새 브랜드를 준비하는 과정에서 또다른 고민에 빠졌다. 모델을 누구로 쓰느냐가 문제였다. 웬만한 건설업체가 모두 TV광고를 하고 있는 터라 유명 연예인 가운데 인물을 찾기가 쉽지 않았다. 결국 현대건설은 고소영을 선택했다. 고소영은 "당신의 'H'는 무엇입니까"라고 묻는다.

그동안 아파트 빅 모델은 GS건설 '자이'의 이영애와 대우건설 '푸르지오'의 김남주가 양강체제를 이뤄왔다. 이영애는 2002년 9월부터, 김남주는 그해 10월부터 각각 자이와 푸르지오의 분신처럼 활동하고 있다. 둘은 공교롭게 1971년생 동갑내기다.

이영애는 자이 모델로 세련된 도시 여성의 생활을 보여준다. GS건설의 아파트 브랜드 자이는 2002년 9월 태어났다. 자이 'XI'는 '특별한 지성eXtra Intelligence'을 의미하는 영문 약자다. 품격 있고 세련된 느낌으로 남보다 한발 앞선 사람들이 선택하는 첨단 고급 아파트를 상징한다고 건설사 쪽은 말한다. GS건설은 이 같은 브랜드 이미지를 드러내기 위해 품격 있고 지적인 이미지의 광고 모델을 찾다 이영애를 선택했다. 이영애의 강점은 신뢰다. 그가 모델로 활동해온 카드·전자제품·화장품 등은 미모도 중요하지만 신뢰도가 모델의 우선 조건으로 꼽히는 상품들이다. 이영애는 드라마〈대장금〉을 통해 한류 스타로 발돋움해 GS건설이 베트남 등 해외로 진출할 때 인지도를 높여주기도 했다.

건설회사들은 빅 모델에 집착한다. 브랜드 이미지가 아파트 분양에 결정적인 영향을 끼치기 때문이다. 지적이면서 감성적인 빅 모델은 아파트의 주 소비층인 여성에게 "그 집에서 살고 싶다"는 욕망을 자극하기 때문이다.

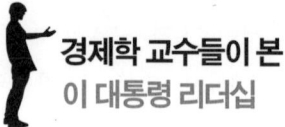

경제학 교수들이 본
이 대통령 리더십

이명박 대통령의 리더십은 어떤 리더십일까? 이 대통령은 경영인 출신답게 효율과 성과를 중심으로 한 기업경영 방식을 국가 운영에도 접목하고 있다. 이 과정에서 그는 '최고경영자 리더십'을 드러내 보인다.

CEO 리더십은 경영학에서 지시적 · 지원적 · 참여적 · 성취지향적 등 네 가지 유형으로 나뉘는데, 이 가운데 이 대통령은 지시적, 성취지향적 성향이 두드러진다고 경영학과 교수들은 분석한다.

'지시적' 리더십은 대통령이 직접 정책 아이디어를 내고 집행을 지시하기 때문에 신속한 의사결정이 가능하고 정책의 일관성이 유지된다는 장점이 있다. 이 대통령은 '규제 완화→투자 증가→일자리 창출'이라는 경제성장의 선순환 구조를 모델로 삼고 있다. 대통령이 앞서 대불공단 전봇대를 기업경영의 걸림돌로 '포지셔닝' 해 규제의 문제점을 지적하자, 즉각 공무원들이 전봇대를 뽑느라 법석을 떨었다. 노부호 서강대 교수(경영학과)는 "추진력과 돌파력을 갖고 있는 대통령의 리더십은 느슨한 관료 조직에 긴박감과 위기의식을 불어넣을 것"이라고 말했다.

하지만 이런 리더십은 대통령이 주요 업무를 직접 챙기기 때문에 일선 부처가 나설 여지가 별로 없게 되는 단점이 있다. 포용력이 부족해 독선적으로 흐를 가능성도 크다. 신완선 성균관대 교수(시스템경영공학부)는 "2004년 말 서울 시민을 대상으로 조사한 결과 당시 이 시장은 화합과 포용의 리더십이 부족한 것으로 나타났다"고 말했다.

'성취지향' 리더십은 결과·수치·성장을 담론·가치·분배보다 더 중요하게 여긴다. '고등학교만 나오면 영어를 할 수 있게 만든다'는 과제를 설정하면, 이를 달성하고자 영어 몰입교육을 추진하는 식이다. 이 대통령은 서울시장 때도 '청계천 복원사업 준공일은 2005년 10월 1일' 등으로 미리 일정표를 짜놓고 업무를 추진했다.

이런 리더십은 결과물을 내는 데는 효과적일 수 있지만 부작용이 많이 따르기 십상이다. 과정과 절차를 무시하는 경우가 잦은 탓이다. 예컨대 영어 몰입교육 과정에서 사교육비 증가와 계층간 영어 격차 같은 문제가 생기는 것은 외면하기 쉽다. 최진 대통령리더십연구소장은 "이런 리더십은 결과를 중시하기 때문에 도전적일 수 있지만 반대로 분배와 인권 등 비경제적인 가치에 대해서는 소홀히 하는 경향이 있다"고 지적했다.

자신이 잘 모르는 사람을 쓰지 않는 것도 CEO 리더십의 특성이다. 대개 CEO들은 자신이 가장 믿는 사람들에게 회계 처리를 맡기듯, 이 대통령 역시 자신이 오랫동안 인연을 맺어 온 인맥을 주축으로 청와대 비서진과 내각을 짰다. 그러다 보니 고려대-소망교회-영남-서울시 인맥 일색이라는 평을 받았다. 권영준 경희대 교수(국제경영학부)는 "업무 능력만 보고 데려다 쓰는 기업 경영과 도덕성 등을 다각적으로 검증해야 하는 국정 운영의 차이를 대통령이 먼저 인식해야 한다"고 말했다.

RIVAL NOMICS

불황입니다. 그렇다고 주저앉아 있을 수만은 없습니다. 모두 불황이라고 아우성치지만, 그 와중에 잘 나가는 기업과 가게가 있습니다. 그들에겐 어떤 비결이 있을까요?

제2법칙은 불황에 강한 기업들의 이야기입니다. '참이슬'과 '처음처럼'의 소주 대결부터 GS홈쇼핑과 CJ오쇼핑의 홈쇼핑 대결까지, 이들은 맞수 경쟁을 하며 불황을 이겨냈습니다.

IMF라는 불황 터널을 거치면서 최근의 금융위기까지, 이들 기업은 어떻게 불황을 이겨냈는지를 확인해 보세요. 그리고 불황 탈출을 위한 전략도 눈여겨보기 바랍니다.

팁에서는 가격을 중심으로 미시경제학에 관한 내용을 담았습니다. 가격차별, 한계효용체감의 법칙, 수요와 공급 법칙 등이 대표적입니다. 경제학 교과서에 나오는 따분한 얘기가 절대 아닙니다. 삼겹살과 1천원 지폐 등 우리 주변에서 흔히 보는 것들을 통해 감칠맛 나는 경제학을 느껴 볼 수 있도록 했습니다. 가격의 마법에 푹 빠져 보세요.

위기 극복의 법칙

GS홈쇼핑 화장하며 인터넷으로
vs
요리하며 중국으로 CJ오쇼핑

마수걸이는 만능 리모컨이었다. 1995년 8월 1일, 아침 9시부터 한 시간 동안 GS홈쇼핑(옛 한국홈쇼핑) 첫 방송에서 판 상품이었다. 리모컨 하나로 TV와 비디오를 작동시킬 수 있는 아이디어 제품이었다. 첫 방송 뒤 주문은 10개가 채 안 됐다. 그마저 상당수는 사내 직원들이 샀다.

또다른 마수걸이는 뻐꾸기 시계였다. CJ오쇼핑(옛 39홈쇼핑)도 같은 시각 첫 홈쇼핑 방송을 내보낸다. 가격은 7만8천 원. 1시간 동안 7개를 팔았는데 그 가운데 4개는 직원들이 구매한 것이다.

그렇게 두 회사는 홈쇼핑 시대를 여는 첫 방송을 쏘았다. 그러나 실적은 미미했다. 1995년 GS홈쇼핑과 CJ오쇼핑의 매출 합계는 34억 원에 그쳤다. 홈쇼핑 방송을 시작한 지 3년이 지났을 때도, 업체별 매출은 1천억 원을 채 넘기지 못했다. 상품을 직접 만져보지 못한 채 TV

화면에서 보고 전화 주문하는 방식을 사람들은 낯설어했다.

13년이 흐른 뒤 TV홈쇼핑은 백화점·할인점과 함께 국내 유통산업의 한 축으로 성장한다. 두 회사는 매출 규모에서 세계 3·4위를 다툴 만큼 비약적인 성장을 일궈낸다. 2008년 취급 매출액에선 GS홈쇼핑(1조6천억 원)이 CJ오쇼핑(1조4천억 원)에 앞선다. 하지만 영업이익은 CJ오쇼핑(873억 원)이 GS홈쇼핑(819억 원)보다 많다.

'요람(유모차)에서 무덤(상조 서비스)까지'라는 표현이 딱 들어맞는 다양한 상품과 홈쇼핑 특유의 반품·환불·덤 서비스는 고객의 지갑을 열게 만들었다. 문화적인 차이도 홈쇼핑 성장에 한몫했다. 미국과 일본의 홈쇼핑은 제품 기능에 초점을 맞춰 반복 설명한다. 이에 반해 우리나라 홈쇼핑은 다양한 방송 포맷에 화려한 화면과 엔터테인먼트적 요소가 풍부하다.

병따개 판 것이 홈쇼핑 시초

홈쇼핑의 시작은 1977년 미국 플로리다 라디오 방송사였다. 한 광고주가 광고비를 못 내자 방송사에 자신들이 만든 전기 병따개를 넘겼다. 방송사 사장은 병따개를 어떻게 처분할까 고민하다, 라디오 방송 디스크자키에게 팔아줄 것을 요청했다. 디스크자키는 자신이 진행하던 토크쇼에서 "여러분, 여기 멋진 깡통따개가 있으니 구입하시려면 연락 주십시오"라고 소개했다. 곧바로 100여 개가 개당 9달러 95센트에 모두 팔린다. 이 예상치 못한 성공이 홈쇼핑의 시초가 됐다.

GS홈쇼핑의 사업 초기 얘기. 처음 콜센터 직원은 30여 명에 그쳤다. 모든 주문은 노트에 펜으로 썼다. 판매 결과를 즉시 알 수도 없었다. 마케팅 계획을 세우는 데 어려움을 겪었다. 신영범 GS홈쇼핑 부장은 "이듬해 업계 최초로 영업 시스템을 전산화했다. 방송을 진행하는 동안 실시간으로 판매 상황을 알 수 있게 됐다. 프로듀서PD나 상품기획자MD가 상품의 옥석을 가릴 수 있게 됐다. 쇼핑호스트들도 판매 상황에 따라 그때그때 멘트를 바꿀 수 있는 등 전산화는 홈쇼핑 마케팅의 디딤돌이 됐다"고 말했다.

홈쇼핑의 꽃, 쇼핑호스트도 새로운 인기 직업으로 태어났다. 홈쇼핑 초기 쇼핑호스트들은 카메라 앞에서 대본도 없이 물건만 놓고 팔아야 하는 열악한 상태에서 방송을 했다. 당시 GS홈쇼핑엔 16명의 쇼핑호스트가 있었는데, 생소한 직종이다보니 어떻게 상품을 소개해야 하는지 몰랐다. 미국에서 활동 중인 쇼핑호스트를 데려와 교육을 받아야 할 정도였다. 쇼핑호스트들은 방송을 통해 자기만의 영역을 만들어가야 했다. 이 과정에서 쇼핑호스트는 단지 물건만 파는 게 아니라, 소비자들과 커뮤니케이션을 해야 한다는 사실을 깨닫게 된다.

불황의 시대, 홈쇼핑에서 가장 많이 팔린 상품은 무엇일까? 2008년 두 회사의 '히트 상품 10'을 보면, '불황' '실속' '가치소비'라는 키워드를 읽을 수 있다.

불황 탓에 가격 거품을 뺀 10만 원대 이하의 중저가 제품의 판매가 두드러졌다. 집에서 식사를 해결하기 위한 식품·식기류 소비가 늘었다. 상품 하나를 사더라도 가격과 성능을 모두 따지는 가치소비가 대세를 이루면서 소비자 욕구를 제대로 짚어낸 상품은 매출이 오히려 늘고 있다.

GS홈쇼핑의 경우 히트 상품 상위 10개 품목 중 전기매트를 뺀 9개 상품이 10만 원 미만의 중저가 상품이다. 물론 전기매트 역시 석유를 아끼기 위한 대표적인 불황 상품이다. 전기매트는 외환위기 이후 처음으로 10대 히트 상품 대열에 합류했다.

GS홈쇼핑이 2007년 가장 많이 판 제품은 애경의 '루나 by 조성아'였다. 파운데이션·파우더·아이쉐도우·립글로스 등 색조 화장품 7~9종으로 꾸민 이 제품은 40만 세트가 팔려나갔다. 화장품은 매일 쓰는 필수품인 동시에 계절과 유행에 따라 바꿔 써야 한다. 하지만 불황으로 여러 제품을 구입하는 것이 부담스러워진 소비자들이 상대적으로 저렴한 세트 구입을 선호한 것이다.

CJ오쇼핑의 한방 샴푸 '댕기머리'는 2008년 64만 개가 넘게 팔리며 3년 연속 판매 톱 자리에 올랐다. 간판 스테디셀러의 인기는 여전했다. 불황일수록 검증된 상품을 추구하는 소비자들의 심리와 닿아 있는 셈이다. CJ오쇼핑의 히트 상품 10위권엔 화장품이 6개나 포함됐다. '불황에는 짙은 립스틱이 잘 팔린다'는 립스틱 효과를 입증한 셈이다. 2위와 6위를 차지한 안동 간고등어와 제주 은갈치는 불경기엔 외식을 줄이고 집에서 직접 요리하는 분위기가 자리잡으며 인기를 끌었다.

홈쇼핑에서 많이 팔린 상품은 시기별로 차이를 보이기도 한다. CJ오쇼핑에서 가장 많이 팔린 상품을 짚어보면, 홈쇼핑 초기인 1990년대 말 히트 상품은 대부분 요리·청소·세탁 등 집안 살림에 쓰이는

제품이었다. 손쉽게 요리할 수 있는 '돌삿갓 요리박사', 핸드 믹서기 '도깨비방망이', '돌침대'도 이 시기에 첫선을 보인 상품이다. 크리스털 홈 세트는 1990년대 혼수 품목으로 히트 상품에 올랐으나 2000년대 전후로 실용적인 식기류로 바뀌었다. 이 시기에 여행상품이나 공연 관람권, 콘도 이용권 등 서비스 상품이 처음 등장한다. 이때 홈쇼핑의 새로운 수익원으로 각광받은 보험 상품도 처음으로 방송을 탄다.

장영석 CJ오쇼핑 부장은 "2000년대 초반엔 김치냉장고와 컴퓨터가 방송 단골 메뉴였다. 김치냉장고에 대한 주부들의 욕망이 큰 때였고, 인터넷이 보편화되기 시작하면서 가정용 컴퓨터 구매 수요가 급증했다"고 말했다.

1997년 들이닥친 외환위기는 홈쇼핑 업체엔 오히려 기회였다. 경제위기로 많은 기업들이 판로가 막혔고, 특히 중소기업엔 더욱 큰 시런이었다. 판로를 찾던 중소기업과 품질 좋은 상품을 원했던 홈쇼핑 업계는 서로를 만족시키기에 충분했다. 중소기업의 싸고 질 좋은 상품들이 홈쇼핑의 전파를 타게 된다. 소비자들도 전화벨을 누르기 시작한다.

IMF 시작하니 돈 벌고 끝나니 망한다?

진짜 위기는 외환위기 다음에 찾아왔다. 홈쇼핑 사업이 시나브로 성장을 거듭하자 정부는 우리홈쇼핑(현 롯데홈쇼핑)과 농수산홈쇼핑, 현대홈쇼핑을 신규 사업자로 선정했다. 2개 업체가 시장을 양분하다 5개 업체의 경쟁이 시작됐다. 2000년대로 접어들면서 케이블TV 시청 가구 수도 포화되기 시작했다. 고객 수가 정체된 것이다. 게다가 2003년 신용카드 사태까지 터지면서 홈쇼핑은 직격탄을 맞게 된다. 홈쇼핑 결제 수단은 대부분 카드였다. 2004년 홈쇼핑 업계는 처음으로 마이너스 성장을 하게 된다.

CJ오쇼핑은 발 빠르게 글로벌 시장으로 눈길을 돌린다. 2003년 8월 중국 상하이에 합작회사인 '동방CJ'를 설립했다. 박영암 CJ오쇼핑 상무는 "시장 잠재력이 크고 문화가 유사한 중국 시장에선 다른 나라보다 훨씬 경쟁력이 있다고 평가해 중국에 진출했다. 동방CJ는 2006년 흑자를 내기 시작할 정도로 단기간에 높은 성과를 올렸다"고 말했다. 동방CJ는 2008년 매출 2천억 원, 순이익 90억 원을 올렸다.

GS홈쇼핑은 인터넷으로 영토를 확장하고 있다. 인터넷 쇼핑몰인

GS이숍과 연계한 서비스도 진행 중이다. 조성구 GS홈쇼핑 상무는 "2008년 인터넷 종합 쇼핑몰 디앤숍을 인수했다. 기존 GS이숍과 함께 종합 쇼핑몰 업계 1·2위를 다투던 두 쇼핑몰을 모두 보유하게 된 셈이다. '넘버원 홈쇼핑'에서 '온라인 커머스 리더'로 사업 범위를 넓혀가고 있다"고 말했다.

토크쇼야? 홈쇼핑이야?

두 회사는 경쟁우위 상품에서 약간의 차이를 보인다. GS홈쇼핑의 경우 한때 같은 계열사였던 LG생활건강과 LG전자의 영향을 받아 화장품과 가전제품에 강한 이미지를 갖고 있다. 화장품은 홈쇼핑 이용고객이 20~30대 여성으로 젊어지고, 방송에서 제품 설명과 시연이 쉽기 때문에 최근 인기를 모으고 있는 품목이다.

반면 CJ오쇼핑은 모기업인 CJ의 영향으로 식품 부문을 잘하고 있다는 평가를 받는다. 안동 간고등어와 제주 은갈치 등이 잘 팔리는 품목이다. 이와 함께 댕기머리는 미용실을 중심으로 입소문이 난 중소기업 제품을 발굴·판매해 대박을 터뜨린 상품이다.

현재 두 회사는 토크쇼와 뉴스 형식을 빌린 새로운 쇼핑 프로그램을 속속 내놓고 있다. "이번 기회를 놓치지 마세요"라는 홈쇼핑 형식에서 벗어나 재미와 정보를 입체적으로 전달하기 위해서다. 백화점에서 판매하는 프리미엄 브랜드를 잇달아 선보이며 상품 고급화에도 나서고 있다.

앞으로 CJ오쇼핑과 GS홈쇼핑은 인터넷TV(IPTV)와 인터넷, 휴대전화 등 디지털 뉴미디어에서 신성장 동력을 찾으려 한다. TV홈쇼핑에서 쌓은 노하우로 디지털 매체에 맞는 쇼핑 문화를 선보여 새로운 '단골'을 데려와야 한다. 두 회사 가운데 어느 집 앞이 고객들로 북적거리게 될까?

숨어 있는 1인치 마케팅
오전 11시엔 저가품, 밤 11시엔 고가품

TV홈쇼핑 곳곳엔 마케팅 전략이 녹아 있다. 홈쇼핑 업체들은 철저한 분석과 통계로 고객에게 다가간다.

홈쇼핑의 골든타임Prime time은 오전 11시대다. 주 고객인 주부가 편안히 쇼핑을 즐길 수 있는 시간대다. 주문량이 가장 많은 때이기도 하다. 하지만 홈쇼핑 업체들은 이 시간대에 저렴한 제품을 많이 내놓는다. 고가품일 경우 주부 혼자 결정하기 쉽지 않기 때문이다. 황규란 GS홈쇼핑 과장은 "고가품을 주로 내놓는 시간은 밤 11시대다. 공중파의 드라마가 끝난 뒤다. 아내와 남편이 홈쇼핑을 보며 함께 구매를 결정할 수 있도록 하기 위해서"라고 설명했다. 홈쇼핑 업체들은 오전 11시대에는 실속형 생활용품을, 밤 11시대에는 가전이나 컴퓨터를 집중 편성한다.

음악에도 과학이 실려 있다. 홈쇼핑 고객의 구매욕을 가장 자극하는 음악은 '귀에 익숙한 리메이크 댄스곡'이다. 주 고객층이 30대 주부들이기 때문이다. 최신곡일 경우, 음악에 집중하느라 상품 집중도가 떨어질 수도 있다. 컴퓨터와 레포츠 상품에는 테크노, 패션 상품에는 펑키, 보석과 침구 상품에는 재즈

이런 고가의 제품은 당연히 부부가 함께 텔레비전을 시청하는 밤시간대에 편성된다.

가 주로 방송된다.

화면 배치는 어떨까? 시청자가 심리적으로 가장 안정감을 느끼는 삼각 구도로 상품을 늘어놓는다. 또 화면에서 아른거릴 수 있는 체크무늬나 줄무늬 테이블보, 침구류는 자제한다. 빨강이나 노랑 등 원색도 화면에서 번져 보이기 때문에 잘 쓰지 않는다.

홈쇼핑의 일대일 맞춤형 마케팅도 눈에 띈다. GS홈쇼핑은 고객이 구입한 기저귀가 거의 떨어질 즈음 기저귀 상품을 안내하는 문자메시지를 보내준다. 구매한 기저귀 양과 시기를 분석해 다음 구매 시기를 예측하는 것이다.

CJ오쇼핑은 벤츠 등 고가의 차를 홈쇼핑으로 판매한다. 고객은 가계약금 20만 원만 걸면 전국 어디에서나 시승차를 타볼 수 있다. 고객이 차를 사지 않으면 가계약금을 돌려받는다. 고객이 차를 타보기만 한 뒤 구매를 하지 않으면 손해가 아닐까? 김성중 CJ오쇼핑 과장은 "꼭 손해만은 아니다. 차에 관심이 많은 고객 데이터를 확보할 수 있어 앞으로 맞춤형 마케팅 자료로 활용할 수 있기 때문"이라고 설명했다.

가격차별의 경제학
버스요금은 9백 원일까? 1천 원일까?

서울에서 버스나 지하철을 탈 때 현금으로는 1천 원, 카드로는 9백 원을 낸다. 그렇다면 실제 요금이 1천 원일까? 아니면 9백 원일까? 다시 말해 원래 1천 원인데 카드로 낼 때 1백 원을 할인해주는 걸까? 아니면 9백 원인데 현금 승차 때 1백 원을 더 내는 걸까?

현금승차부터 조조할인까지

해답은 바로 가격차별price discrimination에 있다. 동일한 상품에 대해 생산비가 똑같은 데도 서로 다른 가격을 정하는 것을 뜻한다. 실제 주변에선 무수한 가격차별이 존재한다.

예를 들어 보자. 요즘 영화 한 편을 보려면 8천 원을 내야 한다. 하지만 제휴카드를 쓰면 보통 1천~1천5백 원가량 할인해준다. 오전 8~10시에 영화를 보면 조조할인이라고 해서 깎아주기도 한다. 극장은 이중 가격을 쓰는 것이다.

그렇다면 극장은 왜 일찍 오는 사람에게 할인을 해줄까? 오전에도 극장의 영

교통카드 제도를 유지하기 위해 현금승차 시 돈을 더내는 가격차별이 시행되고 있다.

사기는 돌아간다. 극장으로선 가격을 최대한 내려 빈 좌석을 채우는 것이 이익을 극대화하는 전략이다. 반면 호주머니가 궁한 학생들이나 오전 시간이 비어 있는 사람, 안 붐비는 공간에서 조용히 영화를 보고 싶은 사람은 오전에 영화를 보는 것이 자신의 이익을 극대화하는 전략이다.

즉, 차별화된 가격은 생산자에게는 더 많은 이익을, 소비자에겐 더 많은 소비 기회를 준다.

가격차별에는 3가지가 있다. 먼저 1차 가격차별이다. 완전가격차별이라고도 한다. 모든 고객을 개별적으로 대해 모두 다른 가격을 받는 경우를 말한다. 예를 들면 놀부집 어린애가 아팠을 땐 약값을 높게 받고 흥부집 어린애가 아팠을 때 약값을 낮게 받는 식이다. 변호사, 의사, 미용사 등이 1차 가격차별에 참여할 가능성이 짙다.

2차 가격차별은 얼마나 많이 사느냐에 따라 가격을 달리해 상품을 파는 경우다. 할인마트의 원플러스원이 대표적이다. 낱개로 살 때 보다 묶음으로 살 때

싸게 해주는 것이다. 1년 구독자에게 낮은 구독료를 적용하는 것도 마찬가지다.

3차 가격차별은 장소나 고객을 세분해 다른 가격을 붙이는 경우다. 학생 요금 할인이나 영화 조조할인, 통신요금을 시간대별로 다르게 책정하거나 기차 요금을 주중에는 할인해 주고 주말에는 더 비싸게 받기도 한다.

지하철 요금도 분명 이중 가격이다. 그렇다면 지하철 요금은 얼마일까? 서울 지하철 1~4호선을 운영하는 서울메트로에 확인해봤다. 서울메트로는 지하철 요금이 9백 원이라고 했다. 그러면 현금으로 탈 때 1백 원은 왜 붙을까? 류송아 서울메트로 대리는 "지하철 요금 9백 원에 종이 승차권 가격, 매표소를 관리하는 직원의 인건비 등을 합쳐 1백 원이 더 붙는 것"이라고 말했다. 참고로 종이 승차권 한 개를 만드는 데 드는 비용은 3.3원이라고 한다. 서울메트로가 1백 원을 추가로 받는 것은 교통카드로 전환을 확대하기 위한 가격차별인 셈이다. 교통카드 이용이 늘어나면 그만큼 인건비를 줄일 수 있기 때문이다. 9호선 개통에 맞춰 종이 승차권은 사라졌다.

버스 안내양 인권 보호 위해 토큰 도입

버스도 마찬가지다. 서울시는 2004년 준공영제 도입에 따라 수입금을 공동 관리하고 있다. 현금을 받게 되면 버스회사나 일부 운전기사의 현금수입금 횡령이 일어날 우려가 있다. 이 같은 도덕적 해이 현상이 나타나면 시내버스 준공영제 취지가 훼손된다. 버스의 이중 요금 역시 교통카드 전환을 유도하기 위한 가격차별 전략이다.

지금은 사라졌지만 구멍이 뻥 뚫린 토큰token이 있었다. 버스 토큰은 버스 안내양의 인권 보호 차원에서 마련됐다. 버스회사들이 안내양들의 '수입금 빼

돌리기'를 막는다는 명분 아래 몸수색을 하는 바람에 실랑이를 벌이는 일이 잦았기 때문이다. 토큰이 처음 나올 당시 소비자가격은 개당 30원. 하지만 현금 승차를 하는 승객은 10원의 가산금을 더 물어야 했다. 토큰제 촉진을 위한 가격차별인 셈이다.

몇 해 전에는 경로우대요금제라는 잘못된 가격차별로 노인들이 힘들어 했다. 당시엔 노인들은 무료로 버스를 탈 수 있었다. 하지만 버스 기사에겐 무료로 태워야 하면서 신경도 써야 하는 노인들이 부담이었다. 그래서 노인 혼자 버스를 기다리는 정류장에 버스가 서지 않고 가버리는 경우가 종종 있었다. 결국 노인들이 요금을 내고 국민들이 그 요금을 분담하는 식으로 제도는 개선됐다.

훼미리마트 우리 동네 리빙스테이션
vs
쉽고 편한 생활공간 GS25

이곳을 찾는 사람들은 대개 외로운 사람들이다. 직장인 · 자취생 · 유학생처럼 젊은 독신자들이 많다. 밥을 챙겨 먹기 싫은 '귀차니스트'일 수도 있고, 자유롭게 사는 사람들이기도 하다.

편의점은 도시의 아침을 깨운다. 출근길에 바나나우유 한 개와 삼각김밥 하나를 허겁지겁 먹고 회사로 뛰어나가는 사람, 지난밤 과음 탓에 퀭한 눈으로 숙취 음료를 들고 계산대에 서 있는 사람, 얼큰한 컵라면 국물로 속을 푸는 사람….

야근이 잦은 사람, 밤늦게까지 공부 혹은 게임하는 학생처럼 밤을 잊은 그들도 편의점을 들른다. 찜통에서 막 꺼내 김이 모락모락 올라오는 찐빵을 호호 불어 먹는다. 전자레인지에 데우기만 하면 간단히 먹을 수 있는 냉동만두를 즐기기도 한다. 겨울밤 추위를 확 풀어주는 뜨끈뜨끈한 우동 국물도 좋다.

편의점CVS · Convenience Store은 '소형 만물상' '우리 동네 냉장고' 등으로 불리며 반가운 거리의 주방이자 수다용 쉼터로 자리잡고 있다. 최초의 편의점은 1927년 미국 텍사스 주 댈러스의 작은 제빙회사였던 사우스랜드 사에서 시작됐다. 이 회사는 얼음을 보관하느라 큰 냉장고를 갖고 있었다. 냉장고엔 우유 · 빵 · 달걀 등 식료품을 담아두었는데 동네 사람들의 편의를 위해 저녁과 일요일에 판매한 것이 편의점의 시작이었다. 이 회사가 편의점 브랜드를 내놓으면서 '세븐일레븐'이라는 상호를 썼다. 대부분 일찍 문을 닫는 다른 가게와 달리 아침 7시부터 밤 11시까지 영업하는 것을 강조하기 위해서였다. 일본에선 1980년대 독신자와 고령자가 늘어나고 소득 수준이 높아지면서 크게 붐을 이뤘다. 우리나라는 1989년 5월 올림픽선수촌에 문을 연 세븐일레븐이 처음이었다.

편의점 하루 매출이 2억5천만 원?

보광훼미리마트는 일본의 대표적 편의점 브랜드인 훼미리마트와 손잡고 편의점 사업에 뛰어들었다. 1990년 10월 서울 송파구 가락동에 문을 연 훼미리마트 1호점이 그 시작이다. 당시엔 동네 가게와 차별화해 고객의 발길을 자연스럽게 편의점으로 들어오게 만들어야 했다. 밝은 조명, 세련된 인테리어를 가꾸어놓았다. 이광우 훼미리마트 팀장은 "24시간 내내 문을 여는 것도 젊은 층에게 신선한 충격을 줬다. 당시 젊은이들은 편의점을 만남의 장소로 활용할 정도로 인기를 모았다"고 말했다.

유통사업을 해오고 있던 LG그룹도 편의점 사업을 준비한다. LG는 사업 초기 일본의 편의점 업체와 기술 제휴를 모색했다. 하지만 과도한 로열티를 요구해 기술 제휴 계획을 백지화하고 단독 개발로 방향을 튼다. 김일용 GS25 팀장은 "1990년 12월 LG25 1호점인 경희점이 문을 열었다. 24시간에 1시간을 더한다는 서비스 정신과 2와 5를 더해 행운의 숫자 7을 담은 브랜드였다"고 설명했다. 2004년 GS그룹과 LG그룹이 분리되면서 LG25는 GS25로 새롭게 태어난다.

편의점 점포 가운데 제일 잘되는 곳은 어디일까? 병원 점포다. 전국 최고의 알토란 매장이다. 병원 점포 매출이 많게는 일반 점포의 10배 이상 높다.

GS25의 경우 매출액 상위 10위 안에 병원 점포가 6개나 포진해 있다. GS25 신촌세브란스병원점은 하루 평균 매출이 1600만 원에 이른다. 훼미리마트도 삼성서울병원점과 이대목동병원점, 건양대병원점 등 병원 점포 3개가 '톱 10'에 들어 있다.

병원점포는 수천 명의 유동 고객을 확보하고 있는 데다 주변에 경쟁 점포가 없는 '독점적 지위'를 누린다. 여기에 병문안용으로 고가의 음료·과일 선물세트가 많이 팔리고 술 취한 사람이나 고객 클레임이 적어 편의점 업체나 점주들이 선호하는 입지다. 지난 2006년 5월 박근혜 전 한나라당 대표가 신촌세브란스병원에 입원했을 때 입점 점포의 당일 매출이 10퍼센트 이상 늘었다.

병원 점포는 판매 상품도 일반 점포와 큰 차이가 난다. 환자들을 위한 생수나 유제품 종류가 많이 팔린다. 편의점 매출 부동의 1위인

바나나우유를 생수가 제치는 곳이 병원 점포다. 담배와 술도 판매하지 않는다. 대신 일반 점포와 달리 성인용 기저귀, 슬리퍼 등이 진열돼 있다.

그 외 공항, 휴게소, 경기장 등 특수지 점포들도 장사가 잘 된다. 서울월드컵경기장 안 GS25는 FC서울과 맨체스터 유나이티드의 친선경기가 열린 지난 2007년 하루 단일 매장 사상 최대인 2억5000만 원의 매출을 올렸다. 훼미리마트의 경우 2001년 문을 연 인천공항점 매출이 일반점포 대비 8~9배에 이른다. 훼미리마트의 일반점포 가운데 특수지 점포가 아닌 곳 중 유일하게 '톱10'에 드는 곳이 대학로 점이다.

뛰는 컵라면 위에 나는 삼각김밥

편의점에서 가장 잘 팔리는 건 담배다. 그 뒤를 잇는 게 바로 바나나맛 우유와 캔커피, 삼각김밥이다. 삼각김밥과 곁들여 먹기 좋은 음료들이다. 경제학에서 말하는 보완재인 셈이다. 1990년대만 해도 편의점에선 뜨거운 물을 부어 바로 후루룩 먹을 수 있는 컵라면이 인기를 끌었다. 국물을 좋아하는 우리나라 사람들이 삼각김밥을 찾게 된 건 2000년대 들어서부터다. 2001년 삼각김밥 가격이 900원에서 700원으로 내리면서 가격 경쟁력이 생기기 시작했다. 2002년 월드컵 거리 응원 덕도 봤다. 삼각김밥은 거리 응원을 하며 간단히 먹을 수 있는 주전부리였다. 당시 서울시청 앞 광장 인근 편의점에선 삼각김밥 4

천~5천 개가 팔려나갔다. 여기에 삼각김밥 업계의 다양한 메뉴 개발도 고객 입맛을 돋우었다. 현재는 쌀밥에 채소와 고추장을 버무리고 불고기볶음을 섞어 비빔밥 고유의 맛을 낸 전주비빔 삼각김밥이 단연 인기다. 삼각김밥은 화끈불낙지·매콤갈비찜·동그랑땡·순살돈가스·누드·사천탕수육·중화볶음밥 등으로 진화 중이다.

두 회사는 설립한 지 얼마 되지 않아 위기를 맞는다. 1990년대 초 편의점 업계엔 점포 수 경쟁이 불붙는다. 그 결과 부실 점포 양산이라는 결과를 낳았다. GS25도 사업 초기 치열한 경쟁에 휩싸이면서 적자를 감수했다. 1993년부터 문제가 불거졌다. 잇단 가맹 경영주의 항의를 받았다. 급기야 사업 포기 논의까지 나올 정도였다.

GS25는 원인을 찾아나선다. 무리한 출점 경쟁으로 부실 점포가 양산됐다고 봤다. 점포 운영의 문제도 있었다. 외국의 경영 기법을 여과 없이 그대로 적용하면서 시행착오가 나타났다. 여기에 값이 비싸다는

인식을 편의점의 장점인 편의성으로 극복하지 못한 것도 문제였다.

정답은 회사와 가맹점의 신뢰 회복

GS25가 가장 먼저 착수한 일은 가맹 경영주와 본부의 신뢰를 회복하는 일이었다. 정춘호 GS25 개발부문장은 "우선 가맹 경영주의 요구 사항을 파악하고 해결책을 마련하기 위해 대화 자리를 마련했다. 서울 역삼동 반도유스호스텔(현 GS강남타워)에서 전국 100여 명의 가맹 경영주와 본부 임직원들이 만나 대화를 시작한 데 이어 가맹 경영주 대표들과 밤을 새는 철야 토론을 거쳐 본부와 점포의 갈등을 줄여 나갔다"고 말했다. 임직원들은 밤낮을 가리지 않고 전국 점포를 찾아가며 고객과 가맹 경영주의 생생한 목소리를 들었다. 이렇게 현장 방문을 통해 수집된 의견은 점포 경영에 바로 반영됐다. GS25는 이 같은 노력으로 위기를 벗어나기 시작한다.

훼미리마트는 1997년 외환위기에 따른 고금리와 금융시장 경색으로 어려움을 겪게 된다. 앞서 훼미리마트는 1996년부터 임직원들이 점점 어려워지고 있는 경제 환경을 극복하고 변화에 대응하기 위한 릴레이 회의를 열었다. 이건준 훼미리마트 이사는 'IMF의 혹독한 시련을 극복할 수 있었던 계기가 바로 릴레이 회의에서 출발한다. 임직원 회의를 통해 다양한 아이디어가 나왔고 내부적으로 변화를 위한 혁신운동이 일어났다. 훼미리마트는 남들이 '위기'라 하여 움츠리고 있을 때, 임직원들이 더 발로 뛰고 과감히 투자를 아끼지 않았다'고 말했다. 임직원들이 똘똘 뭉쳐 회사의 어려움을 헤쳐나가기 시작한다.

훼미리마트는 북한 사업을 발 빠르게 치고 나간다. 지난 2002년 금강산지구에 직영 편의점 2곳을 열었다. 2004년엔 개성공단에도 문을 열었다. 개성공단 편의점에서 개점 6개월 동안 가장 많이 팔린 상품은 '팩소주'였다. 개성공단에는 주점이 없기 때문에 남쪽에서 파견된 관리자들이 북한 직원들과 회식을 위해 팩소주를 많이 사갔다고 한다. 북한 노동자들은 남한의 '얼음보숭이(아이스크림)'를 가장 즐겨 먹는다. 남쪽 관리자들이 이들을 위해 회식용으로 아이스크림을 사가는 경우가 많다고 한다.

GS25는 생활서비스 분야에 강점을 보인다. 1996년엔 전기료 수납 서비스를 시작하기 위해 프로젝트팀을 만들었다. 공공요금 수납기관이 공기업이어서 처음부터 쉽지 않은 시도였다. 공공요금을 편의점에서 낸다는 발상 자체를 받아들이지 못했던 공기업을 설득해야 했다. 전산시스템 개발도 GS25의 몫이었다. 그러나 고객의 이름으로 시작된 프로젝트는 이듬해 전기요금 수납 서비스를 국내 유통업체 가운데 처음으로 선보이는 성과로 나타났다.

인간 욕망과 함께 끝없이 진화

편의점은 생활 속으로 파고들고 있다. 이제 편의점은 단순히 물건을 파는 소매점을 뛰어넘어 고객이 원하는 '편의'를 함께 제공하는 생활공간으로 거듭나고 있다. 공공요금 수납이나 택배 서비스를 시작으로 디지털 사진 인화 서비스, 우체국 대행 서비스는 물론 보험과 영화 티켓 · 사이버머니 판매, DVD 대여까지 서비스 범위를 넓혀나가고 있다. 훼미리마트는 '생활에 관한 모든 것을 해결해주는 리빙스테이션'을 내세운다. GS25는 '쉽고 편한 생활공간'을 표방한다.

누가 앞서나갈까? 훼미리마트는 4100여 개 점포를 갖고 있다. GS25는 3400여 개 점포를 운영 중이다. 매장 수에선 훼미리마트가 앞선다. 반면 GS25는 점당 매출이 높다.

불황 속 희비 갈린 상품
막걸리·삼각김밥 뜨고 와인·양주 가라앉아

경기 불황은 편의점 상품에도 미친다. 2009년 들어 편의점에서 잘 팔리는 것은 막걸리다.

2009년 1~2월 GS25에서 팔린 막걸리는 지난해 같은 기간 보다 48.6퍼센트 증가했다. 소주는 22.1퍼센트, 맥주 18.4퍼센트, 와인이 5.0퍼센트 증가하는 데 그쳤으며 위스키는 오히려 4.9퍼센트 줄었다.

불황으로 등산 인구가 늘어난 것이 막걸리 인기 비결 중 하나다. 수도권 지역의 주요 등산로 주변에 위치한 GS25 편의점 15곳의 막걸리 매출은 69.4퍼센트 증가했다.

엔고 현상도 막걸리 인기에 한몫하고 있다. 일본 관광객이 증가하면서 이들이 가장 선호하는 상품 중 하나로 막걸리가 떠올랐기 때문이다. 명동 부근과 덕수궁 주변 편의점에서 1~2월 막걸리 매출액은 무려 115.3퍼센트나 증가했다.

삼각김밥은 2008년 인기 품목 1위로 떠올랐다. 2008년 GS25에선 '뉴전주비빔밥'이 2007년 보다 50퍼센트 이상 많이 팔려 판매 증가율에서 1위였다.

컵라면을 누르고 권좌에 오른 삼각김밥과 터줏대감 바나나맛 우유가 사이좋게 놓여 있다.

참치김밥의 판매 증가율은 5위를 기록했다. 훼미리마트에선 '참치김치천냥김밥'이 판매 증가율 58.4퍼센트를 보이며 2위를 차지했고 '전주비빔'이 3위에 올랐다. 삼각김밥이 뜬 것은 물가 상승으로 분식점 김밥 값이 오르면서 지갑이 얇아진 사람들이 예전 가격 그대로인 편의점으로 발길을 돌렸기 때문이다.

콘돔 판매도 쑥 늘었다. 2008년 1월부터 7월까지 GS25에서 팔린 콘돔은 2007년 같은 기간에 견줘 5.2퍼센트 증가했으나, 경기가 급속히 냉각되기 시작한 8월부터 판매량이 급증해 11월까지 평균 19.3퍼센트 늘었다. 콘돔 판매가 늘어난 것은 불황 탓에 부부들이 출산계획을 늦추고 있기 때문으로 보인다. 이와는 달리 불황이 사람들에게 스트레스와 불안감을 안겨줘 이를 극복하기 위한 방법의 하나로 쾌락을 좇게 되는 경우가 많기 때문이라는 분석도 있다.

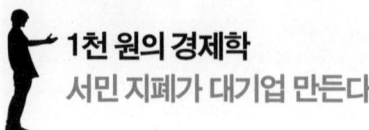

1천 원의 경제학
서민 지폐가 대기업 만든다

지금 당신 지갑에 1천 원짜리 지폐는 몇 장이 있을까? 1만 원짜리 지폐만 두툼하게 있다면, 당신은 1천 원 지폐를 잘 쓰지 않는 고소득층임이 틀림없다. 지폐가 한 장도 없고 카드만 있다면, 당신은 최고 소득층이거나 빈곤층일 것이다.

보통 사람들은 지갑 안에 1천 원짜리가 몇 장 들어 있다. 택시를 탈 때, 스타벅스에서 커피를 사마실 때, 동네 가게에서 담배 한 갑을 살 때 1천 원 지폐는 손에서 손으로 건네진다.

1천 원 지폐는 '서민경제학'의 화폐 단위다. 1천 원이 갖고 있는 심리적 마지노선 때문이다. 백화점이나 대형마트에서 1만 원짜리는 비싼데 1천 원이 모자란 9천 원짜리는 싼 느낌이다. 2만 원은 비싼데 1천 원이 모자란 1만9천 원짜리 물건은 마음 놓고 산다. 1천 원의 마술이다. 단 1천 원 때문에 서민들은 마술에 걸린다.

1년 전쯤만 해도 달랑 1천 원 지폐 하나로 허기진 배를 채울 수 있었다. 김밥은 1천 원으로 끼니를 때울 수 있는 거의 유일한 먹을거리였다. 밥뿐만 아니라 김에 햄, 계란, 당근도 들어 있었다. 국물도 공짜로 따라 나왔다. 토스트 빵 사이에 채소와 어우러진 계란부침과 새콤달콤한 케첩 맛이 일품인 길거리 토스트 역시 1천 원이었다.

하지만 2008년 초 김밥과 토스트는 1천 원에서 1천5백 원으로 오른다. 무려 50퍼센트 인상이다. '5백 원의 반란'이자, '1천 원의 굴욕'인 셈이다.

1천 원 법칙이 깨질 정도의 불황

1천 원짜리 먹을거리의 원조 격인 서울 안암동 고려대 근처 '영철스트리트버거'. 길쭉한 핫도그 빵에 돼지고기·양배추·양파·청양고추·케첩·머스터드소스가 듬뿍 들어가 있다. 1천 원만 내면 콜라도 무제한 먹을 수 있다. 2000년부터 이영철 사장이 직접 개발해 자신의 이름을 내건 영철버거 가격은 9년 가까이 1천 원이었다.

'영원한 약속'이라고 광고했던 영철버거는 2008년 2월 끝내 1천5백 원으로 올랐다. 이영철 사장의 말을 한번 들어보자.

"어쩔 수 없었다. 밀가루값이 올라 빵값도 따라 20퍼센트나 올랐다. 국내산 돼지고기값도 30퍼센트 올랐다. 양배추값도 뛰었다. 매일 16~17시간 동안 점포에서 일했지만 공짜 콜라, 직원 3명, 임대료까지 포함하면 사실상 남는 게 없었다."

영철버거뿐이랴. 설렁탕과 냉면, 자장면, 숙박료, 목욕료 등도 5백~1천 원씩 올랐다. 1천 원짜리로 과자 한 봉지 사먹을 수 없는 시대가 됐다. 포카칩·스윙칩·오레오초코크림·칙촉 등의 과자는 이미 1천 원을 훌쩍 넘었다. 월드콘·구구콘·설레임 밀크쉐이크·부라보콘 등 아이스크림도 1천5백 원까지 치솟았다.

원자재 가격과 직접 관계가 없는 학원비, 이발소 · 미용실 요금도 덩달아 올랐다. 경제학자들은 이를 '메뉴코스트 가설'이라고 불렀다. 원래 이 가설은 물가가 올라 가격 인상 요인이 생겨도 인상분이 메뉴판을 바꾸는 데 드는 비용보다 낮으면 굳이 가격을 올리지 않는 현상을 뜻한다. 하지만 요즘엔 반대의 경우에도 적용된다. 원재료 가격이 급격하게 오르면 더 오를 것까지 감안해 가격을 올리는 것이다.

서민들의 삶이 팍팍해지다 보니 1천 원으로 수십억 원을 벌겠다는 사람도 늘고 있다. 2009년 1월 전국적으로 판매된 로또복권 액수는 총 2383억 원으로, 지난해 같은 기간 판매된 로또복권 액수 2081억 원보다 300억 원가량 늘어났다.

로또 1등에 당첨될 확률은 814만분의 1이다. 그런데 하루 1천 원씩 매일 보통예금에 저축하면 10년 뒤엔 얼마가 될까? 국민은행에 물어보니, 보통예금 이자 0.1퍼센트로 복리 계산을 하면 10년 뒤 365만6227원(세후)을 손에 쥔다고 한다. 돈 벌 확률은 어느 쪽이 높을까?

1천 원, 자본주의 시대의 만인보

1천 원으로 살 수 있는 물건은 그리 많지 않지만 1천 원으로 그 몇십 배, 아니 그보다 훨씬 더 큰 가치의 행복을 사는 사람들도 있다. 2008년 구세군 자선냄비는 33억2천만 원을 모금해 사상 최고를 기록했다. 기업과 단체 기부는 줄었지만 1천 원 지폐가 대부분인 개인 기부가 늘었기 때문이다. 구세군 안건식 사관은 "1천 원 지폐가 전체의 80퍼센트를 차지한다. 장수로 따지면 300만 장쯤 되는 셈"이라고 말했다.

자동응답전화 한 통으로 어려운 이웃을 도와주는 KBS 〈사랑의 리퀘스트〉는

1천 원 ARS로 640억 원을 모았다. 지금까지 질병과 빈곤에 시달리는 4만2천 명에게 의료비와 생활비가 지원됐다.

미시경제학의 '한계효용체감의 법칙'을 나눔에 적용해보자. 부자의 1만 원과 가난한 사람의 1만 원은 숫자로는 같을지 모르지만 부자와 가난한 사람이 느끼는 가치는 분명히 다르다. 부자가 1만 원을 가난한 사람에게 나누어주는 경우 부자에게 없어지는 1만 원의 가치보다 가난한 사람이 얻게 되는 1만 원의 가치가 훨씬 더 크다. 서민들은 자신의 1천 원을 자신보다 더 어려운 사람에게 나눠줌으로써 훨씬 더 큰 사회적 가치를 만들어내고 있는 것이다.

1천 원의 굴욕이 아니라 '1천 원의 힘'이다.

옥선 대기업 맞서 인터넷 장터 열자
VS
이효리 앞세운 20대 여성 공략 G마켓

에누리 없는 장사가 어드메 있나

시끌벅적 와글와글하다. 상인들이 물건에 가격을 붙여 예쁘장하게 진열한다. 손님들은 좀 깎아달라고 흥정을 한다. 물건을 값싸게 사려면 흥정을 잘하거나 발품을 많이 팔아야 한다. 어린 시절, 엄마 손 붙들고 따라간 시장 풍경이다.

인터넷에서도 닮은꼴의 시장이 있다. 오픈마켓플레이스, 온라인 장터다. 그 옛날 장터의 에누리와 덤은 온라인의 할인판매와 마일리지로 다시 만난다. 시끌시끌한 소리는 '뽀샵' 한 이미지와 깔끔한 텍스트로 바뀌었다. 시장 속 '그때 그 시절' 꼬마는 지금 인터넷 장터에서 마우스 클릭으로 시장을 돌아다니며 질 좋고 싼 물건을 찾고 있다.

인터넷 종합쇼핑몰은 백화점처럼 크고 작은 업체들이 모여 물건을 판매하는 곳이다. 오픈마켓인 G마켓과 옥션은 동대문시장처럼 많은 개인 판매자들이 모여 수수료(가게세)를 내고 판매하는 공간이다.

옥션이 먼저 인터넷 장터를 열었다. 1998년 4월 옥션의 전신인 CANCyber Auction Net이 서비스를 시작했다. 그때만 해도 경매는 생소했다. 롯데 · 한솔 등 대기업들이 인터넷 쇼핑몰을 막 개설할 때였다. 당시 대기업은 경매에 눈곱만큼도 관심을 두지 않았다. 중고 물품을 사고파는 경매 사이트와 새 제품 위주로 판매하는 종합쇼핑몰은 엄연한 차이가 있다고 여겼기 때문이다. 하지만 그건 오산이었다. 시장 흐름을 제대로 읽지 못했다. 불황은 옥션을 더욱 강력한 브랜드로 키웠다. 우울한 외환위기를 맞은 그때, 사람들은 지갑 여는 것을 꺼렸다. 그저 싼 가격의 상품을 원했다. 새것부터 중고까지 질 좋은 상품을 싸게 구입하고픈 사람들이 옥션으로 모여들었다.

2000년 4월 G마켓 전신인 구스닥은 인터파크 자회사로 출발한다. 인터파크의 사내벤처에서 독립한 것이다. 인터파크가 데이콤의 사내벤처였으니 '사내벤처의 사내벤처'인 셈이다. G마켓도 독특한 쇼핑 서비스를 내놨다. 주식매매 방식이다. 상품을 팔려는 사람과 사려는 사람이 주식거래처럼 호가와 수량을 제시하면 상품 가격이 호가에 맞는 경우 거래가 체결된다. 이듬해 G마켓은 가격 흥정 서비스도 내놓는다. 상품을 사려는 사람이 판매가보다 싸게 사고 싶으면 흥정하기를 클릭해 싼 가격을 제시한다. 제시 가격이 지나치게 낮을 경우엔 판매자가 흥정 가격을 다시 제시해 조정이 이뤄지게 한다. 인터넷에서 깎는 재미를 준 것이다.

그사이 일본. 세계 최대 경매업체 이베이는 2000년 일본에서 짐을

쌌다. 일본 진출 1년 만이었다. 일본 NEC와 손잡고 진출했지만 현지화에 끝내 실패했다. 문화 차이를 극복하지 못했기 때문이다. 이베이의 경매 서비스는 미국식이었다. 집 안에서 쓸모없는 물건이나 이사를 가면서 필요 없어진 물건을 길거리나 차고 앞에서 판매하는 방식이다. 중고품 위주였고 이미지를 예쁘게 장식하지도 않았거니와 대부분 글로만 상품을 판매했다. 일본인들은 이런 식의 경매에 익숙하지 않았다.

'두발자전거론' 으로 콜래보레이션

다시 한국. 그즈음 옥션은 시장에서 치열한 전투를 벌이고 있었다. 경쟁자들이 등장했다. 와와·이세일·셀필아·야후경매·예스프라이스 등 경매업체들이 우후죽순 생긴 것이다. 삼성도 삼성옥션을 만들어 시장에 뛰어들었다. 옥션에게는 위기였다. 1위를 지키고 있었

지만 불안한 1위였다. 옥션의 매출은 늘어났지만 실적은 신통치 못했다. 적자가 이어졌다. 새로운 돌파구를 찾아야 했다. 투자를 받아야 했지만 투자자를 찾기 힘들었다.

이런 상황에서 이베이의 한국 진출설이 나온다. 옥션으로선 이베이가 한국지사를 통해 진입하는 게 가장 안 좋은 시나리오였다. 옥션은 경쟁 대신 이베이와 손잡는 전략을 세운다. 당시 이금룡 옥션 사장은 미국 이베이 본사에서 된장 내음 풀풀 나는 콩글리시로 투자유치 프레젠테이션을 벌인다. 이른바 '두발자전거론'이다. 옥션과 이베이가 두발자전거처럼 협력해야 윈윈한다는 게 뼈대다. 이베이 역시 일본에서의 실패로 섣불리 한국 시장에 진출하기가 부담스러웠다.

결국 옥션은 지분의 50퍼센트를 넘기며 1500억 원을 투자받고 이베이와 제휴를 맺는다. 홍윤희 옥션 차장은 "국내 벤처기업 중 가장 큰 규모의 인수·합병으로 2001년판 한국기네스북에도 올랐다"고 말했다. 이베이는 2004년 옥션의 나머지 부분까지 모두 인수한다.

2003년까지 G마켓은 이렇다 할 실적을 내지 못했다. 임직원들이 점심을 자장면으로 때우는 일이 일상이 됐다. 자본금 18억 원을 대부분 까먹었다. 남은 건 2억 원. 투자를 받으려고 해도 받을 방법이 없었다. 다시 무엇을 해보느냐, 여기서 죽느냐의 갈림길에 놓였다. 쇼핑몰 시장에 나서야 할지 옥션이 군림하고 있는 온라인 장터로 가야 할지를 선택해야 했다. G마켓은 옥션에 도전장을 낸다.

G마켓은 치밀한 이용자 구매 분석을 했다. 종합쇼핑몰에서 중요하게 여겼던 가전·컴퓨터 대신 의류와 패션, 잡화 쪽에 무게중심을 뒀다. 가수 이효리를 내세워 '스타샵'을 열었다. 가격보다 스타에 민감한 젊은 여성층의 마음을 읽은 것이다. 박주범 G마켓 팀장은 "의류와 패션잡화는 인터넷 구매 패턴을 잘 대변해주는 품목이었다. 부담 없이 살 수 있는 데다 다시 사는 주기가 빨라 단기간에 많은 구매자를 만들어낼 수 있었다"고 말했다. 이제까지는 구매력이 높지 않다고 여겼던 10대 후반에서 20대 초반 여성들의 수요는 폭발적이었다.

2002년 월드컵 특수 뒤 동대문시장의 의류상인들은 극심한 불황에 빠졌다. 의류상가들은 인터넷으로 진출하고 싶어했지만 쇼핑몰 개설이 쉽지 않았다. G마켓은 이들에게 장터를 열어줬다.

2000년대 초까지 G마켓은 옥션의 경쟁 상대가 아니었다. 하지만 2004년 중반부터 치고 올라와 2006년에는 업계 최초로 연간 거래액 2조 원을 넘어섰다. 2007년에는 3조2500억 원에 이르렀다.

도전업체의 성공은 1위 업체의 위기였다. 옥션은 '백 투 베이직' Back to Basic(기본으로 돌아가기) 전략을 쓴다. 고객 신뢰와 만족을 얻기 위해 다양한 서비스를 내놓았다. 옥션은 판매자들과 함께 '짝퉁' 브랜드 단속 활동을 강화하고 있다. 옥션에서 거래하면 백화점이나 할인점처럼 안전하다는 인식을 심어주기 위해서다. 2006년 업계 최초의 쇼핑지식 커뮤니티인 '쇼핑백과'를 열었다. 현재 약 400만 건의

2008 옥션 히트상품 10

구분	품명	판매개수
1	의류신발 리폼상품	125,000
2	라면	105,000
3	등산화	90,300
4	대용량세제/섬유유연제	86,500
5	한글/영어/숫자카드	85,800
6	패딩점퍼	80,000
7	홈베이킹 상품	75,000
8	모유수유패드	65,000
9	바텐의자	63,000
10	부띠	60,000

쇼핑 리뷰가 모여 있어 포털 못지않은 쇼핑 정보를 갖췄다.

옥션은 소상공인의 해외 진출을 도와주는 서비스도 선보인다. 서민석 옥션 부장은 "풀뿌리 판매자인 우리나라 소상공인들은 패션·의류 분야에서 세계적인 경쟁력을 갖추고 있다. 이들이 미국과 유럽 등 전 세계를 대상으로 상품을 팔 수 있는 국경 간 거래 서비스도 조만간 발표할 계획"이라고 말했다.

G마켓은 패션에 이은 새로운 블루오션을 찾고 있다. 농수산 식품

2008 G마켓 히트상품 베스트 10

구분	품종	품명	판매개수
1	유아용품	기저귀	3,000,000
2	패션	체크블라우스	2,600,000
3	패션	레깅스	2,200,000
4	패션	베스트(Vest)	1,100,000
5	식품	쌀 20kg	1,000,000
6	유아용품	분유	900,000
7	스포츠웨어	수영복	770,000
8	패션	남성 프린트 드로우즈	750,000
9	패션	쉬폰스커트	700,000
10	패션	컬러스타킹	550,000

의 매출(5퍼센트)을 패션의류(30퍼센트) 수준으로 끌어올린다는 전략이다. 식품 시장으로 온라인 장터를 확대해 성장 동력을 모색하겠다는 것이다. 정용환 G마켓 이사는 "20대 패션 시장에 이은 새 블루오션을 찾고 있다. 바로 지방의 농수산 식품으로 지역경제 활성화에도 기여할 수 있을 것"이라고 말했다.

비 오면 반갑지만 장마는 '쥐약'

인터넷 장터는 날씨에 절대적인 영향을 받는다. 폭설이 내리거나 비가 오거나 춥거나 덥거나 하면 인터넷 장터 매출은 쭉 올라간다. 하지만 계속 춥거나 계속 비가 오는 것도 달갑지 않다. 박주범 G마켓 팀장은 "비가 와주는 것은 좋지만 장마는 반갑지 않다. 왜냐면 장마 초기에는 매출이 늘지만 장마가 계속되면 사람들이 밖으로 많이 나가기 때문"이라고 말했다. 잘 팔리는 시간대도 따로 있다. 오전보다 오후가 더 잘 팔린다. 오전에는 직장 업무 때문에 쇼핑 보기가 쉽지 않아서다. 화·수·목이 매출이 높다. 월요일은 낮다. 왜냐하면 월요일은 상품을 살까 말까, 어떤 상품을 살까 고민하는 날이기 때문이다.

인터넷 장터 상품은 시대 상황을 반영한다. 몇 년 전 반신욕이 유행이었을 때, 옥션에선 한 아마추어 발명가가 욕조 없는 사람들을 위해 고무통을 개조해 만든 반신욕조가 옥션에서만 일주일 사이 600여 개가 팔렸다.

옥션과 G마켓이 경쟁을 시작하며 온라인 장터는 크게 성장했다. 그 가능성을 내다본 대기업들도 뛰어들면서 시장 파이는 더욱 커졌다. 두 회사는 대기업들마저 따돌렸다. G마켓과 옥션은 모두 쇼핑포털을 꿈꾼다. 그러기 위해선 TV홈쇼핑과 백화점, 종합쇼핑몰과 싸워야 한다. 네이버와 다음 같은 포털과도 맞장을 떠야 한다.

그동안 맞수경쟁을 벌였던 G마켓과 이베이는 이제 한 몸이 됐다. 2009년 4월 16일 미국 이베이는 인터파크의 주식을 인수하는 방식으로 8억400만 달러(약 1조800억 원)에 G마켓을 사들인다고 공식 발표했다. 이베이가 G마켓을 인수한 배경에는 한국을 교두보로 삼아 앞으로 일본 등 아시아 시장 공략에 적극 나서겠다는 포석이 깔려 있다. '과거의 맞수'는 언제라도 '미래의 동지'가 될 수 있음을 다시 한 번 보여준 셈이다.

온라인 장터에 비친 불황 트렌드
곱배기 라면용 사리 · 70년대식 난로 불티

지난해 온라인 쇼핑의 키워드는 '생존'과 '복고'였다.

2008년 G마켓의 '히트 상품 베스트 10'을 보면, 기저귀 · 쌀 · 분유 · 생수 등 생필품 판매가 눈에 띄게 급증했다. 불황으로 모든 부문에서 소비를 줄였지만 꼭 필요한 생필품 수요는 증가했다. 생필품 구매를 위해 대형 마트를 자주 이용했던 소비자들이 가격을 비교하고 조금이라도 더 싼 온라인을 이용하고 있는 것이다.

기저귀는 300만 건 판매로 1위를 차지했다. 기저귀의 경우 황금돼지해였던 2007년 출산율이 상승한 이유도 있지만, 주부들이 워낙 가격비교에 강하기 때문이기도 하다. 기저귀 · 물티슈 · 분유 · 이유식 등은 주부들이 유통업체들 가운데 가장 싼 곳을 찾는 상품이다.

패션에서는 불황과 복고풍 영향으로 체크블라우스(2위)와 컬러스타킹(10위) 등 디자인이 화려하고 과감한 제품이 인기를 끌었다. 한 번 사서 사계절 내내 활용할 수 있는 레깅스(3위)와 베스트(4위) 등 기본형 아이템의 판매도 두드러졌다.

옥션은 '리폼 상품'이 1위였다. 불황으로 옷이나 구두 등을 수선해 사용하려는 사람들이 늘면서 재봉틀·밑창관리제품 등이 인기를 모은 것이다.

대표적 불황 상품인 라면이 2007년보다 무려 110퍼센트나 판매량이 급등하면서 2위였다. 사리면도 요즘 잘 팔리는 상품. 고시생 등 라면을 즐겨 먹는 이들이 많이 산다고 한다. 보통 라면 하나에 사리면을 넣어 곱빼기 라면을 만들어 먹기 때문이란다.

환율상승의 영향으로 해외여행이 줄고 상대적으로 저렴한 등산이 인기를 끌면서 등산화가 3위에 선정됐다. 대용량 세제 및 섬유유연제는 4위였다. 불황 탓에 일반인들이 대용량 제품을 저렴하게 사서 챙겨놓고 쓰기 때문이다. 사교육비 대안으로 홈스쿨링 인기가 높아지면서 아이들에게 쉽게 한글이나 영어·숫자를 가르치기 위해 만들어진 연습용 카드인 한글·영어·숫자카드가 5위에 올랐다. 2007년 겨울엔 연탄·갈탄·나무 등 구식 연료를 쓰는 1970년대식 난로도 불티나게 팔렸다.

이외에 생수와 중소 브랜드 세제도 많이 팔린다고 한다. 홍윤희 옥션 차장은 "이런 물건들은 무거워 주부들이 마트에서 사서 가져오기가 여의치 않은데, 인터넷 장터에선 택배로 배달해주기 때문"이라고 설명했다.

9백 원의
행동경제학

경제학적인 합리성으로 풀기 힘든 게 바로 인간의 마음이다. 이를 과학적으로 규명한 것이 바로 행동경제학이다. 경제학과 심리학, 사회학이 혼합된 이 학문은 1980년대 이후 비약적인 발전을 거듭하고 있다.

할인마트에선 1천 원 차이로 고객을 끌어 들인다. 품목별로 9천 원, 2만9천 원, 3만9천 원, 4만9천 원 등 1천 원을 활용해 판다. 단 1천 원 차이지만 1만 원보다는 9천 원이 더욱 저렴하다는 인상을 주기 때문이다. 3만 원이나 2만9천9백 원은 사실상 가격 차이는 없지만, 사람들은 2만9천9백 원이 훨씬 싸다고 생각한다. 3만 원처럼 0이 중복될 때 상대적으로 가격이 일원화되고 획일적이라고 느낀다. 반면 10에 미치지 못하는 9는 부족하다고 느낀다.

불황인데도 비싼 브랜드가 잘 팔리는 이유는 안전을 추구하는 소비자들의 심리와 닿아 있다. 명품은 품질에 대한 안심뿐 아니라 그 가치가 사회적으로 인정을 받아 '실패 확률이 낮다' 는 심리가 깔려 있다는 것이다.

10만 원 이상을 산 고객에게 1만 원 상품권을 줄 때 백화점은 사은데스크 주변 곳곳에 스타킹·머플러·양산 등 비교적 저렴한 상품을 진열해 둔다. 구매 금액이 살짝 모자랐던 고객들은 지갑을 열어 10만 원을 채우는 경우가 많기 때문이다. 고객들은 소비를 더 했다는 사실보다 '1만 원 상품권을 벌었다'는 만족감을 더 크게 느낀다.

이처럼 쇼핑은 전략 게임이다. 사람들은 물건을 살 때 대뇌에서는 구매 기쁨을 추구하려는 쾌락 신경 중추와 돈을 내는 고통을 피하려는 혐오 중추 사이에서 전투가 벌어진다. 하지만 머릿속에서만 그런 게 아니다. 유통업체와 고객은 더 치열한 심리 게임을 펼친다. 백화점과 할인마트는 알고 있다. 혼자 쇼핑 온 고객이 친구나 가족과 함께 온 고객보다 매장에 머무는 시간이 길고 구매 금액은 많다는 것을. 친구나 동료와 함께 쇼핑을 가면 그만한 돈을 쓸 만한 가치가 있는 물건인지를 객관적으로 들어볼 수 있기 때문이다.

무료 시식코너에서 직접 맛본 사람의 절반은 음식을 구매한다. 뭔가를 맛본 사람은 괜히 미안해 부담감을 갖기 때문이다. 그래서 백화점과 할인마트에선 고객에게 시식 음식을 아끼지 말라고 직원들에게 교육한다. 주말이나 세일 기간에는 고객의 회전율을 높이기 위해 빠른 템포의 댄스음악을 들려준다. 고객이 적은 평일에는 느긋하고 조용한 발라드풍 음악을 틀어준다. 매출이 안 오를 때는 슬픈 음악을 틀어 고객 마음을 공허하게 해 구매 의욕을 불러일으키기도 한다.

당신이 소비자라면 다른 게임의 룰을 써야 한다. 나홀로 쇼핑은 삼가고 무료 시식 코너는 피한다. 가능하면 현금을 쓰는 전략을 선택한다. 신용 카드로 긁으면 직접 현금이 나가는 게 아니어서 돈을 쓰는 쾌락과 고통의 갈등을 대수롭지 않게 여기기 쉽다. 남자들은 시각적으로 에로틱한 그림을 보고 난 뒤 돈을 팍팍 쓰는 경향이 있다. 늘씬한 모델의 눈길은 애써 피하는 게 좋다.

진로 참이슬 드릴까요?
VS
처음처럼요! 롯데주류

가을바람이 살랑살랑 불어오면 애주가는 '찰랑찰랑' 소주잔을 채우고 싶어진다. '캬~' 소리가 절로 난다. 여름이 맥주의 계절이라면 봄, 가을과 겨울은 소주의 계절이다. 넘칠 만큼 채워도 52~55㎖쯤 되는 좁은 공간인 소주잔을 놓고 서민들은 미국발 금융위기에 대해, 한국 경제에 대해 혀가 꼬부라지도록 얘기하고 얘기한다. 소주잔 앞에서 종교와 정치, 사상은 맞부딪친다. 권력자들과 가진 자들은 마구마구 씹힌다.

경기가 불황일 때 더 잘 팔린다는 소주. 단돈 몇천 원에 시름을 달랠 수 있는 소주를 우리나라 사람들은 2008년 한 해 동안 34억5천 만 병(360㎖ 기준)이나 마셨다. 2001년보다 무려 6억4천만 병 늘어난 수치다. 국민 1명꼴로 계산하면 72병이다. 술을 마실 수 있는 19살 이상 성인(3700만 명 기준)의 경우엔 93병으로, 일주일에 2병을 마신 셈이다.

소주의 대명사인 진로는 일제강점기인 1924년 장학엽 회장이 평남 용강에 '진천양조상회'를 세우면서 출발했다. 당시만 해도 전국에 소주 제조업체는 무려 3200여 개에 이르렀다. 1950년대 '국민주'는 막걸리였지만 소주는 곧 막걸리를 따라잡는다. 1954년 0.3퍼센트에 그쳤던 진로의 시장점유율은 1964년 10퍼센트로 높아진다. 서민 술상에 오르며 막걸리의 인기를 제압한 것이다. 급속한 경제성장이 가져온 경쟁과 스트레스가 막걸리보다 '독한 술'인 소주를 더 마시게 한 건 아닐까.

1960년대 막걸리 제치고 국민주 등극

이때만 해도 진로는 지금처럼 1등 업체가 아니었다. 진로가 희석식 소주를 처음 내놓은 1965년만 해도 소주 시장은 삼학의 독무대였다. 진로가 시장의 주도권을 휘어잡은 것은 1973년 알코올 도수를 5도나 내린 '25도 진로'를 내놓으면서부터다. 진로는 순한 소주의 원조인 셈이다. 진로라는 이름은 1975년부터 쓰기 시작했다. 이때까지는 '낙동강'이란 상표였다. 진로眞露는 생산지였던 평남 용강군 진지眞池면의 '진'자에 소주를 증류할 때 술 방울이 이슬처럼 맺힌다고 해 '이슬로' 자를 붙여 만들었다고 한다.

1993년 대기업 두산은 강원도 소주 경월을 인수하며 소주 시장에 뛰어든다. 이듬해 경월 '그린'은 대관령을 넘어 서울로 진격한다. 그린은 국내 소주 업계 최초로 녹색 병을 썼다. 소주 이름처럼 깨끗함을 강조하기 위해서였다. 진로는 1970년대부터 투명한 에메랄드빛 소주 병을 사용해왔는데, 결국 1998년 '참이슬'을 선보이면서 녹색 병으로 바꾸었다. 녹색이 더 부드럽고 깨끗해 보이고, 투명한 병에 담긴 소주는 독해 보인다는 인식 때문이었다.

'맥주는 두산, 소주는 진로'로 각자의 영역을 자리매김하고 있던 두 회사는 1990년대 이후 상대의 영역에 너나없이 진출하며 총칼 없는 전쟁을 벌이게 된다. 1992년 진로가 진로쿠어스란 맥주회사를 세운 뒤 두산의 OB맥주에 도전장을 내밀었고, 두산도 이에 질세라 경월소주를 인수하며 맞불을 놓은 것이다. 이 무렵 양주시장에서도 진로와 두산은 '임페리얼'과 '패스포트'를 각각 내놓고 격돌했다.

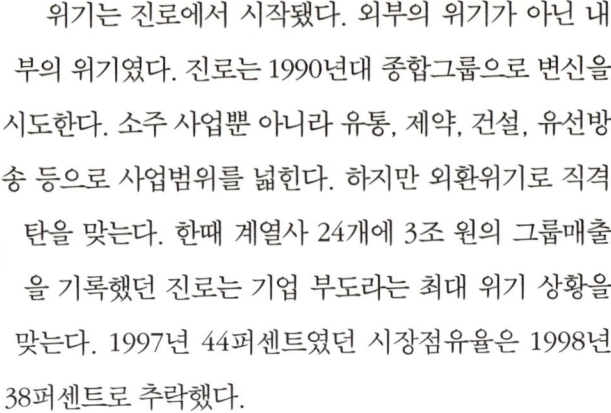

위기는 진로에서 시작됐다. 외부의 위기가 아닌 내부의 위기였다. 진로는 1990년대 종합그룹으로 변신을 시도한다. 소주 사업뿐 아니라 유통, 제약, 건설, 유선방송 등으로 사업범위를 넓힌다. 하지만 외환위기로 직격탄을 맞는다. 한때 계열사 24개에 3조 원의 그룹매출을 기록했던 진로는 기업 부도라는 최대 위기 상황을 맞는다. 1997년 44퍼센트였던 시장점유율은 1998년 38퍼센트로 추락했다.

결국 진로는 2003년 법정관리에 들어가게 된다. 하이트맥주가 진로 인수를 추진한다. 하지만 경제학자 사이에서 논란이 될 만한 쟁점이 떠올랐다. 바로 '맥주와 소주가 대체재代替財냐 아니냐' 하는 것이었다. 대체재는 경제학

용어로 커피와 홍차, 소고기와 돼지고기처럼 대신해 쓰이는 물건을 말한다. 즉 A 물건 값이 오를 경우 B 물건 판매가 늘어나면 A와 B는 대체재라고 볼 수 있다. 소주와 맥주가 경쟁관계에 있는 대체재로 판단되면 공정한 경쟁을 제한할 수 있어 인수가 불가능해질 수도 있었다.

하지만 당시 공정거래위원회는 맥주와 소주가 대체제가 아니라고 판단했다. 소주와 맥주는 도수가 다르다는 점, 맥주는 젊은 사람이 좋아하고 소주는 나이가 많을수록 좋아한다는 점, 소주는 남자가 67퍼센트, 여자가 33퍼센트를 마시지만 맥주는 남자 55퍼센트, 여자가 44퍼센트를 마신다는 점, 소주는 겨울에 많이 팔리고 맥주는 여름에 많이 팔린다는 점에서 대체재가 아니라고 판단했다.

이런 논란 끝에 결국 2005년 6월 진로는 하이트맥주를 새 주인으로 맞아들이면서 '제2의 창업' 을 선언한다.

23도, 21도, 19도 부드러운 술로 윈윈

2000년 이래 '참이슬' 과 '처음처럼' 은 소주잔이 깨어질 만큼 맞수 경쟁을 벌인다. 소주는 이미지다. 기호나 트렌드에 민감하게 반응한다. 이들이 벌이는 소주 전쟁은 바로 이미지 전쟁이었다. 1998년 23도 소주, 2001년 녹차소주, 2006년 20도, 2007년 19.5도, 무설탕 · 소금 소주 논쟁으로 이어졌다.

이 같은 경쟁은 상대 쪽에서 새 제품을 선보이며 판도 변화가 보일 때 나타났다. 또 소주 성수기인 봄 행락철을 앞둔 2월이나 겨울철이 바짝 다가온 8~9월에 주로 일어났다. 성수기 소주 시장 선점을 위한 기싸움이었다. 이 같은 논쟁이 벌어지면 애주가들은 자연스레 소주에 더 많은 관심을 쏟게 된다. 소주 업체로선 판촉 활동보다 더 짭짤한 수익을 기대한다.

부작용도 있었다. 2008년 말 진로 'J'가 나오자 두산은 10억 원을 내건 병뚜껑 경품행사를 시작했다. 곧바로 진로도 3개의 진로 브랜드에 총 30억 원을 현금으로 돌려주는 이벤트로 맞불 작전에 나섰다. 하지만 두 회사는, 병뚜껑 경품행사가 사실상 '짜고치는 고스톱이었다'는 의혹을 받았다. 당첨 소주를 따로 만들어 영업사원들이 이를 술집이나 소매점 업주들에게 판촉용으로 뿌렸다.

부드러운 소주 시대를 연 순한 소주 전쟁은 가장 치열한 맞수 경쟁이었다. 알코올 도수가 21도, 그리고 19도로 연이어 낮춰지며 순한 소주 전쟁은 이어졌다. 이 과정을 거치면서 소주는 톡 쏘는 독한 이미지를 벗고 여성들도 부담 없이 즐길 수 있는 부드러운 술로 새 옷을 갈아입었다.

순한 소주의 시작은 '참眞이슬露'. 진로가 승부수로 내놓은 게 바로 '참이슬'이다. 알코올 도수 23도짜리 참이슬이 시장에 선보인 것은 1998년 10월. 역발상에서 태어난 소주였다. 참이슬은 소주가 25도라는 상식을 과감히 깼다. 외환위기로 고통을 받고 있던 서민들은 대나무숯 여과 소주라는 참이슬에 빠지게 된다.

당시 진로는 최악의 상황이었다. 광고판촉비가 필요했지만 돈이 없었다. 직원들이 몸으로 때웠다. 말단 직원부터 최고경영자까지 주점 · 식당 · 슈퍼마켓을 가리지 않고 찾아다니며 일을 거들어주고, 고객과 직접 만나는 '육탄 마케팅'을 펼쳤다.

참이슬은 기존 제품보다 알코올도수가 2도 낮은 23도로 첫 출시한 뒤 2001년 22도, 2004년 21도, 2006년 20.1도 소주를 내놓는다. 이어 2006년엔 소주시장의 한계도수로 여겨져 왔던 20도의 벽을 허물고 19.8도짜리 '참이슬 후레쉬'를 출시한다. 순한소주를 찾는 소비자 트렌드를 반영해 발 빠른 리뉴얼 작업으로 브랜드 파워를 키워 나간 것이다.

공격적인 비교 마케팅의 진수

두 회사 모두 원원한 측면도 있다. 알코올 25도였던 소주가 19.5도까지 20퍼센트 이상 떨어졌다. 도수를 낮춰 4병 만드는 것을 5병으로 만들어 결과적으로 원가절감을 한 셈이다. 예전만큼 취하려면 20퍼센트를 더 마셔야 하니 소주회사로선 매출을 높이는 효과도 있다.

소주에는 판매량을 극대화는 수학적 원리가 숨어 있다. 소주 한 병을 소주잔으로 나눠 마시면 7잔이 나온다. 둘 또는 넷이 한 병을 마시면 한 잔이 모자란다. 셋이나 여섯이 마시면 한 잔 남는다. 다섯이서 2병을 세 잔씩 돌려도 한 잔이 모자란다. 물론 7명이 마시면 딱 떨어진다. 하지만 반드시 아쉬워하는 사람이 있기 마련. 소주를 한 병 더 시키게 된다.

도전은 2등 기업의 특권이다. 2006년 '처음처럼'이 나온다. 알칼리 환원수 이미지와 웰빙 트렌드로 포장했다. 19.5도짜리 소주도 그때 나왔다.

그동안 소주는 '맑다' '깨끗하다' '시원하다'는 이미지를 강조하는 추세였다. 이름도 2~3자를 넘지 않아야 했다. 하지만 처음처럼은 이러한 관행을 깼다. 처음처럼은 술 마신 다음날에도 몸 상태가 처음처럼 돌아온다는 뜻을 그대로 전달해 신선한 이미지로 다가왔다. 소주를 마시게끔 유혹하는 데 그치지 않고 마신 뒤 기분까지 아울렀다는 얘기다.

브랜드를 만들 때 검토한 이름은 무려 2천여 개. 최종 테이블에서 '아하' '단비' '새날'이 함께 올랐지만, '처음처럼'이 낙점됐다. 『감옥으로부터의 사색』으로 잘 알려진 신영복 성공회대 석좌교수의 시 「처음처럼」에서 따왔다. 시에 담긴 '처음'의 신비감과 설렘을 담아 기존 소주와는 성분, 콘셉트, 맛에서 차별화한다는 전략이었다.

알칼리 환원수 이미지와 웰빙 트렌드로 소주 시장 6위였던 두산은 단숨에 2위로 올라선다. 진로는 2005년 전국 시장점유율 55.4퍼센트 기록을 세운 뒤 두산의 협공에 밀려 시장점유율이 47퍼센트대로 떨어졌다. 진로도 소주도수를 다시 19.5도로 떨어뜨린 '참이슬 후레쉬'를 내놓으면서 대반격을 가했다. 현재 시장점유율은 진로가 55퍼센트, 두산이 11퍼센트 정도다.

2006년 진로는 자사 제품인 참이슬과 두산의 처음처럼을 비교하는 광고에서 처음처럼이 전기분해 과정을 거쳤다는 점을 강조하면서 전기에 감전되는 위험한 상황이 연상되도록 했다. 두산도 신문광고에서 두 제품을 비교하면서 자사 제품인 처음처럼이 알칼리성 소주 제조의 기준이고 참이슬은 이를 모방한 '짝퉁'인 것처럼 표현했다. 그뒤 진로가 '설탕을 뺀 껌, 설탕을 뺀 주스, 설탕을 뺀 소주'라는 광고를 내보내자, 두산은 '설탕은 없고 소금도 없다'는 메시지의 포스터 광고를 배포했다.

2009년 참이슬과 처음처럼의 경쟁은 새로운 양상을 맞았다. 우선 롯데칠성음료가 2008년 12월 '처음처럼'을 접수했다. 롯데는 아사히 맥주와 공동으로 OB맥주 인수도 추진했다. 최근 신동빈 롯데그룹 부회장은 "맥주 사업에 승산이 있다. 프로젝트팀을 만들어 우리가 자체적으로 맥주 공장을 짓는 방안을 검토할 것"이라고 말하기도 했다. 롯데가 맥주사업까지 진출하면, 롯데는 소주는 물론 맥주, 위스키, 와인, 전통주에 이르는 전 주종을 갖추게 된다. 유통·식음료 왕국 롯데가 주류 왕국이라는 이름도 달게 된다.

일부 롯데마트 매장에선 '처음처럼'이 전진 배치되고 진열 공간도 늘어난다는 얘기도 흘러나온다. 롯데는 '처음처럼'을 그룹 차원에서 키우기 위해 롯데자이언츠를 적극 활용하고 있다. 롯데자이언츠 선수 유니폼에 소주 '처음처럼' 로고를 달고 부산 사직구장에 대형 광고판을 내걸었다. 부산·경남의 터줏대감이던 대선주조(부산)·무학(경남)과 사직구장이 광고계약을 연장하지 않아 2009년 사직구장에선 이들 회사의 광고판이 사라지게 됐다. 이에 대해 하이트·진로 쪽은 "팔은 안으로 굽는 게 아니냐. 롯데가 소주 시장 점유율을 높이기 위해 유통망을 활용할 것이라는 것은 누구나 예상할 수 있다"고 말했다.

롯데는 소매망 체인이 없는 두산과 달리 동네구멍가게까지 유통망을 갖고 있다. 롯데의 파괴력이 만만치 않다는 얘기다. 여기에 2009년 재상장을 추진 중인 진로는 여러모로 신경을 쓸 수밖에 없다. 재상장을 위해 실적을 높여야 하는데 강력한 도전자가 등장했기 때문이다.

이에 대해 하이트·진로 쪽은 "롯데가 유통망과 자금력으로 초반에는 선전하겠지만 장기적으로는 쉽지 않을 것이다. 막강한 유통망을 갖고 있다 하더라도 소주를 사는 것은 결국 소비자다. 소비자는 참이슬을 더 선호한다"고 말했다.

일본 사케, 외국 와인과 글로벌 경쟁

소주는 우리나라 대표주로 자리매김했지만 술맛을 하나로 통일해 전통주 개발을 뒤처지게 했다는 비판도 받았다. 최근에는 일본 술인 사케와 수입 와인과도 힘겨운 싸움을 벌이고 있다. 소주의 경쟁자는 맥주나 막걸리가 아닌 글로벌 술들인 셈이다.

마지막으로 소주에 관한 세가지 질문.

질문 하나. 그럼 '소폭(소주와 맥주를 섞어 만든 폭탄주)'을 즐기는 사람에겐 소주와 맥주는 무엇일까? 대체재도 아니고 커피와 설탕처럼 함께 쓰이는 보완재補完財라고 할 수 있다.

질문 둘. 대부분의 사람들은 삼겹살을 먹을 땐 소주를 마시고 후라이드 치킨을 먹을 땐 맥주를 마신다. 왜 그럴까? 음양오행설로 보면 이렇다. 소주의 주원료는 고구마다. 고구마는 진땅에서 자란다. 진땅은 물이 많으니 음이다. 그렇다면 그 속에서 자라는 고구마는 양의 성질을 띠게 된다. 돼지는 성질이 차므로 고기가 익는데 시간이 많이 걸린다. 양의 음식인 소주와 궁합이 맞다. 반대로 맥주의 원료인 보리는 성질이 차갑다. 이에 반해 닭은 자주 돌아다니고 울며 활동적이다. 뜨거운 성질을 갖고 있다.

질문 셋. 두산의 '처음처럼'이 이효리를 앞세워 내보낸 '병째 흔들어 따야 부드러운 술이 된다'는 광고는 과학적으로 설득력이 있을까? 롯데주류 쪽은 "흔들어야 작아진 물 입자 속에 알코올이 스며들어 맛있어진다"고 주장한다. 하지만 진로 쪽은 "제조 과정에서 충분히 흔들어 섞었기 때문에 더 흔들어봤자 소용없다"고 반박한다.

소주 광고 여자 모델 열전
이효리 · 송혜교가 한잔 하자 하네

섹시 스타 이효리와 인기 탤런트 송혜교. 두 사람은 소주 회사의 광고모델로 맞장을 떴다. 이효리는 '처음처럼' 모델로 나와 섹시한 춤으로 소주병을 흔들어댄다. 송혜교는 진로JINRO의 영문 첫 이니셜을 따온 신제품 소주 Ĵ'에 나와 '쿨하게 즐겨라'며 유혹한다.

소주 업계 모델은 1960~70년대만 해도 서영춘, 민지환 등 서민적인 이미지의 남자 연예인이 주로 기용됐다. 하지만 1980년대 중반 이후 여성 모델이 관행처럼 굳어지고 있다.

소주 광고모델은 청순한 이미지의 여성 모델들이 어필해왔다. 이영애 · 구혜선 · 김아중 · 이효리 등이 그들이다. 소주를 마시는 사람을 성별로 나눠보면 남성 비율이 70퍼센트 안팎으로 훨씬 높은 편이다. 여기에 미녀 스타가 모델로 나오면 20대 대학생부터 30대 초반 남성까지 호응도가 높기 때문이라고 소주 업계는 설명한다.

물론 최근 소주 광고에 남자가 등장한 경우도 있었다. 두산 '처음처럼'이 만화가 허영만을 모델로 기용했다. 영화

〈타짜〉 원작자인 허영만 씨는 만화 콘텐츠를 영화와 TV
드라마 등으로 확장해 개척자적 이미지가 도드라졌다. 때
문에 부드러운 소주라는 새로운 시장 개척을 강조하기 위
해 그를 모델로 선정한 것으로 보인다.

반면 알코올 도수가 낮은 맥주의 경우 박중훈 · 정우성 ·
원빈 · 김래원 · 권상우 · 이병헌 등 남성 스타들이 광고모
델로 나왔다. 주 소비층이 맥주는 여성이고 소주는 남성
인 점을 감안해 각자 이성을 모델로 내세운 것이다. 물론
하이트맥주는 잉글랜드 프리미어리거 박지성을 통해 시
원하고 역동적인 모습을 강조하기도 했다.

두 회사의 화끈한 광고 라이벌전은
매해 봄, 가을 소비자들에게 또다른 볼거리를 선사해왔다.

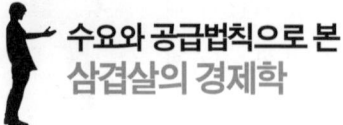

수요와 공급법칙으로 본
삼겹살의 경제학

고소하고 쫄깃쫄깃한 삼겹살. 서민들은 퇴근길에 직장 동료와 '삼겹살에 소주 한잔'으로 그날의 피로를 푼다. 가족 외식 메뉴로도 '딱'인 게 삼겹살이다. 하지만 요즘 삼겹살은 서민 음식이라고 말하기 무서울 정도다. 삼겹살 600g(1근)의 소비자가격은 1년 전에 견줘 30퍼센트가량 올랐다. 일부 음식점에선 삼겹살 1인분(200g)이 1만 원이다.

국민 1인당 1년에 45인분 '꿀꺽'

삼겹살은 돼지의 배 부위다. 붉은 살코기와 지방이 삼겹의 층을 형성하고 있어 삼겹살이라고 불린다. 삽겹살은 돼지 한 마리(고기만 75~85kg)에서 약 10kg밖에 나오지 않는다. 2008년 우리 국민 1인당 삼겹살 소비량은 9kg다. 200g을 1인분으로 치면 1년에 삼겹살 45인분을 먹은 셈이다.

삼겹살은 왜 이리 올랐을까? 일단 수요와 공급이라는 측면에서 살펴보자. 경기가 불황이라 삼겹살을 많이 찾고 있다. 삼겹살 값이 많이 오르긴 했지만 여전히 한우나 호주산 쇠고기에 비해 싼 편이다. 불황으로 쇠고기 대신 상대적으로 저렴한 대체재를 찾으면서 수요 증가를 불러온 것이다.

미국산 쇠고기와 멜라민 파동 등을 겪으면서 먹을거리에 대한 불안감이 커진 것도 삼겹살이 인기를 모으고 있는 이유다. 환경문제도 삼겹살 수요를 끌어올리고 있다. 보통 3월 초부터 불어오던 황사는 2009년 2월 말부터 불었다. 삼겹살이 황사 먼지를 제거해준다는 속설 때문에 삼겹살을 찾는 사람들이 늘었다. 봄바람이 살랑살랑 불기 시작하면 야외에서 삼겹살을 구워먹는 사람들이 늘어난다. 삼겹살 수요로 이어진다.

돼지가 소 등에 올라탄 사연은?

수요는 이처럼 느는데 공급은 달린다. 일단 돼지고기 사육 두수가 줄었다. 국내 돼지 사육 두수는 지난해 51만9천 마리(960만6천 마리→908만7천 마리) 감소했다. 2008년 곡물값 인상에 더해 환율이 뛰어올라 수입 사료 가격이 50퍼센트 가까이 폭등했기 때문이다.

삼겹살 수입도 줄었다. 2009년 1월 수입량은 지난해 1월(2만3772톤)보다 36.1퍼센트(1만5180톤) 감소했다. 환율도 오르고, 미국산 쇠고기 수입 재개 등으로 국내 수입업자들이 마진이 큰 쇠고기 수입으로 눈을 돌렸기 때문이다.

우리나라 사람들의 삼겹살 편식도 문제다. 이는 무역 문제로 번지고 농가 소득 저하를 불러일으킨다. 서양에선 '지방 덩어리'로 홀대받는 게 삼겹살이다. 서양 사람들은 퍽퍽한 살코기를 주로 먹기 때문에 삼겹살은 남아돈다. 삼겹살은 베이컨이나 햄 제조용 정도로만 쓴다. 일본은 돈가스 재료인 등심과 안심을 선호한다. 반면 우리나라 사람들은 돼지고기 부위 중에서 유독 삼겹살을 좋아한다.

그 이유는 음식문화 때문이다. 우리나라는 고기를 구워먹거나 채소에 쌈 싸먹는 것을 즐긴다. 구워먹는 부위는 기름이 약간 끼어야 맛있다. 고소하고 쫄깃해지기 때문이다. 삼겹살이 그런 부위다. 지방이 많은 삼겹살이나 목살은 부드러워 쌈용으로 적합하다.

이처럼 우리나라 사람들의 삼겹살 편식은 결국 소비자한테 부메랑으로 되돌아온다. 수요를 못 맞추다 보니 '짝퉁 삼겹살'이 판을 친다. 2008년 우리나라 사람들은 삼겹살과 목살 50만 톤을 먹었다. 국내산이 13만 톤이었다. 수입 삼겹살과 목살은 11만 톤이다. 삼겹살과 목살 공급량은 국내산과 수입산을 합쳐 24만 톤밖에 안 된다. 나머지는 살코기와 비계를 식용접착제로 붙여 만든 짝퉁 삼겹살이라는 얘기다.

다국적 삼겹살의 춘추전국시대

그러나 삼겹살 가격이 치솟아도 정작 양돈 농가의 소득으로 연결되지 않는다. 삼겹살이 돼지고기 전체에서 차지하는 비율이 높지 않아서다. 삼겹살을 뺀 돼지고기는 찌개용이 아니면 거의 외면한다. 때문에 삼겹살 가격이 폭등하고 그것을 보충하기 위해 수입하는 양이 자꾸만 늘어나는 것이다. 소비자는 소비자대로 비싸게만 사먹고 있다.

우리나라 돼지고기 시장은 저가의 '다국적 삼겹살' 춘추전국시대다. 국산 삼겹살 수난 시대다. 수입 지역도 캐나다 · 미국 · 프랑스 · 네덜란드 · 폴란드 · 헝가리 · 칠레 등으로 점차 다양화되는 추세다. 이미 삼겹살 시장은 수입산이 45퍼센트에 이른다.

우리나라와 유럽연합EU의 자유무역협정FTA 협상에서 쟁점으로 떠올랐던 것도 삼겹살이다. 현재 가장 많이 팔리고 있는 수입 삼겹살은 미국산이다. 미국산은 가격이 싼 편이다. 2014년 관세마저 없어지면 현재 가격에서 더 내려갈

가능성이 크다. EU가 2014년까지 관세 철폐를 요구한 것도 이 때문이다. 미국산이 한국 시장을 선점해버리면 따라가기 쉽지 않아서다.

시인 안도현은 최근 『가슴으로도 쓰고 손끝으로도 써라』라는 책을 냈다. 이 책에서 그는 '제발 삼겹살 좀 뒤집어라'고 쓰고 있다.

"기억은 시의 중요한 질료가 된다. 삼겹살을 구울 때 고기가 익기를 기다리며 젓가락만 들고 있는 사람은 삼겹살의 맛과 냄새만 기억할 수 있을 뿐이다. 하지만 고기를 불판 위에 얹고, 타지 않게 뒤집고, 가스레인지의 불꽃을 조절할 줄 아는 사람은 더 많은 경험을 한 덕분에 더 많은 기억을 소유하게 된다. 그런 사람이 시인이다."

하지만 갈수록 삼겹살 뒤집을 기회가 줄어든다. 서민 음식으로 불리는 삼겹살을 서민들이 먹기 힘든 팍팍한 시대다.

RIVAL NOMICS

회사에서 기획안을 만들거나 회의를 할 때마다 전략적인 마인드를 요구합니다. 치킨 집 하나 차릴 때도 전략이 필요하다고 합니다. 하지만 전략적 사고란게 그렇게 쉽지 않은 것 같습니다. 왜 그럴까요? 전략을 너무 거창하게 생각하거나 또는 추상적으로 여기고 있기 때문입니다. 전략이란 절대적인 게 아닙니다. 상대적입니다. 전략이란 말은 전쟁용어에서 나왔습니다. 결국 맞수와의 경쟁에서 살아남는 방법입니다.

제3법칙의 주제는 도전과 응전입니다. 2위 기업의 도전에 1위 기업은 어떻게 응전하는지를 보여줍니다. 이젠 'F'를 떼어버린 KT-SKT의 통신 경쟁, 'M카드'와 '별카드'의 현대카드-KB카드 경쟁 등입니다. 후발자는 선발자를 따라잡기 위해 어떻게 게임의 룰을 바꿔 도전하는지, 선발자는 후발자의 도전에 어떻게 응전하는지를 살펴보면서 전략적인 마인드를 꿰뚫어 보기 바랍니다.

팁은 '게임법칙'에 관한 얘기를 담았습니다. 게임이론을 단순히 보여주는 데 그치는 것이 아니라, 우리 생활 현장에 적용해 제시합니다. 기업들이 TV광고에 왜 '꽃보다 남자'에 나온 연예인들을 많이 활용하는지, 역 앞 식당은 왜 맛이 없는지, 1,2위에 뒤쳐진 3위 업체의 전략은 무엇인지 등의 케이스를 통해 정보의 비대칭성, 신호효과, 반복게임 등의 게임이론을 느껴보세요.

게임의 룰 전환 법칙

SKT "비비디 바비디 부"
VS
"쇼를 하라" KT

1999년 여고생 임은경의 끝없이 신비로운 눈망울을 담은 '스무 살의 TTL'이 나온다. KTF 사람들은 '절망'한다.

2007년 서단비가 갑자기 온몸을 흔들며 "쇼를 하라"고 외쳐댄다. SK텔레콤 사람들은 '좌절'한다.

도전은 절망과 좌절에서 시작하는 법. SK텔레콤과 KTF는 지난 10년 동안 이동통신 분야에서 '도전'과 '응전'으로 맞서왔다. 두 회사의 경쟁은 이동통신 시장을 놓고 벌이는 공중전이었다.

하지만 앞으로는 지상전을 포함한 전면전으로 확전될 조짐이다. KT와 KTF가 합병했기 때문이다. 공정거래위원회는 KT와 KTF의 조건 없는 합병 승인을 결정했다.

하늘(이동통신)에선 SK텔레콤이 2천만 가입자를 갖고 있는 강자다. 하지만 땅(시내·시외·국제전화, 초고속인터넷)에선 KT의 화력이 만만치 않다. KT가 강력한 보병 군단이라면 SK텔레콤은 전략 공군쯤 되겠다.

KT는 KTF와 합병해 유선에서 무선으로 세력을 넓히려 한다. SK텔레콤은 하나로통신(현 SK브로드밴드)을 인수하며 무선에서 유선으로 확장 중이다. 초고속인터넷과 집 전화, 이동통신을 묶은 결합상품 경쟁도 본격화될 것으로 보인다. 두 회사의 운명을 건 대결은 불가피해졌다.

특혜 시비 일축시킨 4271억 원의 입찰

SK텔레콤은 KT한테서 한국이동통신을 사들이며 사업을 시작한다. 그래서 한때 KT 사람들은 "011은 우리 것"이라며 건배 구호를 외쳐댔다. 알짜 기업을 빼앗겼다는 억울함과 통신사업에서 최강자를 가려보자는 의지의 표현인 셈이었다.

SK텔레콤의 이동통신 사업 진출에는 진통이 있었다. 제2이동통신사로 선정됐으나 이를 반납해야 했기 때문이다. 1990년 정부는 통신 산업 경쟁력을 높이고 통신 개방에 대응하기 위해 제2이동통신 사업자를 선정한다고 밝혔다. '무선전화 011' '삐삐 012'를 서비스하고 있던 한국이동통신 외에 새로운 이동통신 회사를 하나 더 허가해 경쟁 체제를 도입하기로 결정한 것이다. 당시 제2이동통신사업은 4~5조 원의 엄청난 시장으로 성장하는 '황금알을 낳는 거위'로 인식됐다. 때문에 삼성·현대·LG·대우 등 4대그룹은 배제됐고 SK(옛 선경)·

포스코·코오롱·동양·쌍용·동부가 경쟁에 참여할 수 있었다.

1992년 선경이 사업자로 최종 선정됐다. 하지만 최종현 선경그룹 회장은 어렵사리 따낸 제2이동통신 사업권을 일주일 만에 반납한다고 선언한다. 노태우 대통령과 사돈이라는 이유로 특혜 시비가 불거졌기 때문이다. 소탐하지 않는 통 큰 결단을 한 셈이다. 그 뒤 제2이동통신 사업권은 포스코와 코오롱이 따낸다.

당시로선 마이너스였지만 결과적으로는 플러스였다. SK텔레콤이 제2이동통신 업체도 '접수'했기 때문이다. 포스코와 코오롱은 '017'의 신세기통신을 세웠지만 신세기통신은 자본 잠식으로 경영난에 빠진다. 결국 신세기는 같은 주파수인 800MHz 대역을 쓰는 SK텔레콤에 인수·합병된다.

제2이동통신 인수권을 내놓은 뒤 당시 선경은 전략을 바꿔 한국이동통신 인수로 방향을 돌린다. 하지만 한국이동통신은 주식을 인수하는 방식이어서 막대한 인수자금이 들 것으로 예상됐다. 게다가 주당 8만 원 선이었던 한국이동통신 주가가 선경이 인수에 나선다는 소식이 알려지면서 주당 30만 원 가까이 올랐다. 그러자 전문가들은 선경이

유찰을 통해 가격을 낮출 것이라는 예측을 내놓았다. 당시 일등 주였던 삼성전자의 주가가 18만 원 하던 때라 그 지점에서 인수가 이뤄지리라 전망했던 것이다. 그러나 선경은 1994년 1월 공개입찰에서 주당 33만5천 원이라는 상상을 뛰어넘는 금액을 써넣었다.

선경그룹은 한국이동통신 주식 23퍼센트(127만5천 주)를 계열사인 유공, 선경인더스트리, 흥국상사 등을 통해 인수했다. 인수에 들어간 대금은 4271억 원에 이르렀다. 이틀에 걸친 공개입찰에서 선경을 제외한 나머지 289건의 입찰신청은 모두 입찰 예정가에 미달돼 유찰됐다. 아무도 예상할 수 없었던 선경의 이런 초강수 두기는 최종현 회장이 직접 나서서 이끈 것이다. 1천억 원까지는 더 부담해도 되니 꼭 인수될 수 있도록 하라는 것이었다. 시가를 웃도는 가격으로 인수해야 특혜시비를 일축할 수 있다는 점도 작용했다.

아무튼 핵심은 최 회장이 이동통신이 차세대 먹을거리 사업이 될 것이라는 전략적인 판단을 했다는 것이다. 결국 선경은 한국이동통신을 품에 안았다.

최태원 SK그룹 회장은 "당시 미주 경영기획실에서 근무했는데 미

국에선 독점 통신기업인 AT&T가 분할되며 이동전화가 나오기 시작하던 때였다. '선경그룹이 잘 알고 잘할 수 있는 분야여서 이동통신 사업에 나서는 게 좋을 것 같다'는 제안을 아버지에게 전했다"고 말했다. 아버지와 아들이 시대의 흐름을 포착한 것이다. 1997년 한국이동통신은 SK텔레콤으로 이름을 바꾼다. 1998년 1월 선경은 SK 브랜드를 남기며 45년 만에 역사 속으로 사라졌다.

KT도 1996년 개인휴대전화PCS 사업권을 따게 된다. KT는 자회사 한국통신프리텔KTF을 만들어 이동통신 사업을 전담하게 했다. 시장 반응은 차가웠다. 과연 공기업 자회사가 시장에서 잔뼈가 굵은 민간기업과 어깨를 겨룰 수 있을지에 대한 불신이었다. 하지만 새롭게 꾸려진 조직은 패기에 넘쳤다. '한번 해보자'는 열의와 의욕에 차 있었다. '한때 한국통신의 자회사였던 한국이동통신을 되찾아오자'는 농담 같은 진담이 화두였다.

KTF는 창립 당시 사장을 포함한 임원진이 모두 40대였다. 젊었지만 해당 분야에서는 이름을 날린 전문가였다. 마케팅과 유통 담당 임원은 공개모집으로 외부에서 영입했다. 민간 기업의 경쟁 마인드와 체제를 도입하기 위해서였다.

도전은 후발주자의 몫이다. 곧바로 KTF가 PCS 서비스를 치고 나왔다. 1997년 7월 고객의 초기 부담을 덜어주기 위해 가입보증금과 보증보험금을 받지 않겠다고 전격 발표한 것이다. 당시 휴대전화에 가입하려면 20만 원의 가입보증금을 내야 했다. 때문에 휴대전화는 주로 사업가의 전유물이었다. 곧바로 가입비, 기본료, 통화요금 등 서비스 요금의 가격 파괴 바람이 거세게 불기 시작했다.

이상철 초대 KTF 사장(현 광운대 총장)은 'PCS 이전 이동전화가 일부 계층을 위한 서비스라고 한다면 PCS는 서민층을 파고 들어갔다'고 회상했다. 결국 KTF는 서비스 개시 1년도 안 돼 100만 가입자를 확보하기에 이른다.

이를 지켜보는 SK텔레콤은 착잡했다. PCS서비스가 젊은이들에게 인기를 끌면서 SK텔레콤은 '늙은 011'로 대접받기 일쑤였다. 브랜드 가치는 물론 조직 전반의 활력도 떨어졌다. 당시 표문수 부사장은 직접 서울 대학로와 신촌을 돌아다니면서 젊은 세대의 라이프스타일을 조사했다. 젊은 층에선 SK텔레콤이 요금, 단말기 등 모든 면에서 열세였다. '20대에 어울리지 않는 서비스'로 드러난 셈이다.

SKT '스무 살 겨냥' KT '영상 통화로 판갈이'

SK텔레콤은 젊은 층의 가입 특성, 통화 패턴, 납부 방법 등을 분석해 젊은이의 감성과 라이프스타일에 맞춘 서비스를 선보인다. 1999년 '스무 살의 011'이라는 이름의 'TTL'이 그것이다. 요금제는 신세대의 통화 패턴에 맞게 지역할인, 지정번호, 커플요금제를 자유롭게 선택하게 했다. 임은경의 광고는 신비감과 호기심을 자극했다. 서비스 개시 5개월 만에 가입자 100만 명을 확보한다. TTL의 성공은 1999년 SK텔레콤이 이동전화 가입자 1천만 명 고지에 올라서게 하는 지렛대 구실을 했다. 1999년 이동통신 5개사는 인수·합병M&A이라는 변화의 소용돌이로 빠져들게 된다. SK텔레콤이 신세기통신을 전격 인수했기 때문이다. SK텔레콤은 그해 12월 포스코 및 코오롱이 갖고 있던 신세기통신 지분 51.19퍼센트를 사들여 제1주주가 됐다. 이동통신 시장에 불어 닥친 첫번째 폭풍이었다. 두 회사의 합병은 우선 시장점유율 50퍼센트가 넘는 지배적 사업자의 출현을 의미한다. 고효율의 황금주파수대역인 800MHz가 한 회사에 의해 독점되는 것을 뜻하기도 한다.

특히 이동통신 사업은 네트워크 효과network effect가 강력한 힘을 발휘하는 영역이다. 네트워크 효과란 혼자가 아닌 다른 사람들과 함께 서비스를 이용해야 더 많은 가치를 만들어 낸다는 이론이다. 이동통신 산업의 경우 보다 많은 가입자를 확보한 기업이 훨씬 더 유리함을 뜻한다.

예를 들어 SK텔레콤에서 통화 할인상품을 경쟁사보다 비싸게 내놓았다고 하더라도 가입자 수가 많은 SK텔레콤 쪽으로 몰리게 된다. 이런 가입자 쏠림 현상은 선발 주자와 후발주자의 격차를 더욱 벌리는 결과를 가져온다.

공정거래위원회는 2000년 SK텔레콤의 신세기통신 인수를 승인했다. 하지만 세가지 조건을 달았다. 첫째 시장점유율을 50퍼센트 미만으로 낮추고, 둘째 계열 단말기 제조사인 SK텔레텍의 단말기 구매 물량을 연간 120만 대로 제한하며, 셋째 신세기통신의 요금 역시 정보통신부의 인가를 받아야 한다는 것이다. 여러 조건을 달아야할 만큼 획기적인 합병이었던 것이다.

SK텔레콤의 신세기통신 인수는 후발 사업자들에게는 '위기' 그 자체였다. 후발 주자들도 머리를 맞댔다. 중복 투자 문제점이 부각되기 시작했던 터라 M&A 외에는 별다른 대안이 없었다. 후발사업자인 KTF, LG텔레콤, 한솔엠닷컴 등 3개 업체는 제각각 인수 게임에 들어간다.

우선 3개 업체 가운데 가입자가 가장 적은데다 모기업의 자금력도 부족한 한솔엠닷컴은 피인수 대상 기업이 됐다. KTF와 LG텔레콤이 한솔엠닷컴을 인수하기 위한 게임을 벌인다. 인수전은 KTF가 한통엠 닷컴을 합병(2001년 3월)하며 끝을 맺었다. 당시 KTF의 모회사인 KT가 한솔엠닷컴 지분 47.8퍼센트를 인수한 금액은 2조5천억 원. 당시 국내 M&A 사상 최대 규모였다.

KT가 어마어마한 금액을 베팅한 것은, IMT-2000 사업자 선정을 앞두고 확실한 2위 자리를 굳혀야 한다는 전략적 판단에서다. 당시 KTF는 한솔엠닷컴 인수에 따른 시너지 효과를 5년 동안 5조2천억 원으로 계산했다. 가입자 확대는 물론 중복투자를 막아 경제적 자원 낭비를 줄였기 때문이다.

결국 SK텔레콤과 KTF가 뛰어들었던 인수전은 모두 규모의 경제를 실현하기 위해서였다.

두 회사의 광고 경쟁도 쏠쏠했다. SK텔레콤은 '어디서든 잘 터진다'를 내세우며 KTF와 차별화해 나갔다. 황금주파수대역인 800MHz를 확보한 만큼 이를 적극적으로 내세운 것이다. 이에 대응해 KTF는 기업 이미지를 '젊음'과 '도전'으로 정해 'KTF적인 생각'을 담아냈다.

SK텔레콤의 '산사'편 광고. 고승高僧과 탤런트 한석규가 함께 대

나무 숲을 거닐다 정적을 깨는 전화벨 소리가 울리자 한석규가 겸연쩍은 듯 휴대전화를 끄고 다시 스님을 따르는 장면, 이어 온화하게 퍼지는 스님의 미소와 함께 '또다른 세상을 만날 땐 잠시 꺼두셔도 좋습니다'라는 멘트로 마무리한다. 조용하고 차분한 분위기를 내세워 무분별한 휴대전화 문화에 일침을 찔렀다.

KTF의 '넥타이와 청바지' 편. 승용차를 탄 노신사 옆으로 청바지 차림에 인라인 스케이트를 타고 가는 젊은이가 지나간다. 노신사는 못마땅한 기력이 역력하다. 장면이 바뀌며 한 사무실. 사장실 문을 여니, 아까 차에서 보았던 젊은이다. '넥타이는 청바지와 평등하다.' 배우 안성기의 "KTF적인 생각이 대한민국을 움직입니다"라는 멘트가 흘러나온다. 기존의 사고를 가진 중후한 신사를 SK텔레콤으로, 창의적인 생각을 가진 젊은이를 KTF로 비유한 광고였다. SK텔레콤이 대한민국 대표 브랜드라는 고정관념을 젊은 KTF가 깨겠다는 다짐이 담겨있음은 물론이다.

기회를 엿보던 KTF가 2007년 총공세에 나선다. 작전명은 '쇼'였다. 준비는 치밀했다. 2세대(음성통화)에서 가입자 수 절반을 확보하고 있는 SK텔레콤을 따라잡기 힘들다는 판단에 따라 3세대(영상통화)로 '시장의 판을 바꾸자'는 전략이었다. '게임의 룰' 파괴는 후발자의 몫이다. KTF로선 쉽지 않은 결정이었다. 2006년 집중적인 준비를 할 당시는 3세대에 투자한다고 발표하면 곧바로 주가가 폭락하던 때였다. 유석오 KT 상무는 "쇼를 앞세워 3세대 시장을 주도하는 한편, SK텔레콤을 끌어들여 3세대 시장의 파이를 키운다는 생각도 갖고 있었다"고 말했다.

SK텔레콤으로선 3세대 시장의 확산을 최대한 지연시키면서, 2세대 시장의 지배력을 계속 유지하려는 전략을 썼다.

그러나 소비자들은 3세대를 택했고, 결국 SK텔레콤도 '생각대로 T' '비비디 바비디 부'를 내세우며 KTF를 따라오기 시작했다.

도전자의 응전, 응전자의 도전

2008년 말 기준 이동통신 가입자는 SK텔레콤이 2130만 명, KTF가 1360만 명이다. 3세대 시장에선 KTF가 857만 명, SK텔레콤이 863만 명 가입자로 서로 엎치락뒤치락하고 있다. 하지만 전체 가입자 대비 3세대 가입자 비율은 KTF가 60퍼센트로, SK텔레콤의 37퍼센트를 여전히 앞서고 있다. 그동안 '응전'했던 SK텔레콤이 '도전'하고, 그동안 '도전'했던 KTF가 '응전'하고 있는 셈이다.

두 회사의 통신요금 짬짜미(담합)는 자주 문제로 지적된다. 그럼에도 두 회사의 경쟁으로 소비자들은 보다 다양한 부가 서비스를 맛보게 됐다. 맞수기업의 단말기 보조금은 고객에게 최첨단 휴대폰을 써 보도록 유혹했다. 삼성·LG전자는 최신 상품에 이미 길들어진 고객의 눈높이에 맞추기 위해 빼어난 디자인과 성능의 제품을 만들어야 했다. 이는 곧 우리나라 휴대폰의 글로벌 경쟁력을 높이는 결과로 이어졌다.

맞수의 경쟁은 서비스뿐만 아니라 제품의 경쟁력을 높이며 우리나라를 통신 강국으로 만들고 있다.

전문 경영인 리더십 비교
조직 지킨 '되고송' vs 추진력 '쇼'

이석채 KT 회장   정만원 SK텔레콤 사장

요즘 통신업계 사람들의 눈길은 이석채(65) KT 회장과 정만원(57) SK텔레콤 사장에게 쏠려 있다. 최대 통신업체를 이끌고 있는 두 수장의 자존심을 건 한 판 승부가 시작되고 있기 때문이다. KT에 관료 출신 사장이 들어온 것은 2002년 민영화 뒤 처음이다. SK텔레콤도 5년 만에 CEO를 교체했다.

이석채 회장은 사장으로 선임된 뒤 일주일만인 2009년 1월 20일 기자회견을 열어 KT와 KTF 합병을 들고 나왔다. 이 회장은 "유무선 통합은 세계적인 추세"라며 통신 1위 기업을 기치로 내걸었다.

같은 시기 SK텔레콤의 수장을 맡은 정만원 사장이 발끈했다. 정 사장은 "주총까지 언론을 마주하지 않겠다"던 약속을 깨고 이 회장의 기자회견 다음날 합병반대 기자회견을 열었다. 정 사장은 "합병을 하게 되면 통신시장을 KT가 독식하게 돼 경쟁이 심각하게 제한된다"고 강조했다.

합병을 둘러싸고 두 회사 수장들 사이에 일촉즉발 전운이 감돌았다. 그만큼 합병이 시장에 미치는 파장이 컸기 때문이다.

두 사람 모두 정통관료 출신이다. 저돌적인 추진력과 탁월한 지략을 갖춘 인물이라는 점에서 야전사령관 성향이다.

이석채 회장은 관가에서 화려한 꽃을 피우며 승승장구해왔다. 1967년 행시 7회로 공직에 들어온 뒤 경제기획원 예산실장과 재정경제원 차관, 정보통신부 장관 등을 거치며 경력을 쌓았다. 그러나 1996년 장관재직 때 PCS 사업자 선정과정에서 특정 업체를 도운 혐의로 2001년 구속 기소됐다. 하지만 2006년 대법원에서 무죄판결로 명예를 회복했다.

이 회장은 정통부 장관 시절 '세계 최초'로 CDMA 상용화를 밀어붙였을 정도로 뚝심의 소유자다. 그가 40대 1의 경쟁률을 뚫고 KT 수장으로 낙점된 배경이기도 하다. 풍부한 관료 경험을 바탕으로 정부의 통신 정책을 꿰고 있는 것도 이 회장의 강점이다.

정만원 사장은 SK에서 보인 성과로 주목을 받았다. 그는 행시 21회로 통상산업부 구주통상과장을 지낸 뒤, 1994년 유공에 입사해 SK텔레콤 무선인터넷 사업본부장, SK글로벌정상화추진본부장, SK네트웍스 사장을 지냈다.

정 사장은 SK글로벌 사태 때 보여준 위기관리 능력과 공격적 실행력으로 최태원 SK회장의 두터운 신임을 받고 있다. 당시 워크아웃 상태이던 회사를 공적자금 한 푼 없이 4년만에 정상화시켰다. 그는 스피드 경영을 선호하는 것으로도 유명하다.

게임이론으로 푼
'꽃남의 경제학'

회사원 조사라(31) 씨는 KBS 드라마 〈꽃보다 남자〉 때문에 최근 4만2600원을 썼다. 조 씨는 G마켓에서 4900원 짜리 꽃남 탁상용 달력 3개를 샀다. 주연 배우의 컬러 화보로 꾸민 달력이었다. 1만4700원. 조 씨는 며칠 뒤 회사 동료와 함께 본죽에서 '꽃보다 남자 세트'를 먹었다. 1만 원 이상 먹으면 〈꽃남〉 브로마이드를 준다는 유혹에 이끌렸기 때문이다. 1만6000원. 조 씨는 드라마에서 나온 9곡의 노래가 들어 있는 CD도 샀다. 1만1900원.

그녀는 극중에서 구준표가 금잔디한테 선물한 '키싱 스타kissing star' 목걸이도 갖고 싶다. 백화점에 가서 보니 17만 원이었다. 조 씨가 지난 화이트데이 때 남편한테 사달라고 졸랐지만 "네가 구혜선이냐"며 핀잔만 받았다. 하지만 조 씨는 그 목걸이를 언젠가는 사고야 말겠다고 생각하고 있다.

〈꽃남〉의 경제효과는 얼마쯤일까? 수백억 원에 이른다.

"꽃보다 남자 주세요!"

소망화장품의 멀티숍 '뷰티크레딧'에선 드라마 제목과 비슷한 '꽃을 든 남자' 브랜드를 찾는 고객들이 부쩍 늘었다. 소망화장품 양준석 씨는 "불경기인

데다 화장품 매출은 갑자기 늘지 않는데도 매출액이 10퍼센트가량 올랐다. 사실 소비재는 이미지 싸움인데 '꽃을 든 남자'는 〈꽃남〉 특수를 톡톡히 보고 있는 셈"이라고 말했다. 던킨도너츠는 화이트데이를 앞두고 이민호 브로마이드를 만들었는데, 20만 장이 사흘 만에 동나기도 했다.

불황을 겪는 기업들엔 〈꽃남〉은 희망이다. 어떻게든 〈꽃남〉과 연결지으려는 마케팅도 다양하다. 기업들은 '꽃보다 쿠폰' '꽃보다 IT' '꽃보다 내 남자 피부' '꽃보다 동안' 등 '꽃보다'라는 세 음절을 넣은 이벤트를 펼쳤다.

배우들은 돈방석에 앉게 됐다. 주인공들은 드라마 속에서처럼 '재벌'이 됐다. 이민호와 김현중은 광고 출연료로 수십억 원 이상을 벌었다.

이처럼 '꽃남 광고'가 잘 나가는 이유는 무엇일까? 게임이론으로 풀어 보자. 게임에선 자신의 행동이나 선택 못지않게 다른 사람의 행동이나 선택도 중요하다. 상대방의 전략에 따라 나의 전략이 달라질 수 있기 때문이다. 즉 서로의 정보는 게임의 핵심 요소다. 하지만 정보는 불평등하다. 정보를 갖고 있는 사람이 있고 그 정보를 갖지 못하는 사람이 있다. 이를 '정보의 비대칭성asymmetric information'이라고 한다.

기업들은 자신이 만든 상품이나 서비스에 많은 정보를 갖고 있다. 하지만 소비자들은 그렇지 않다. 때문에 기업들은 소비자들에게 자신들이 만든 상품을 알려야 한다. 그 소통수단이 바로 꽃남 모델이다. 꽃남에 나온 인기 연예인들은 상품 품질을 보증하는 '신호signaling'다. 신호는 경제학에서 우월한 정보를 갖고 있는 쪽이 그렇지 않은 쪽에 기울이는 노력을 일컫는다.

유명 모델 광고를 본 소비자들은 광고에 유명 모델을 썼으니 아마 좋은 제품일 것이라고 여긴다. 광고에 어떤 내용이 담겨 있느냐보다 유명 모델이 나온 비싼 광고라는 사실을 소비자들이 알게 하는 것이 더 중요한 셈이다.

CHAPTER
10

현대카드 M과 함께 떠나자
VS
별카드 꺼내시죠 KB카드

2003년 겨울은 길었다. 2008년 겨울의 전초전이었다. 2003년 불어닥친 신용카드 사태는, 미국발 금융위기의 축소판이었다. 1999년부터 카드회사들은 무차별 '길거리 발급'으로 카드를 풀었다. 사람들은 갚을 능력을 초과해 무제한 '현금 서비스'를 받았다. 카드회사는 늘어나는 회원 수를 즐겼고, 소비자는 빌린 돈을 펑펑 써댔다. 하지만 축제는 오래가지 않았다. 연체율이 올라가자, 카드사들이 한도를 대폭 줄였다. 곧바로 '돌려막기'로 버티던 사람들은 카드대금을 갚지 못하는 상황으로 내몰렸다. 카드사들의 대규모 손실로 이어졌다. 시장에선 카드사에 더 이상 자금을 빌려주지 않았다. 카드회사의 위기설이 계속 흘러나왔다.

현대카드도 신용대란의 광풍을 피해갈 수는 없었다. 2001년 다이너스카드코리아를 사들이며 카드 사업에 뛰어들었지만 시장점유율은

1.8퍼센트에 그쳤다. 2003년 6300억 원의 적자를 냈다. 선택할 수 있는 손쉬운 방법은 카드사업을 매각하거나 그룹사에 손을 벌리는 것이었다. 하지만 이는 근본적인 해결책은 아니었다.

신용카드 대란 이후

국민카드는 2003년 1분기 3583억 원의 순손실을 냈다. 3월 말 연체율은 9.72퍼센트였다. 손익지표와 함께 잠재 손실에 대한 불확실성은 더욱 커져만 갔다. 투자자들의 불안감은 증폭됐다. 카드사의 자금 조달 수단인 채권 발행은 사실상 불가능해졌다. 살로먼스미스바니·크레디리오네 등 외국계 증권사들은 국민카드가 부실 자산 확대와 영업 마진폭 감소로 실적이 악화될 것으로 전망했다.

끝내 국민카드는 그해 9월 모회사인 국민은행과 합병한다. 브랜드 이름도 'KB카드' 로 바꿔었다. 부실 덩어리 카드를 안은 국민은행은 '적은 내부에 있다' 는 시장의 비아냥거림을 들어야 했다. 2005년에는 2천여 명이 명예퇴직하는 등 감원의 칼바람도 뒤따랐다. 문중옥 국민은행 연희동 지점장(당시 카드기획부 사업전략팀장)은 "부실 자산을 어느 정도로 어떻게 떨어내야 할지 검토하고 실행하고 다시 점검하느라 밤을 꼬박 새운 적이 하루이틀이 아니었다. 하지만 언젠가 다시 일어설 수 있다는 희망으로 이를 악물었다"며 그때를 떠올렸다.

현대카드는 위기를 역발상으로 돌파한다. 당시 현대카드는 새로운

'카드'를 준비 중이었다. 2002년 '엑스칼리버'라는 태스크포스팀을 만들었다. '날카로운 칼끝으로 위기를 돌파해 카드업계의 아서왕이 되자는 뜻'이었다. 하지만 우수 회원을 모으기는커녕 잘못하면 돌려 막기에 쓰이는 마지막 카드가 될 수도 있었다. 위기를 기회로 만드는 '카드'가 필요했다. 상품과 서비스를 개발하고 전략을 짜는 데 7개월이 걸렸다. 다양한 혜택을 준다는 의미에서 멀티플Multiple의 머리글자 M을 내세웠다. 그들은 '현대카드M'을 뽑아냈다. 2003년 5월이었다.

어느 세월에 쌓습니까? 미리 드리겠습니다

카드업계 모두가 축소경영을 외칠 때 현대카드는 매년 300억 원 이상을 광고비로 투자하며 대대적인 마케팅에 돌입한다. 경쟁 카드사들이 이자율이나 서비스 한도에 집착할 때 현대카드는 고객의 변화하는 라이프스타일을 탐색했다. 변창우 현대카드 마케팅본부장은 "소비자 분석을 해보니 다양하고 복잡한 메시지보다 알파벳이나 숫자와 같은 간단명료한 기호를 더 잘 인식하고 기억하는 것으로 나타났다. 이를 바탕으로 소비자 라이프스타일을 알파벳에 대입시키는 전략을 선택했다"고 말했다. 차를 좋아하는 사람을 위한 현대카드M, 쇼핑을 즐기는 사람을 위한 현대카드S, 이동통신 이용자를 위한 현대카드T 등 10개의 알파벳 시리즈가 쏟아져나왔다.

다른 카드 회사들이 중요하게 여기지 않았던 포인트에 대해서도 고민했다. '현금처럼 포인트를 쓸 수 있다면?'처럼 창의적인 접근이었다. 결국 현대카드는 포인트를 화끈하게 주는 전략을 세웠다. 포인트를 쌓은 뒤 이용하는 게 아니라, 거꾸로 미리 포인트를 이용하고 뒤에 포인트를 쌓아 갚는 '선포인트제'를 처음으로 내놓았다.

'아버지는 말하셨지, 인생을 즐겨라~'라는 경쾌한 광고송과 '열심히 일한 당신 떠나라'로 대표되는 광고 카피는 감각적이었다. 미니스커트를 입은 세계 각국의 정상 등 톡톡 튀는 광고를 전면에 내세우기도 했다. 이 같은 노력의 결과, 현대카드M은 단일 카드로는 국내 최초로 600만 회원을 돌파하며 신용카드 업계의 베스트셀러로 자리매김하고 있다. 정태영 현대카드 사장은 "시장점유율이 중요하지만 그 논리에 이끌려다닐 생각은 없다. 그보단 성장률, 리스크 관리를 더 중요하게 생각한다. 지극히 '현대카드스러운' 전략으로 국내외 많은 회사에서 벤치마킹 대상이 되는 게 목표다"라고 말했다.

조금은 젊고, 조금은 액티브하게

"KB카드는 혜택이 별로 없는 것 같아요…."

KB카드 직원들은 몇 년 전까지만 해도 이런 소리를 심심찮게 들어야 했다. 거기에 도약의 씨앗이 들어 있었다. 조정희 국민은행 마케팅 부장은 "도대체 뭐가 잘못된 걸까? 참 많이 고민했다. 실제 따져보면 오히려 KB카드의 혜택이 더 뛰어나면 뛰어났지 뒤질 것이 없는데도 시장조사를 하면 이런 문구가 하나씩 끼어 있었다. 소통 부족 때문이었다. 사람들에게 KB카드를 제대로 알려야 했다"고 말했다. 원효성 국민은행 신용카드사업그룹 부행장은 "KB카드 브랜드 이미지를 조사해보니 너무 평범했다. 나이가 좀 있는 층의 이미지가 강했다. 조금은 젊고, 조금은 액티브한 면을 전달해야 했다"고 회상했다.

그래서 나온 것이, '꺼내라, 가둬두기엔 혜택이 너무 많다' 였다. 2006년이었다. KB카드는 '젊은 카드' 로 다가섰다. 보수적인 은행계 카드로선 파격적인 광고였다. 톱스타 비와 보아를 통해 잠재된 욕구가 카드의 힘을 빌려 튀어나온다는 감각적인 광고를 만들었다. 차별화된 볼거리도 함께 넣었다. 일러스트 아티스트가 수작업으로 별과 꽃 그림을 그렸고 이를 디지털화해 모델들의 춤 동작에 자연스럽게 비치도록 했다. 모델이 갖고 있는 특유의 역동적 이미지들이 KB카드에 투영돼 젊음의 이미지를 효과적으로 더할 수 있었다. 'KB 스타카드' 는 시장에 나온 지 3년여 만에 약 500만 명(신용카드 187만 명, 체크카드 294만 명)의 회원을 모았다.

현대카드 기업문화는 한마디로 '진보의 얼굴을 한 보수주의' 로 말

할 수 있다. 현대카드에선 형식과 권위를 거부한다. 넥타이를 맬 필요가 없다. 임원실 벽과 문은 모두 투명한 유리다. 블라인드도 없다. 투명경영을 상징하는 한편으로 자유로운 소통을 위해서다. 정태영 사장이 이 같은 기업문화를 이끌고 있다. 하지만 이런 자유스러움 속에서도 용서받지 못하는 행동에 대한 3가지 '무관용 정책Zero Tolerance Policy' 이 있다. 고객 정보를 유출하거나 협력 업체에서 뇌물을 받거나 성희롱을 한 경우다. 여기에 걸리면 지위 고하를 막론하고 회사를 떠나야 한다. 형사 고발까지도 당할 수 있다. 정 사장은 "위대한 기업은 광고 한 편 잘 만든다고 해서 이루어지는 것이 아니라 혁신적 조직문화와 선진적 인사제도에서 온다고 확신하기 때문"이라고 설명했다.

맞수는 은행도 춤추게 한다?

은행은 안정적이지만 상당히 보수적인 조직이다. 전략을 짜거나

투자를 할 때 돌다리도 두들겨본 뒤 조심스럽게 결정한다. 하지만 KB 카드의 조직문화에도 변화의 바람이 불고 있다. 2006년 원효성 부행장이 부임해오면서부터다. 원 부행장은 변화를 강조했다. 직원들에게 '스스로 고객이 돼라'와 '죽도록 공부하라'를 주문했다. 변화를 감지하고 거기에 대응하려고 노력하는 것보다 변화의 조짐을 미리 간파하라는 얘기다. 또 미래 가치를 현재 상황에서 구현해내기 위해 끊임없는 학습의 중요성을 역설한 것이다.

'귀에 꽂히는 말' 찾아 삼만리

현대카드는 자신들의 전략을 '티파니 박스에 싸인 과학'으로 정의했다. 티파니 보석상자는 인생의 가장 중요한 순간의 설렘과 감동을 상징하는 문화 코드다. 현대카드가 추구하는 마케팅 전략도 이 같은 감성적 접근 방식을 선호한다. 그렇다면 과학은 무엇일까? 이윤석 현대카드 이사는 "고객이 현대카드를 쓰는지 아니면 서랍 속에 넣어두는지, 현대카드를 주 카드로 쓰는지 아니면 지갑 안에 들어가 있는 여러 카드 중 하나인지를 끊임없이 분석한다. 이를 통해 고객에게 가장 최적의 서비스를 제공해주기 위해 노력하고 있다"고 말했다.

KB카드는 또다른 과학을 내세운다. 디지털 코드다. KB카드는 2008년 6월 '&d카드'를 선보였다. 세계 최초로 신용카드에 대용량 메모리칩과 디스플레이 기능을 접목했다. MP4, 지상파 디지털멀티미디어방송DMB, USB 저장 장치를 갖추고 있다. 신용카드로 쓰면서

DMB도 볼 수 있다. 카드사들끼리의 서비스 출혈 경쟁을 뛰어넘어 엔터테인먼트를 즐기며 카드 서비스를 활용할 수 있도록 한 첨단 제품이다.

두 회사는 1등 신한카드에 맞서기 위한 2등 경쟁을 벌이고 있다. 1등 카드든, 2등 카드든 수많은 카드들 가운데 고객에게 선택되는 카드는 단 한 장이다. 그 한 장에 들기 위해 두 회사는 지금도 비장의 '카드'를 궁리하고 있다.

카드에 옷을 입힌다
앙드레 김 vs 비너스

카드사들이 카드에 옷을 입힌다. 패션디자이너 앙드레김의 손끝에서 카드 디자인이 나온다. 보티첼리의 〈비너스의 탄생〉과 같은 명작도 그려넣는다. 고객이 자신만의 독특한 개성을 표현하고 싶어하는 욕구가 예전보다 강해졌기 때문이다. 이미 디자인은 카드 선택에 중요한 요소가 됐다. 카드의 변신은 무죄다. 아니 진화라고나 할까.

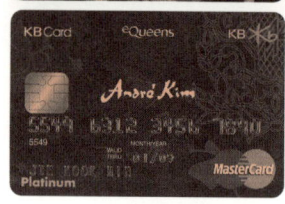

현대카드 〈비너스의 탄생〉과
KB 〈앙드레김 이퀸즈〉카드.

2006년 원효성 국민은행 신용카드사업그룹 부행장은 디자인 담당인 김아무개 팀장을 찾았다. "김 팀장, 앙드레김 의상 디자인 어때? 우리 디자인 콘셉트와 어울리는 면이 있을 것 같은데…." 김 팀장은 깜짝 놀랐다. 자신이 준비하던 보고서의 내용과 원 부행장이 꺼낸 말의 의미가 너무도 비슷했기 때문이다. 김 팀장은 그날로 앙드레김을 만난 뒤, 보름 만에 계약을 성사시켰다. 그 뒤 앙드레김은 'KB포인트리' '앙드레김 이퀸즈'

등 KB카드 브랜드에 이름을 올렸다.

KB카드는 자신들의 디자인 철학을 '포스트클래식'이라고 말한다. 한국 고유의 아름다움에 세계적인 클래식을 가미한 가장 'KB카드다운' 차별화 전략이라고 설명한다. 천연 가죽의 촉감을 느낄 수 있는 가죽 카드, 자개를 카드에 더한 자개 카드, 자수장·매듭장으로 만든 문화재 카드 등 KB카드 디자인의 진화는 그칠 줄을 모른다.

현대카드는 디자인의 고정관념을 철저히 파괴했다. 새로운 디자인을 창조하기 위해서다. 투명 카드, 미니 카드 등 카드를 포장하는 방법부터 달랐다. 투명 카드의 생산원가는 일반 카드에 견줘 30배 더 들어갔지만, 회사 경영진이 반대하지 않았다. 새로운 도전에 경영진들은 힘을 실어줬다. 〈비너스의 탄생〉 등 명화가 그려진 카드, 직사각형에서 벗어난 '프리폼 카드' 등을 잇달아 선보였다.

현대카드는 '더 퍼플 카드'를 출시하면서 '퍼플을 감당할 수 있는가Dare to be the Purple'라는 선명하고 자극적인 카피도 내놓았다. 우아함과 고귀함의 상징인 보라색을 브랜드화한 것이다. '빛의 순수함'이라는 어원을 지닌 보라색을 통해 독보적인 존재와 성공을 만들어가는 이미지를 표현했다.

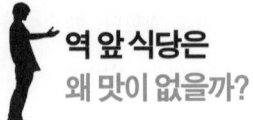

역 앞 식당은
왜 맛이 없을까?

어느 곳이든지 역 앞 식당은 맛이 없다. 게다가 불친절하기까지 하다. 우리나라뿐만 아니라 외국에도 마찬가지인 것 같다. 왜 그럴까? '게임이론'으로 풀어보자. 게임이론은 상대방이 어떤 행동을 취할지를 예상하거나 내가 어떤 행동을 할 때 더 많은 만족을 얻을 수 있는가를 설명한 이론이다.

일단 정보에서 소비자는 식당 주인에게 밀린다. 소비자는 어느 식당이 맛있고 맛이 없는지 알기 힘들다. 정보의 비대칭성이다. 맛집 골목 식당들은 '원조' '진짜원조' 등의 간판을 통해 자신들이 맛집이라는 신호를 보낸다. 하지만 역 앞 식당은 그런 신호가 없다.

주인 입장에서 볼 때, 역 앞을 지나가는 사람은 단골이 될 가능성이 거의 없는 사람이다. 일 년에 몇 차례 고향에 가는 사람들이 대부분이다. 즉 역 앞 식당 주인은 일회성 게임one period game을 하는 사람이다. 그는 매일 식당 문을 열지만 동일한 승객을 만날 확률이 희박하다. 단골을 만들기 힘든 상황에서 굳이 좋은 재료로 맛있는 상품과 마음에 드는 서비스를 할 필요를 느끼지 못한다.

하지만 기업은 반복게임repeated game을 한다. 일회성 게임이 수차례 되풀이 되는 게임을 반복게임이라고 한다. 동일한 게임을 계속해야 하는 반복게임에 선 이야기가 달라진다. 한번 속은 사람은 다음부터는 상대방을 믿지 않는다. 오늘 당장 상대방을 속여 챙길 수 있는 이득과 자신의 배신이 초래할 상대방 의 보복과 그로 인한 손실을 저울질해 전략을 짜야 한다.

미시간대 로버트 액설로드 교수는 반복게임에서 사용할 가장 우월한 전략이 '눈에는 눈 이에는 이tit-for-tat'라고 강조한다. 이 전략은 처음에 협력 전략으 로 시작하되 상대방이 협조하면 협력전략을 지속하고, 상대방이 협조하지 않 으면 보복하는 것이다.

맛없는 역 앞 식당에서 적용할 수 있다. 역 앞 식당의 호객행위로 들어갔다 속 았다는 느낌이 들었다면, 그 집에서 사먹지 않는 전략이 최선이다. 자신의 블 로그가 있다면 블로그에서 혹평을 해줄 수도 있겠다.

게임이론의 기원은 〈탈무드〉까지 거슬러 올라간다는 설도 있다. 하지만 1950년대 내시가 내시균형 개념을 발표하면서 게임이론은 사람들에게 다가 왔다.

게임이론 전까지만 해도 경제학자들은 완전경쟁 시장 분석에 초점을 맞췄다. 하지만 현실에는 완전경쟁 보다 1~2위의 맞수기업이나 1, 2, 3위의 과점 기 업이 일반적이다. 상대방의 전략에 따라 자신의 전략을 세워야 하는 맞수기업 들에겐 게임이론이 더할 수 없이 유용하다. 노사협상이나 개인 간의 협상을 분석하는 데도 게임 이론이 활용된다.

특히 게임이론은 개인이 전략적인 마인드를 갖게 해준다는 측면에서 자신의 경쟁자와 협력하고 경쟁하기 위해서도 필요하다.

농심 사나이 울렸다
VS
이젠 젊은 라면 삼양

꼬불꼬불 야들야들한 면발. 구수하고 진한 국물. 파 '송송', 계란 '탁' 곁들여진 라면. 꼬들꼬들 식은 밥과 싸각싸각 신 김치가 있다면 성찬이 된다.

여기에 하나가 더해질 때 라면은 참맛을 낸다. 추억이다. 라면은 추억을 끓이고, 사람들은 라면을 먹으며 추억을 떠올린다. '보글보글' 끓는 추억이 곁들여진 라면은 생각만으로도 군침을 돌게 한다.

지지리도 가난했던 시절, 어머니가 연탄부뚜막 구공탄 위에서 끓여주던 양은냄비 라면을 사람들은 잊지 못한다. 살을 에는 겨울밤, 야간보초를 선 뒤 반합에 끓여먹던 라면 맛도 잊을 수 없다. 시인 안도현은 「라면 예찬」이라는 글에서 "퉁퉁 불은 라면을 먹어 보지 않은 자하고는 인생을 논하지 말라!"라고까지 했다.

그런 추억 때문일까. 2007년 우리나라 국민은 979억 봉지의 라면을 '후루룩 짭짭 후루룩 짭짭' 먹어치웠다. 1인당으로 따지면 1년에 75개를 끓여먹은 셈이다. 2008년부터 불어 닥친 경제 불황으로 올해는 라면 소비량이 더욱 늘어날 전망이다.

장미전쟁도 30년만에 끝났는데…

이런 국민 식품 '라면'을 만드는 맞수기업이 바로 농심과 삼양식품이다. 40년 지기 맞수기업이다.

두 맞수에겐 쇠고기가 따라붙는다. 삼시 세 끼 때우기도 힘들던 때, 쇠고기는 일 년에 한두 번도 먹기 힘든 음식이었다. 라면 스프에 들어간 쇠고기 분말은 서민들에게 얼큰한 쇠고기 국물을 대신해줬다. 삼양은 '쇠고기면'이라는 이름의 라면까지 내놓으면서 1등자리를 지켜나갔다. 하지만 또다른 쇠고기 앞에 삼양은 절망한다. 1989년 공업용 우지(소의 지방 조직에서 얻은 기름) 파동이다.

2008년 봄, 미국산 쇠고기 수입으로 불붙은 촛불 정국에서 두 회사는 또다시 쇠고기 앞에 서게 된다. 두 회사는 '부글부글' 끓는 네티즌들의 지지와 항의를 동시에 받았다.

라면의 원조는 삼양이다. 1963년 9월 정부 자금을 지원받아 일본에서 라면 기계 두 대를 도입해 만든 게 첫 라면이었다. 당시 한 봉지값은 10원. 2년 뒤 농심의 전신인 롯데공업에서도 라면을 내놓았다. 롯데공업은 1970년대 '농심라면'을 시판했는데, 라면이 인기를 끌면서 회사 이름도 농심으로 바꿨다. 첫 히트작을 회사 이름으로 삼아 상

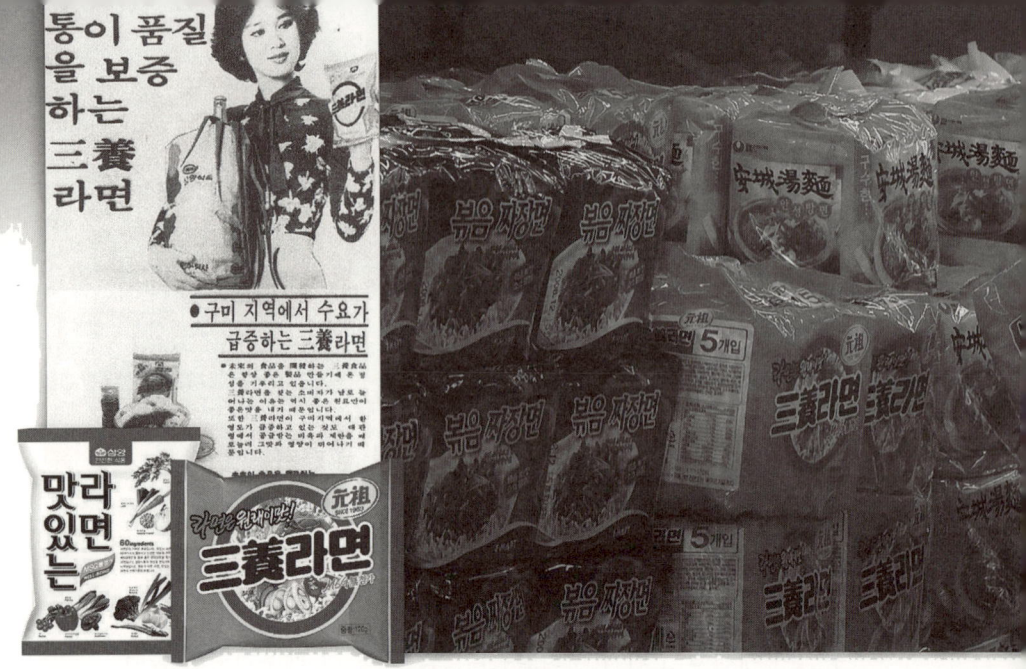

품 브랜드와 회사 브랜드의 시너지 효과를 높인 셈이다.

너구리한테 몰리고 신라면한테 매운맛

라면 산업은 1970~80년대가 황금기였다. 매년 30~40퍼센트씩 판매가 늘어났다. 1960년대 후반 연간 생산액이 1500억 원이었는데, 지금은 1조5000억 원으로 뛰어올랐다. 라면의 사촌쯤 되는 포장 우동의 시장 규모(1300억 원)에 견줘 10배 이상 높다.

1980년대 들어 삼양의 아성이 흔들리기 시작했다. 농심은 너구리(1982), 안성탕면(1983), 짜파게티(1984)로 이어지는 히트 상품을 연이어 시장에 내놨다. 모두 20년 이상 롱런하고 있는 효자상품들이다.

1986년에는 '국민 라면'이라는 극찬까지 듣는 신라면을 선보인다. 당시 다른 라면 브랜드는 쇠고기라면·김치라면 식이었다. 신라면은 이러한 고정관념을 깼다. 얼큰하고 매콤한 맛을 좋아하는 한국인 입맛을 사로잡기 위해 라면이름을 '신라면'으로 치고 나왔다. 신라면은 한때 하루 평균 판매량이 300만개로, 전체 라면의 하루 판매량의 25퍼센트를 차지할 정도로 시장에서 위세가 대단했다.

유성근 농심 상무는 "특유의 매콤하고 얼큰한 맛을 만들기 위해 1년이 넘게 연구원들이 고추재료 개발에 매달렸다. 연구원들은 하루에도 수십번씩 원료를 분석하고 재배합하며 라면국물을 마셨다. 200여 차례가 넘는 실험과정을 거쳤다. 면발도 기존의 네모꼴에서 둥근꼴로 바꿨다"고 말했다.

라면 스프의 핵심성분은 다른 라면과 차이가 없다. 비결은 매운 맛을 내는 성분과 겉으로 드러나지 않는 재료들의 조합에 있다. 라면스프가 얼마나 섬세한 수학적 조합의 산물인가는 변하지 않는 신라면의 맛과 그에 대한 지속적인 열광이 잘 말해준다.

1980년대 초반 라면시장은 삼양이 60퍼센트, 농심이 40퍼센트의 시장점유율을 보였다. 하지만 1980년대 중반에는 점유율이 엎치락뒤치락했다. 1989년 가을 우지 파동으로 삼양은 시장에서 추락했다.

우지 파동 결과는 처참했다. 한순간에 삼양의 시장점유율이 뚝 떨어졌다. 1천여 명의 직원이 회사를 떠났다. 100억 원어치가 넘는 제품이 반품·폐기됐다. 무엇보다 '정직과 신용'이라는 기업 이미지가 하루아침에 실추됐다. 미국 등 그동안 공들였던 수출시장도 대부분 잃게 됐다.

삼양식품은 8년 동안 법정 투쟁을 벌인 끝에 1997년 대법원에서 무죄판결을 받았다. 하지만 이 기간 삼양식품의 시장 점유율은 10퍼센트대로 곤두박질쳤다. 게다가 외환위기까지 겹쳐 1998년에는 부채 때문에 화의까지 들어갔다.

최남석 홍보팀장은 "사옥과 공장, 골프장을 매각하며 6년여에 걸친 뼈를 깎는 구조조정에 들어갔다. 이 같은 노력으로 2005년 3월 화의를 종료했다. 앞으로는 실지 회복에 나서 라면 종가 삼양식품의 명예를 되찾을 것"이라고 말했다. 현재 시장에선 농심이 70퍼센트가량의 점유율을 차지한다. 삼양은 13~14퍼센트쯤 된다.

라면은 대표적인 서민 음식이다. 이 때문에 두 회사는 울고 웃는다. 대부분의 기업들은 불경기를 두려워한다. 하지만 라면 업체들은 내심 불경기를 바란다. 1997년 외환위기 때는 라면 판매량이 급증했다. 당시 농심은 두 자릿수 매출 성장을 보였다. 지난 3년 동안 줄어들던 라면 판매량이 2007년 중반부터 늘어나는 추세다.

하지만 서민 음식이다 보니 가격에 민감할 수밖에 없다. 2008년에 들어서자마자 라면업체들은 곡물값 폭등을 이유로 라면값을 100원씩 올렸다. 그해 2월 이명박 대통령이 라면값을 예로 들며 "라면값이 100원 올라 서민들에게 타격을 준다"고 말하자, 농심 주가가 떨어지는 해프닝도 있었다. 공정거래위원회는 농심과 삼양식품 등 라면업체들이 라면값을 올리면서 짬짜미를 했는지 조사했다. 라면값은 이른바 'MB 물가 관리지수' 가운데 하나다.

라면이 처음 나올 때 값은 10원. 지금은 650~700원쯤 한다. 70배 뛰었다. 하지만 당시 10원 하던 버스비가 지금은 1천 원으로 올랐다. 자장면값이 30원에서 4천 원으로 뛴 것에 견주면 크게 오른 편이 아니라고 라면업체들은 주장한다.

비단羅에 솜綿을 어떻게 먹으라고

맞수지만 두 회사는 닮은 점도 참 많다. 우선 최고경영자가 닮았다. 두 사람 모두 '은둔의 경영자'로 불린다. 정직과 신용이라는 기업가치를 내세우는 것도 비슷하다. 둘 다 라면에 주력한 '라면장이'들이다. 두 사람이 라면시장에 뛰어든 사연도 재미있다.

전중윤 삼양 회장은 1960년대 남대문시장을 지나가다 사람들이 5원짜리 꿀꿀이죽을 사먹으려고 줄서 있는 것을 보고 라면을 만들기로 결심했다. 평소 일본을 드나들며 자주 보아왔던 라면을 떠올린 것이다. 당시 라면이라는 이름에 익숙하지 않았던 소비자들은 라면을 한자어 비단 '라羅'와 솜 '면綿'으로 받아 들여 섬유라고 오해하기까지 했다. 하지만 박정희 정부의 밀가루 소비 권장 정책에 힘입어 '제2의 쌀'로 자리 잡게 된다.

신춘호 농심 회장은 『철학을 가진 장이는 행복하다』라는 자서전에서 라면사업 진출 사연을 얘기했다. 형인 신격호 롯데그룹 회장이 경영하던 ㈜롯데 이사로 일하던 그는 라면시장 진출을 결심한다.

"형님, 새로운 사업으로 라면을 해볼라 카는데 어떻습니까."

"라면이라 했나. 그거 누가 사서 묵을 끼라고 만드노. 치아라 마."

형의 말을 듣고 신춘호 회장은 오히려 오기가 생겨 사업을 시작했다고 한다.

두 회사는 소비자와의 소통에 약하다는 점도 비슷하다. 두 회사 경영진들은 좋은 식품을 만들어내는 것만이 소비자의 신뢰를 얻을 수 있다고 여긴다. 하지만 계속되는 이물질 사태와 촛불 정국에서 위기 대응 능력이 부족하다는 평가도 받았다.

소비자들이 두 회사에 궁금한 것은 세 가지다. 라면 스프에 들어가는 쇠고기는 어느 산인지, 유전자변형원료GMO를 쓰는지, 인공화학조미료MSG를 쓰는지다. 농심은 2000년부터 호주·뉴질랜드산 쇠고기 분말을 넣고 있다. 삼양식품은 국내산 육우로 만든 쇠고기 분말을 스프에 사용한다. 1970년대 초 세운 대관령 목장에서 육우를 직접 길러 쓴다고 한다. 두 회사 모두 GMO와 MSG를 쓰지 않는다고 말한다.

두 회사의 고민은 장수식품이 많다는 것이다. 현재 신라면(농심),

안성탕면(농심), 삼양라면(삼양식품), 짜파게티(농심) 차례로 잘 팔린다. 두 회사가 지속 가능하려면 과거 소비자의 욕구를 충족시키면서 동시에 신세대의 맛을 따라잡아야 한다. 하지만 최근 20년 동안 눈에 띌 만한 스타 상품을 내놓지 못했다. 라면을 건강·기능성 식품으로 변신시키는 것 또한 두 회사의 과제다. MSG 대신 천연조미료를 사용하고 클로렐라, 버섯 등 몸에 좋은 재료를 써 '싸구려 가공 식품' 이라는 이미지를 바꾸려 애쓰고 있다.

이를 위해 두 회사는 유기농 원료로 만든 라면, 기름에 안 튀긴 라면, 소금을 줄인 저염도 라면, 비타민·칼슘을 넣은 라면, 비만억제 라면, 숙취해소 라면 등을 내놓으며 신세대 입맛에 맞추려 애쓰고 있다.

물론 수십 년 동안 길들여진 입맛을 단번에 바꾸기는 쉬운 게 아니다. 한 편에선 '몸에 좋은 것은 맛이 없다' 라는 인식도 있는 게 사실이다. 때문에 맛과 영양을 동시에 잡는 라면을 내놓기 위한 두 회사의 고민도 깊어지고 있다.

안도현 시인은 「라면 예찬」 마지막 부분에서 "실업과 노숙의 거리를 따뜻하게 데워주는 것도 라면이다. 겨울밤이 깊어갈 때, 라면 한 그릇으로 행복해지는 사람들이 아직 우리나라에는 많다"고 말한다.

양대 라면 광고사
유행어 제조에선 농심 승리

'너구리 한마리 몰고 가세요'

'라면이나 먹어'

"국물이, 국물이, 끝내줘요."

1998년 농심은 전 국민적인 유행어를 만들어냈다. 탤런트 김현주가 '농심 생생우동' 국물을 마시며 이렇게 말한다. 듣기만 해도 시원한 우동국물을 생각나게 만들었다.

유행어를 만들어내는 데는 농심이 앞섰다. 능청스런 구봉서 · 곽규석 콤비의 '형님 먼저, 아우 먼저' 광고는 장안의 히트를 쳤다. 달밤에 자신의 볏단을 형제의 집에 몰래 옮겨 놓는 '의 좋은 형제' 이야기의 훈훈하고 구수한 정서를 배경으로 한 광고였다. 그 뒤 서경석 · 이윤석 콤비의 '형님 먼저, 아우 먼저' 광고로 재현됐다. 라면 광고의 추억 마케팅인 셈이다. 농심은 '너구리 한 마리 몰고 가세요~' '사나이 울리는 농심 신~라면' 등등의 유행어를 만들어냈다.

"라면 드시는 모습도 예쁘세요."

라면 먹는 여고참을 본 신입사원이 이렇게 말한다.

당황한 여고참, "라면이나 먹어."

2005년에 나온 이 광고는 상대방의 추궁으로 난처한 입장에 빠졌을 때 "라면이나 먹어~"라며 넉살좋게 받아 넘기는 매개체로 삼양라면을 등장시켰다. 일상 속 유머로 소비자와 정서적 유대관계를 형성하겠다는 의도다. '여자상사-남자 부하직원' '미대생-과친구' '엄마-아들'의 대립 구도 속에서 난감한 분위기를 '능청'으로 반전시키는 장면들은 '사람 사는 재미와 맛'을 보여줬다.

삼양은 윤도현, 김제동 등을 광고모델로 내세워 젊은층에 다가섰다. 브랜드 이미지 변신을 위해서였다. 2004년 삼양식품은 라면 브랜드 이미지를 조사했다. 결과는 '40대 이상 중장년층이 먹는' 낡은 브랜드 이미지로 나타났다. 옛 브랜드 명성을 찾기 위해선 '맛있다'는 이미지를 보여줘야 했다. '어떤 상황 속에서도 맛있게 먹는 라면은 삼양라면'이라는 전략을 폈다. 광고 길이도 짧게 가져갔다. 보통 TV 광고 길이는 15초였지만, 삼양식품은 7.5초로 잘라 두 편을 연속적으로 엮었다. 컴퓨터 모니터에서 눈을 떼지 않고 허겁지겁 먹다가 놀란 듯 고개를 돌리며 묻는다. "이거 무슨 라면이야?" 그 순간 '삼양라면~'이란 멜로디가 반복적으로 나오며 '삼양라면' 봉지가 클로즈업된다. 삼양식품은 낡은 브랜드 이미지를 젊게 바꾸는 광고전을 펼치며 브랜드 인지도를 대폭 높였다.

게임이론과
3위 기업 전략

서부 총잡이가 세 명 있다. 세 명이 결투를 벌인다. 하지만 사격솜씨는 각각 다르다. 존 웨인은 명중률 100퍼센트를 자랑하는 위협적인 총잡이다. 버트 랭커스터는 명중률 80퍼센트인 수준 높은 총잡이다. 마지막이 클린트 이스트 우드로 명중률은 30퍼센트에 그친다.

사격 순서는 클린트 이스트우드 → 버트 랭커스터 → 존 웨인 차례로 정했다. 클린트 이스트우드는 누구를 먼저 쏘아야 살아남을 확률이 가장 높을까?

클린트 이스트우드가 살아남으려면 허공에다 총을 쏴야 한다. 만약 클린트 이스트우드가 존 웨인이나 버트 랭커스터를 쏘았는데, 둘 중 한 사람이 맞아 버리면 큰일이다. 그 다음엔 이스트우드 자신이 죽을 확률이 높기 때문이다. 허공에 대고 쏘면 존 웨인과 버트 랭커스터가 서로 죽이려고 하기 때문에 어부지리를 얻을 수 있다.

게임이론으로 따져 보자. 명중률을 기업이 가진 자원이라고 하자. 그렇다면 존 웨인은 1위 기업, 버트 랭커스터는 2위 기업, 클린트 이스트우드는 3위 기업에 해당된다. 1위와 2위가 경쟁하고 있을 때, 3위 기업은 다른 전략을 펼치는 게 이익을 극대화하게 되는 것이다.

이동통신 시장에서 1위 SK텔레콤과 2위 KTF가 경쟁을 벌이고 있을 때 3위 LG텔레콤은 다른 전략을 펼치는 게 낫다. 2008년 SK텔레콤 · KTF · LG텔레콤의 실적(영업이익)을 보면 그대로 드러난다. 영업이익에서 SK텔레콤은 2007년보다 5퍼센트 줄었고, KTF는 3.1퍼센트 성장하는 데 그쳤다. 하지만 LG텔레콤은 17퍼센트나 올랐다. SK텔레콤과 KTF의 영업이익이 낮게 나온 이유는 3세대 가입자 확보를 위해 출혈 경쟁을 벌였기 때문이다. 하지만 LG 텔레콤은 가입자 경쟁을 하지 않아 실속을 단단히 챙겼다.

삼각구도는 균형상태다. 어느 한쪽의 공세로 제3자가 어부지리를 획득하게 될 가능성이 크기 때문에 자원을 가진 쪽도 쉽사리 공격하지 못한다.

게임이론 관점에서 보면 2위가 가장 많이 잃는다. 대통령 선거의 경우 대선에 참여하는 정당이나 후보는 모든 노력과 자원을 쏟아 붓는다. 하지만 한 표 차로 집권을 하건 백만 표차로 집권을 하건 여당이 된 쪽은 모든 것을 갖는다 (The winner takes it all).

하지만 2위라고 미리 포기할 필요는 없다. 1위와 2위가 뒤바뀌는 것도 한 순간이기 때문이다.

신한은행 평범한데 비범하다
VS
보수적인데 공격적이다 우리은행

1998년 6월 29일은 우리나라 금융사에서 '피의 월요일'로 기록될 날이다. 이헌재 당시 금융감독위원장은 은행 12개 가운데 동화·동남·대동·충청·경기 등 5개 은행의 퇴출을 공식 발표했다. 은행은 망하지 않는다는 '신화'가 처참히 깨진 것이다. 하지만 이는 '은행 빅뱅'의 예고편에 불과했다.

한 달 뒤 배찬병 상업은행장과 이관우 한일은행장은 공동 기자회견을 열고 두 은행이 합병한다고 밝혔다. 전통의 상업은행과 한일은행도 역사 속으로 사라졌다.

상업은행은 매년 전국 땅값이 공개될 때면 사람들의 입에 오르내렸다. 상업은행 명동지점(현 우리은행 명동지점) 때문이다. 은행업의 메카로 불리던 서울 명동의 금싸라기 땅에 자리 잡은 이 지점은 땅값이 2003년(평당 1억1900만 원)까지 우리나라에서 가장 비쌌다.

한일은행은 이병철 삼성그룹 회장과 떼려야 뗄 수 없는 관계였다. 이 회장은 1950년대 중반 이승만 정부가 추진한 시중 은행 주식 공매에 참가해 한일은행(당시 흥업은행) 주식 83퍼센트를 갖게 된다. 조흥은행 주식 55퍼센트도 사들였다. 또 흥업은행이 상업은행 지분 33퍼센트를 갖고 있어 삼성은 당시 4개 시중 은행 가운데 3개 은행을 소유한 셈이었다. 하지만 5·16 쿠데타로 삼성이 갖고 있던 은행 지분은 정부 소유로 넘어갔다.

합병한 두 은행은 한빛은행으로 거듭났다. 일단 몸집은 키웠다. 총자산은 105조 원, 자기자본은 4조 원에 이르렀다. 하지만 부실은 그대로였다. 부실 채권은 14조8천억 원으로, 대출금(63조 원)의 23.6퍼센트에 이르렀다. 1026개 지점도 상당 부분 겹쳤다. 두 은행장은 부실여신을 털기 위해 정부에 공적자금 8조 원을 요청했다.

합병 은행은 뼈를 깎는 구조조정을 거치게 된다. 제일은행 명퇴자들의 아픔을 담은 '눈물의 비디오'가 IMF 사태로 고통을 겪고 있던 사람들의 심금을 울릴 때였다. 상업과 한일 두 은행도 1997년 말 1만7천여 명에 이르던 정규직원이 합병 뒤 3년 만에 1만여 명으로 줄었다. 1997년 991개에 이르던 점포는 2000년 말 624개로 정리됐다.

한빛은행은 이런 대대적인 구조조정을 거치며 자리를 잡아가다 대우 사태로 직격탄을 맞는다. 당기순손실이 2조 원으로 치솟았다. 한빛은행은 2000년에 터진 서울 관악지점 아크월드 불법 대출 사건으로 또다시 추락한다. 결국 2001년 정부는 공적자금 12조7천억 원을 투입해 한빛·평화·광주·경남은행과 한아름종금을 하나로 묶어 우리금융지주회사를 탄생시킨다.

동전 바꿔주며 후발주자로 나선 신한

"신한으로 합시다."

20년을 갓 넘은 막내둥이 신한은행은 2003년 100년 역사의 조흥은행을 집어삼켰다. 한동안 두 이름을 함께 쓰다가 2006년 '신한'과 '조흥' 가운데 신한이 통합은행 이름으로 최종 결정됐다. 조흥이란 이름은 역사의 뒤안길로 사라지게 된다. 조흥은 외환위기 이전 부동의 1위 은행으로 군림했다. 조흥은 1897년 창립된 한성은행을 모체로 한 우리나라 최초의 은행이었다. 1982년 이철희 · 장영자 부부 어음 사건으로 한 차례 위기를 겪은 조흥은행은 1997년 한보, 삼미, 기아 등 거래 기업의 부도로 휘청거리다 대우사태로 추가 부실이 발생해 결국 재기하지 못하고 쓰러졌다.

신한의 시작은 미미했다. 1982년 7월 재일 상공인들이 돈을 모아 설립한 후발 은행이었다. 은행법상 최저 자본금 250억 원과 279명의 임직원들로 시작했다. 이름을 듣도 보도 못한 이 조그만 은행에 취직하려는 이들이 없어 전국 각지에서 경력사원을 스카우트했다. 일종의 외인부대로 출발한 셈이다.

규모도 작고 자본도 부족한 후발 은행이어서 영업을 최우선으로 삼았다. 고객을 기다리는 게 아니라 찾아 나섰다. 은행 설립 초기 직원들이 나무 궤짝으로 동전함을 만들어 서울 경동시장 상인들을 찾아가 동전을 바꿔주며 영업을 넓혀나갔다는 전설적인 얘기도 있다. 당시 시중 은행들은 스스로 고객 서비스를 제공하는 기업이라기보다 일종의 정부 기관으로 여기는 경우가 흔했다. 은행 직원들 사이에선 관료주의적 생각이 팽배해 서민들은 은행 문턱을 넘기 힘들었다.

신한은 후발 주자라는 한계를 극복하기 위해 고객 만족을 최우선

가치로 치고 나온 것이다. 이런 노력의 결과 후발 주자였던 신한은행은 우리나라에서 가장 오래된 은행을 인수하게 된다. 이때부터 신한에는 '평범한 사람들의 비범한 조직'이라는 별칭도 따라붙는다.

신한은 조흥을 인수해 자산 규모를 137조 원으로 늘렸다. 우리은행과 하나은행을 제치고 국민은행(204조 원)에 이은 업계 2위로 단번에 뛰어오른다.

사냥에 나서기 전 둥지를 부숴라

두 은행은 이렇게 몸집을 키우다가 2004년 우리은행에 황영기 행장(현 KB금융지주 회장)이 부임하면서 맞붙기 시작한다. 황 행장은 '검투사'란 별명답게 공격 경영에 나선다. 그는 2006년 새해 경영전략회의에서 전국 영업 본부장들에게 지휘봉을 하나씩 선물했다. 단순히 지휘를 잘하라는 의미로 여겼는데, 지휘봉 손잡이에 작은 단검이 숨어 있었다. '경쟁에서 지면 죽는다는 각오로 영업에 나서라'는 행장의 뜻을 품은 것이었다. 황 행장은 "사냥에 나서기 전 둥지를 부리로 깨부수는 '장산곶매'처럼 비장한 각오로 출정하자"며 전의를 불태웠다. 후임 박해춘 행장은 일선 영업본부장과 지점장들에게 『로마인 이야기』중 율리우스 카이사르가 나오는 4, 5편을 선물했다. 단순한 선물이 아니었다. 영업현장에서 카이사르처럼 속도감 있게 상대를 제압하라는 당부를 담은 것이었다. 카이사르는 갈리아 전쟁의 분수령을 이뤘던 알레시아 공방전에서 한달 남짓 준비기간을 거쳐 사실상 사흘 동안의 싸움으로 승전보를 올렸다. 카이사르 병력은 5만 명, 갈리아인들은 34만 명이었다. 우리은행 직원들은 결사적으로 영업에 나섰다. 2005년 우리은행 자산은 140조 원, 신한은행은 163조 원이었으나 다음해엔 우리가 186조 원, 신한이 177조 원으로 역전됐다.

신한은 지주회사 차원에서 몸집을 늘려갔다. 2006년 카드업계 1위인 LG카드를 6조6천억 원에 인수했다. 우리은행도 인수전에 뛰어들었으나 공적자금이 들어간 금융회사가 공적자금이 들어간 것이나 마찬가지인 LG카드를 인수하는 데에는 한계가 있었다.

두 은행의 경쟁은 은행장들의 신경전으로 이어졌다. 2006년 신상훈 신한은행장은 "우리은행이 스스로 '우리'라는 이름을 바꿔야 한다"고 주장했다. 실제로 시중 은행들은 고유명사인 '우리은행' 때문에 '우리 은행'이라는 보통명사를 못 쓰고 '당행'이나 '저희 은행'을 써야만 했다. 이 때문에 신한을 비롯한 시중 은행들은 '우리woori은행'을 '워리worry은행'으로 비꼬아 부른다. 신 행장의 말에 황 행장은 곧바로 "우리 등에 칼을 대면 우리도 뒤통수를 치겠다"고 응수했다. 정통성에서도 두 회사는 격돌한다. 신한이 조흥을 인수해 은행 역사를 단번에 100여 년으로 늘리면서 최고最古 은행임을 강조하자, 우리은행은 외국인 주주가 절반이 넘는 시중 은행과 달리 정부가 대주주인 점을 들어 '토종론'을 주장하며 맞섰다.

두 은행은 확연히 다른 지배 구조를 갖고 있다. 우리은행은 10년도 안 돼 김진만(한빛은행장)–이덕훈–황영기–박해춘–이종휘 행장 등 여섯 명의 행장이 나왔다. 신한은행은 라응찬 신한금융지주 회장이 1991년 이후 계속 지주회사의 CEO를 맡고 있다.

행장들의 전쟁
취임 직후 찾은 곳부터 달라

2008년 6월 선임된 이종휘 우리은행장은 정통 뱅커다. 1970년 한일은행에 들어가 재무기획팀장, 경영기획본부장, 수석부행장 등 핵심 요직을 두루 거쳤다. 외환위기 당시 부실 기업 워크아웃을 주도하는 등 기업 금융에 탁월한 실력을 보였다. 우리은행 수석부행장 시절에는 부서 업무 상충 문제를 합리적으로 조율했다.

이 행장은 외유내강형 경영 스타일로, 전임 박해춘 행장과 종종 비교된다. 박 전 행장이 과감하게 드라이브를 거는 영업 전략을 추진한 데 반해, 이 행장은 조용한 내실 경영 전략을 구사하고 있다. 박 전 행장은 첫 공식 업무로 중소기업 공장을 찾았다. 하지만 이 행장은 취임 다음날 대기업 대상으로 영업을 하는 포스코센터 지점을 찾아 직원들을 격려했다. 박 행장이 중소기업 대출 확대로 성장 동력을 찾았다면, 이 행장은 우리은행 최대 강점인 대기업 대출 강화에 힘을 쏟고 있다.

이백순 신한은행장은 2009년 3월 신한지주 부사장에서 신임 은행장으로 선임됐다. 신상훈 전 행장은 신한지주 사장으로 자리를 옮겼다. 이 은행장은 27년

이백순 신한은행장   이종휘 우리은행장

동안 신한금융 내 요직을 밟아온 대표적인 '신한맨'이다. 덕수상고를 졸업한
이 은행장은 1971년 제일은행에서 시작했다. 1982년 신한은행으로 자리를 옮
겨 오사카지점과 동경지점을 거쳤고 기업과 개인 영업부문뿐 아니라 라응찬
회장의 비서실장도 지냈다.

이백순 은행장은 평소 "신한의 DNA를 가지라"고 강조하며 조직에 대한 로열
티(충성심)와 영업 제일주의를 내세운다. 그는 신한금융 문화에 어느 누구보다
적합한 '조직 우선형'으로 평가받는다. 이 은행장은 신한이 택하고 있는 학력
보다 능력위주의 발탁 인사에 또 한 번 선택된 대표 케이스가 됐다. 신한의
CEO와 임원진은 상고 출신들이 주축을 이루고 있다. 선린상고 출신인 라응
찬 지주회사 회장 외에 신상훈 신한지주사장(군산상고), 한도희 신한캐피탈 사
장(강경상고), 한민기 신한 데이타시스템 사장(덕수상고), 이판암 신한신용정보
사장(대구상고) 등이 모두 상고출신이다.

탐욕의 나비효과
- 플래시백 효과로 본 미국발 금융위기

'나비효과'. 베이징에 있는 나비의 날갯짓이 한 달 뒤 미국 뉴욕에서 폭풍을 일으킬 수도 있다는 이론이다. 지구 어디에선가 일어난 조그마한 변화가 예측할 수 없는 폭풍과 같은 현상으로 이어진다는 게 뼈대다. 전 세계적인 금융위기의 첫 날갯짓은 바로 월스트리트 금융자본의 '탐욕'과 미국인들의 '도덕적 해이'였다.

그 날갯짓은 7년 뒤 세계 경제의 후폭풍으로 증폭되고 있다. 끝이어디를 향할지 누구도 장담할 수 없는 상황이다. 나비효과는 부실을확대재생산하고, 부실의 진원지와 무관한 개인들의 일상까지 도미노처럼 쓰러뜨린다. 그 시작은 부자 나라의 욕망과 탐욕이었고, 그 끝은가난한 나라 서민층의 고통이다. 무더위가 계속되던 2008년 9월 불거진 미국발 금융위기는 우리나라의 평범한 서민들에게도 엄청난 영향을 미치고 있다.

영화 〈박하사탕〉처럼 차츰 과거로 돌아가는 플래시백 방식으로 인

간의 탐욕이 빚어낸 연쇄효과를
재구성해보았다.

#제7막 불신 시대의 도래

금융위기의 진원지인 리먼 브러더스 본사.

'검은 화요일'인 2008년 9월 16
일 세계 증시는 9·11 테러 이래
최대 폭락을 기록했다. 이날 하루
전 세계에서 6천억 달러(약 660조
원)의 주식이 휴지조각이 돼버렸
다. 바로 전날 초대형 투자은행인
리먼 브러더스는 끝내 파산 신청을 했으며 메릴린치는 뱅크오브아메
리카BOA에 합병됐다. 국내에서도 2008년 10월 24일 마지노선으로 여겼
던 코스피지수 1000이 맥없이 무너졌다. 3년 4개월 만에 처음이었다.
시가총액 130조 원이 증발했다. 미국 리먼브러더스가 파산신청을 한
지 한달이 안 돼서다.

시중 은행은 돈줄을 죄기 시작했다. 중소기업에선 이제 돈가뭄으로
탄식이 터져 나온다. 아무도 돈을 빌려주지 않으려 한다. 빌려준 돈도
회수한다. 신뢰의 위기, 불신의 시대의 도래다. 글로벌 금융위기는 실
물경기 침체로 이전됐다. 회사원들은 구조조정의 공포에, 젊은 구직
자들은 실업의 공포에 시달리게 됐다. 택시기사, 주부, 택배사원, 자
영업자, 재래시장 상인, 중소기업 사람들 등 하나같이 팍팍한 삶에 치

공황 상태에 빠진 뉴욕의 월가.

솟는 물가는 감내하기 쉽지 않은 고통이다.

#제6막 피해자들

2008년 8월 7일 주부 이은정(36) 씨는 집에 수북이 쌓인 500원짜리 동전 수십 개를 은행에 맡겼다. 그의 집에선 언제부터인가 500원짜리 동전이 쌓이고 있다. 500원짜리 동전을 거스름돈으로 자주 받아서인데, 서민들이 즐겨먹는 먹을거리가 500원씩 줄줄이 올랐기 때문이다. 김밥 한 줄, 자장면 한 그릇, 동네시장 가게의 두부도 500원씩 덩달아 올랐다. 주스·우유 등 아이들이 즐겨 먹는 먹을거리 값도 500원씩 연이어 올랐다.

연매출 6천억 원대의 중견기업인 태산엘시디가 '키코'의 직격탄을 맞아 서울중앙법원에 화의 신청을 냈다. TV · 노트북용 부품을 만들어 삼성전자에 납품해온 태산엘시디는 상반기 영업이익이 114억 원에 이른 견실한 수출업체다. 그러나 270억 원의 손실을 기록했다. 파생상품 키코에 가입했기 때문이다. 키코는 환율이 일정 범위 안에서 움직이면 환리스크를 줄여주는 헤지효과가 있지만, 달러 대비 원화가치가 계속 떨어져 애초 계약한 구간을 벗어나면 가입기업이 막대한 환차손을 입게 만든다.

#제5막 고삐 풀린 돈

2008년 5월 26일 조지 소로스는 영국 일간지 〈데일리텔레그래프〉와 한 회견에서 투기세력을 고유가의 주범으로 몰아세웠다.

서브프라임 사태에 덴 돈들은 갈 곳을 잃고 방황했다. 미국 경기가 침체되면서 미 연방준비제도이사회FRB가 금리를 내려 달러 약세가 이어지자, 저금리 달러에 매력을 느끼지 못한 투기자본들이 원유나 금, 옥수수, 밀 같은 실물시장에 약탈적으로 투입됐다.

석유 1배럴 값은 미 서부텍사스유WTI 기준으로 사상 처음 세 자릿수에 진입한 뒤 130달러를 오르내렸다. 2007년엔 1배럴이 60달러에 미치지 못했다.

석유 값이 오르면서 거대자본들은 옥수수 등 먹거리를 원재료로 한 바이오에너지 개발에 몰입했다. 바이오 연료를 많이 만들어낼수록 식량 부족 현상은 더욱 심각해지는 악순환이 벌어진다. 방글라데시, 이

집트, 세네갈, 에티오피아 등지에선 식량폭동이 일어났다. 굶주린 아이티인들이 쌀값에 항의하는 폭동을 일으켜 총리를 실각시켰다. 세계은행은 30여 개국에서 식량폭동이 일어났으며 식량가격 급등의 배후에는 유가 급등이 있다고 분석했다.

우리나라에서도 자고 나면 치솟는 경유값 때문에 화물차 운전자들이 6월 운전대를 놓고 빨간 머리띠를 묶어야 했고, 어민들이 조업을 포기하는 일까지 벌어졌다.

#제4막 공범들

2007년 가을 우리나라 관료와 금융권에선 미국식 금융 베끼기에 치중했다. 그해 11월 홍콩에서 만난 재정경제부(현 기획재정부)의 고위 관료는 "국내 은행들이 투자은행IB 한다고 나서지만 규모의 경제에서 경쟁이 안 된다. 오히려 은행들이 자금을 긁어모아 리먼브러더스 같은 대형 투자은행을 인수 · 합병하는 게 낫다"고 말했다. 파산을 신청한 그 리먼을 말이다.

그해 상반기 한 시중 은행에서 부행장 인사가 있었다. '대학살'이라 할 만큼 큰 폭의 물갈이 인사였다. 하지만 IB를 담당했던 한 임원은 단장에서 부행장으로 승진했다. 그는 "우리은행 IB는 첫해에 100억 원 수익을 냈고 이후 매년 2배씩 성장해 2006년에는 5천억 원의 수익을 거뒀다. 2007년에는 1조 원의 수익목표를 이뤄낼 것"이라고 자신했다. 예대마진 위주의 성장에 한계를 느낀 은행들이 수익원 다변화를 위해

키코는 국내의 여러 기업들을 절망의 벼랑으로 몰고 갔다.

내세운 것이 IB였다. 하지만 신중한 접근보다 미국식 모델을 따라하기에 바빴다. 하지만 이 은행은 미국발 서브프라임 모기지비우량주택담보대출 사태로 손실을 입었다. 그는 얼마 뒤 사표를 냈다.

#3막 붕괴의 서막

2007년 2월 글로벌 은행인 HSBC가 미국 내 서브프라임 모기지 사업에서 100억 달러 이상의 손실을 입었다고 발표했다. 곧바로 미국 3위 모기지 회사인 뉴센트리파이낸셜 주가가 36퍼센트 곤두박질했고, 씨티그룹과 뱅크오브아메리카 · JP모건 등 금융주들이 미끄러져내렸다.

그럼에도 전문가들은 느긋했다. 서브프라임 사태가 미국의 부실 주택 부문에 국한된 '찻잔 속의 태풍'에 그칠 것이란 전망을 내놓았다. 케네스 로고프 하버드대 교수는 "서브프라임은 전체 모기지의 10퍼센트에 그친다. 미국 금융시장은 부실 파장을 충분히 흡수할 수 있을 만큼 튼튼하다"고 말했다. 시장은 월가의 파생상품에 여전히 신뢰를 보냈다.

하지만 신뢰는 곧바로 불신으로 전이됐다. 불신은 곧 공포로 이어졌다. '금융 공룡'들이 제물이 됐다. 메릴린치와 JP모건 등 투자은행을 거쳐 씨티그룹 등이 부실에 대한 자기반성을 했다. 영국 노던록은행과 프랑스 BNP파리바은행이 한동안 고객에게 돈을 내주지 못했다. 서브프라임 사태는 그동안 쌓인 유동성과 자산 거품을 무너뜨리는 기폭제가 됐다.

#제2막 월가의 탐욕

2002년으로 접어들면서 미국 경기가 나아지기 시작했다. 미국인들은 자기 집을 갖고 싶다는 꿈에 취해 낮은 금리로 돈을 빌려 너도나도 집을 샀다. 하지만 이들 역시 또다른 피해자였다. '약탈적인' 대출업체들은 저소득자, 소수민족, 저교육층을 대상으로 모기지 대출을 꾀었다. 단지 집을 살 수 있다는 희망 때문에 그들은 감당할 수 있는 범위를 넘은 대출로 집을 장만했다.

사람들은 은행에 돈을 더 빌리길 원했고, 투자은행들은 좀 더 돈을 굴릴 방법을 찾았다. 금융회사들은 장기간에 걸쳐 이자를 받는 것보다 대출금을 빨리 증권으로 만들어 자금을 회수하는 게 낫다. 회수한 돈으로 다시 대출해주거나 증권화하는 과정을 반복하면 그때마다 짭짤한 수수료 수입을 챙길 수 있었다.

월가의 '천재'들은 세상에 넘쳐나는 투자자들의 돈을 굴릴 생각에 골몰했다. 수학·물리학 등 복잡한 수식을 써가며 첨단 대출상품을 만들어냈다. 서브프라임 모기지 채권을 마구 섞고, 이를 다시 이리 쪼개고 저리 쪼개 만든 파생상품을 첨단 금융상표로 포장해 시장에 팔았다. 금융회사들은 파생상품으로 포장했지만, 부실 대출을 해주고 비싼 이자를 받아내는 사채와 별반 차이가 없었다.

금융회사와 모기지 업체들은 무차별적으로 주택담보대출을 늘렸고, 투자은행은 이 대출상품을 사다 우량 채권을 적당히 섞은 파생상품을 만들어 헤지펀드와 보험사에 되팔았다. 부동산 붐이 계속되는 한 이상적인 금융상품이었다.

하지만 오르기만 하던 주택 가격이 꺾이기 시작하자 문제가 생겼다. 이자와 원금을 못 갚는 사람이 늘면서 대출이 부실화되자 이를 담보로 만들어진 증권도 부실화됐다. 금리인하와 세금감면 정책은 부메랑이 돼 돌아왔다.

#제1막 축제의 시작

2001년 3월부터 앨런 그린스펀 FRB 의장은 연방기준금리를 13차례에 걸쳐 6퍼센트에서 1퍼센트까지 떨어뜨렸다. 2000년 닷컴 거품이 꺼

그린스펀.

지면서 경기를 부양하기 위해서였다. 시장은 환호했다. 시장은 그린스펀을 '경제 대통령' '마에스트로'로 치켜세웠다.

금리가 내려가자 담보대출 금리도 덩달아 떨어졌다. 곧바로 값싼 은행 돈으로 집을 사려는 사람들이 줄을 이었다. 주택을 사려는 사람이 늘자 집값도 뛰기 시작했다. 사두면 오른다는 생각이 퍼져 신용과 소득이 부족한 중하위 계층까지 너도나도 집을 사들였다.

이들은 집값이 오르면 곧바로 이를 담보로 금융회사에서 추가 대출을 받아 자동차와 가전제품을 샀다. 이는 다시 집값 상승으로 이어져 부동산 시장의 거품을 부풀렸다. 추가적인 가격상승을 예상한 은행들은 상환능력을 무시한 채 부동산담보대출을 화끈하게 풀었다.

저금리 정책으로 급등한 집값과 넘쳐흐른 돈으로 미국은 풍요를 누렸다. 그린스펀의 공격적인 금리인하와 부시 대통령의 세금 감면 · 환급은 집값 상승과 맞물려 침체된 경기에 활력을 불러일으키는 것처럼 보였다.

　고금리의 고통을 외면하려는 미국 시민들과 경기부양에 골몰한 미국 정부는 저금리의 달콤함에 젖었다. 낮은 금리는 사람들에게 '은행돈이 내 돈'이라는 생각을 불러 일으켰다. 월가의 사람들은 넘쳐나는 유동성 자금을 무한히 확대시키는 그림을 그렸다. 하지만 금리가 올라가며 약한 고리가 무너졌다. 연체자가 나왔다. 미국 경제가 위축되자, 달러 값어치가 떨어지기 시작했다. 투기자본들은 미친 듯 금과 석유에 매달렸고, 석유와 밀 값은 천정부지로 치솟았다. 가난한 나라에선 식량폭동이 일어났고 우리나라에서는 물가 급등과 주가 · 펀드 폭락이라는 돌풍을 몰고 왔다.

　아침 출근길에 주유소에 들려 휘발유를 가득 채우는 것과 수 천 킬로미터나 떨어져 있는 남태평양의 섬나라가 가라앉는다는 것은 어떤 관계가 있을까? 남태평양의 섬나라 파푸아뉴기니의 카르테렛 군도는 지구온난화로 해수면이 상승해 2015년이면 6개의 섬 전체가 가라앉을 위기에 처해있다. 카르테렛 군도의 주민 3천여 명은 얼굴도 본 적 없는 아시아와 유럽, 미국 사람들이 출퇴근길에 내뿜는 이산화탄소 피해를 고스란히 떠안고 있다. 지구 반대편에서 시작된 나비의 날갯짓이 거대한 폭풍으로 변해 그들을 덮치고 있는 것이다.

RIVAL NOMICS

자신의 강점이 무엇인가요? 자신만이 보여줄 수 있는 차별화는 무엇입니까? 누가 이렇게 질문할 경우, 보통 사람들은 '이거다'라고 쉽게 말하기 어렵습니다. 제4법칙은 경쟁우위에 관한 얘기입니다. 하버드대의 마이클 포터 교수를 떠올렸으면 좋겠습니다. 아모레퍼시픽과 LG생활건강, 신세계와 롯데쇼핑, 기아차와 GM대우차, 예스24와 교보문고는 모두 맞수기업입니다.

하지만 두 맞수 사이엔 한쪽이 다른 한 쪽을 넘어서기 힘든 경쟁우위를 갖고 있습니다. 맞수기업들은 어떤 식으로 자신만의 경쟁우위를 높이며 경쟁하는지를 지켜보세요. 그런 모습을 보며 독자 여러분도 자신만의 경쟁우위의 원천을 만들어 보세요.

팁에서는 게리 하멜 교수의 핵심역량, 마이클포터 교수의 경제우위에 관한 이론들을 실제에 대입해 봤습니다. 야쿠르트 아줌마들의 경쟁력은 무엇인지, 또 대우전자의 탱크주의는 왜 무너졌는지, 차별화 전략의 본질은 무엇인지에 관한 내용을 담았습니다. 팁을 통해 자신만의 경쟁우위를 기르는 눈을 길러 보세요.

제4법칙

경쟁
우위의
법칙

아모레퍼시픽 한국의 미를 찾아
VS
샴푸를 화장품으로 LG생활건강

'명품 화장품 샤넬의 굴욕전'이란 영화가 막을 내렸다. 화장품·백화점 업계가 초미의 관심을 가졌던 가상의 영화였다. 시상식이 벌어졌다. 기획상은 신세계백화점, 연출상은 롯데백화점이었다. 주연여우상은 아모레퍼시픽의 '설화수', 신연여우상은 LG생활건강의 '후'와 '오휘', 특별상은 '샤넬'이었다.

2008년 말 롯데백화점이 샤넬 매장 위치를 조정하려 하자 샤넬은 올해 1월 매장을 아예 빼버렸다. 롯데는 매장 위치 조정을 매출 부진을 이유로 들었으나 샤넬이 롯데의 맞수인 신세계의 부산 센텀시티에 입점했기 때문이란 게 업계의 시각이다.

이처럼 백화점 매장은 브랜드 파워를 가늠하는 곳이다. 백화점 A급 매장은 주요 동선이 겹쳐 고객들에게 자주 노출되는 공간이다. 백화점 정문 출입구에서 가깝고 잘 보이는 곳은 특A급이다. 롯데·현대·신세계 등 백화점 본점 1층 화장품 매장의 특A급 자리엔 샤넬과 에스티로더가 자리 잡고 있었다.

그런데 지난 2월 설화수가 샤넬 간판이 있었던 롯데 본점 정문 근처 에스컬레이터 바로 옆 금싸라기 매장 115제곱미터(35평)에 들어왔다. 사람들은 롯데의 샤넬 후유증에 관심이 쏠렸다. 하지만 설화수의 매출은 오히려 증가했다. 오휘와 후 매장도 샤넬이 나가면서 위치를 A급 매장으로 이동했는데, 매장 이동 뒤 화장품 매출이 늘었다.

설화수, 전체 화장품 시장 10퍼센트 차지

아모레퍼시픽은 1997년 한방 화장품 설화수를 선보인다. 영어 이름이 대부분인 화장품 시장에서 생소한 브랜드였다. 국내 화장품 업계의 평가는 차가웠다. 하지만 고객의 반응은 뜨거웠다. 2008년 설화수 매출은 5천억 원을 돌파했다. 국내 화장품 시장 규모는 5조 원대다. 단일 브랜드 하나가 화장품 시장의 10퍼센트를 차지한 것이다.

설화수는 한국적이어서 세계적인 화장품이 됐다. 설화수는『동의보감』등에 몸에 좋다고 소개된 2만 가지 한방 성분 중 3천 가지를 추려낸 뒤 30가지를 엄선해 사용한다. 나이가 들수록 건조해지는 피부를 촉촉하게 가꿔주는 다섯 가지 한방 성분도 녹아 들어간다.

설화수의 시작은 아모레 창업주인 서성환 전 회장이었다. 서 회장은 "우리 안의 것을 새롭게 발견해 서양과 소통할 수 없을까"라며 한방 화장품 개발에 매달린다. 김효정 아모레 부장은 "그래서 나온 것이

1967년 인삼 성분을 넣은 한방 화장품이었죠. 1987년엔 생약 성분을 첨가한 '설화'라는 화장품도 내놓아요. 10년 뒤 자태를 드러낸 것이 바로 설화수였어요"라고 말했다. 단아하고 절제된 아름다움으로 여성들에게 다가선 것이다.

프리미엄 샴푸시장 연 엘라스틴

"엘라스틴 했어요." 배우 전지현은 탄력 있고 탐스러운 생머리를 찰랑찰랑 흔들며 이렇게 외친다. 이 한마디에 국내 샴푸 시장은 지각변동을 겪는다. 엘라스틴은 생활용품으로 여겨졌던 샴푸를 화장품의 이미지로 바꿔놓았다. LG생활건강은 2001년 엘라스틴을 내세워 중저가 위주의 샴푸 시장에서 프리미엄 샴푸 시장이라는 블루오션을 열었다.

엘라스틴은 고객 니즈needs를 분석하며 세상에 나온다. LG생활건강은 2000년 소비자를 대상으로 '외출하기 전 가장 신경 쓰는 것이 무엇인가'를 물었다. 옷 다음으로 머리 모양이 손꼽혔다. 화장보다 관심이 높았다. 여성들은 볼륨 있고 탄력 있는 머릿결을 갖고 싶은 욕망이 있었지만, 기업들은 그 욕망을 충족해주지 못했다. 김준배 LG생활건강 마케팅 디렉터MD는 "아름다운 머릿결을 위해서는 가격이 비싸더라도 사겠다는 것이죠. 프리미엄 제품에 대한 욕구가 있었던 거예요. 엘라스틴은 숨어 있는 욕망을 표현할 수 있게 해주었죠"라고 말했다.

기존 샴푸보다 20~30퍼센트 정도 비싼 반면 출시 초기부터 '머리카락도 피부다'라는 이미지를 강조했다. 결국 엘라스틴은 다국적 기업 브랜드인 '팬틴' '도브'를 따돌리며 시장을 선점해나간다.

아모레는 개성상인 피를 물려받은 서성환 회장의 어머니인 윤독정 씨로부터 시작됐다. 1930년대 윤 씨는 직접 동백기름을 짜 만든 머릿 기름을 팔아 '태평양의 물길'을 열었다. 당시 서민들은 피마자기름을 발랐지만, 인삼 산업으로 소득 수준이 높았던 개성 여인네들은 고가 의 동백기름을 발랐다. 검고 윤기 나는 머릿결을 소망하는 것은 그때 도 마찬가지였다. 윤 씨는 창성상점이라는 가게를 차리고 구리무(크 림), 가루분(백분)으로 화장품 품목을 넓혀갔다. 1945년 서 회장은 어 머니가 세운 창성상점을 태평양상회로 이름을 바꿨다. 태평양만큼 큰 기업으로 만들겠다는 웅지와 태평양을 건너 세계로 진출하겠다는 도 전 의지를 담았다고 한다. '바다를 향한 여정'이 시작된 것이다.

1953년 아모레는 서울 후암동에 둥지를 튼다. 가내수공업으로 일 하던 때여서 제품을 만들며 밥을 해먹었다. 화장품 향료가 배어 있 는 솥과 바가지를 그대로 쓰다보니 크림을 만들 때면 '크림향 밥'을, 포마드를 만들 때면 '포마드향 밥'을 먹곤 했다. 서 회장은 살아생전 "가장 힘들었던 시기고, 가장 일을 많이 했던 시기였다. 하지만 다시 살 수 있다면 그렇게 일을 한 번 더 해보고 싶다"고 말하곤 했다.

방문판매로 유통혁명 · 일자리 창출

서 회장은 1961년 '아모레'를 브랜드로 정한다. 이탈리아 노래 '아 모레미오(난 당신을 사랑합니다)'에서 따왔다. 1964년 화장품 방문판매를 시작하며 유통 혁명을 일으킨다. 남성들도 일자리를 구하기 힘들 때였다. 여성들은 더 찾기 힘들었다. 방문판매는 많은 여성들에게 일자리를 마련해준 셈이다.

사실 글로벌 LG그룹이 제일 처음으로 만든 제품은 화장품이었다. 해방 뒤 구인회 LG그룹 회장은 화장품 사업에 승부를 건다. 그가 처음으로 세운 구인상회를 팔면서까지 화장품 원료 글리세린을 사들였다. 1947년 세상에 나온 '럭키LUCKY 크림.' LG가 소비자에게 처음 내놓은 제품이었다. 곧바로 LG는 락희화학공업사를 창립한다.

화장품은 잘 팔렸지만 문제가 있었다. 그 문제를 푸는 과정에서 LG는 화학그룹으로 도약하게 된다. 크림통 뚜껑이 너무 쉽게 깨지는 게 문제였다. 고민하던 구 회장은 일본에서 여섯 권으로 된 플라스틱 총서를 들여와 플라스틱 가공의 기본 지식을 얻는다. 원료와 시설만 있으면 칫솔, 빗 등 다양한 생활용품을 만들 수 있다는 것도 알게 된다.

구 회장은 1951년 봄 플라스틱 가공 제품을 생산하기

위해 기계와 원료 도입을 결정한다. 많은 사람이 반대했다. 중국이 한국전쟁에 개입했고 1·4 후퇴로 서울을 빼앗기는 등 하루 앞을 내다보기 힘든 때였다. 하지만 그는 "항상 새로운 것을 생각하자. 남이 안 할 때 시작하자"며 투자를 단행한다. 그때까지 모아둔 전 재산을 투자했다. 구 회장의 개척자적 기업가정신은 LG그룹의 초석이 됐다.

이듬해 '오리엔탈' 상표의 빗과 비눗갑이 나왔다. 그 뒤 세숫대야, 식기류, 칫솔 등도 잇따라 선보인다. 럭키치솔은 곧바로 소비자의 인기를 독차지했다. 칫솔시장을 석권했으니 치약도 만들어야 했다. 럭키치약은 외국 기술 도입 없이 토막 정보와 기술을 모아 자력으로 개발한 순수 국산 치약이었다. 하지만 '치약은 미제'라는 생각이 뿌리박혀 있을 때였다. 팔리지 않았다. 구 회장은 대대적인 마케팅을 펼친다. 1956년 봄 서울 창경원에서 열린 산업박람회에선 10만 관람객에게 럭키치약을 무료로 나눠주기도 했다. 이종원 LG생활건강 부장은 "럭키치약은 1958년, 당시 국내 시장을 석권하고 있던 콜게이트 치약을 앞질렀다. LG는 생활용품의 아성을 이어나가게 된다"고 말했다.

태평양으로 향하던 아모레가 폭풍을 만나게 된 건, 무리한 사업 다각화 때문이었다. 1980년대 아모레는 계열사를 확장해나갔지만 1990년대 들어 3년 연속 적자를 낸다. 계열사 지급 보증은 6800억 원에 이르렀다. 부채는 계속 늘어 재무팀은 어음 막는 일이 주된 업무가 됐다. 언제 부도가 날지 모르는, 살얼음을 걷는 상황이었다.

서 회장의 막내아들인 서경배 사장은 1993년 기획조정실 사장에 취임한 뒤 메스를 댄다. 서 사장은 정주영 회장이 프로야구단을 갖고 싶어한다는 것을 알게 된다. 삼성에는 있지만 현대에 없는 게 프로야구단이었다. 삼성과 현대가 재계 순위 자리를 놓고 자존심 싸움을 벌이던 때였다. 결국 1995년 태평양 돌핀스 프로야구단은 현대에 매각된다. 1995년 한국써보, 1996년 태평양패션, 1997년 여자 농구단도 잇따라 매각 또는 청산됐다. 이희복 아모레 부장은 "IMF로 대기업이 맥없이 쓰러질 때 아모레는 오히려 오뚝이처럼 일어났다. 서 사장의 핵심 역량 선택과 집중 전략이 주효했다"고 말했다.

2001년 LG생활건강은 LG화학과 분리 독립한다. LG생활건강의 위기는 카드 사태로 내수경기가 침체되고 대형 마트가 곳곳에 생기면서 찾아온다. 치열한 가격 경쟁을 벌여야 했기 때문이다. 오강국 LG생활건강 차장은 "가격 경쟁에서 벗어나 브랜드로 경쟁하는 프리미엄 시장을 개척했다. 제품 개념을 뷰티와 헬스 케어라는 상위 개념으로 발전시켜나가며 위기에 대처했다"고 말했다. 전략적인 고려 없이 진행되던 주문자 상표 부착 생산OEM 방식의 수출을 모두 중단했다. 매출이 줄어도 브랜드 관리를 철저히 해야 한다는 판단에서다. 설화수에 맞서기 위해 2003년 명품 한방 화장품 '후'도 선보였다. 2007년 LG생활건강은 코카콜라 음료를 인수하며 음료사업에도 진출한다.

슈퍼 메가 브랜드 · 토털 생활문화 야심

아모레는 화장품이 강하고, LG생활건강은 생활용품에서 앞선다. 서경배 사장은 '아시안 뷰티 크리에이터'를 내세운다. 2015년까지 매출 5조 원을 이뤄 '글로벌 톱10 기업'으로 도약한다는 것이다. 설화수 · 헤라 · 아이오페 · 라네즈를 매출 5천억 원 이상의 '슈퍼 메가 브랜드'로 육성하겠다는 포부다. 반면 LG생활건강은 '최고의 토털 생활문화 기업'을 표방한다. 차석용 LG생활건강 사장은 '메디치 이펙트' 경영론을 내세운다. 중세 유럽 메디치 가문이 음악 · 미술 · 건축 등 다방면의 예술가와 학자를 모아 공동 작업을 후원하자 문화 창조 역량이 커져 르네상스 시대를 맞게 됐다는 데서 유래한 경영이론이다. 서로 다른 분야의 역량이 합쳐지면 시너지를 낸다는 얘기다.

아모레와 LG생활건강은 화장품과 생활용품에서 1 · 2위를 놓고 경쟁하고 있다. 도도한 외국 화장품 회사와 강력한 브랜드로 무장한 다국적 생활용품 회사들이 유독 우리나라에서 힘을 못 쓰는 이유는 두 회사의 맞수 경쟁이 있어서다.

브랜드 네이밍 전쟁
여신 띄우고 남성 부르고

'나 일어나 이제 가리, 이니스프리로 가리I will arise and go now, and go to Innisfree.'

아일랜드의 서정시인 예이츠가 지은 시 「이니스프리 섬」의 첫 부분이다. 이니스프리는 시인의 고향인 아일랜드 슬라이고 근처의 로크길 호수 가운데 있는 작은 섬이다. 예이츠가 마음속으로 동경한 이상향이었다. 아모레가 새 천년 1월 자연주의 화장품을 내세우며 선보인 '이니스프리Innisfree'는 바로 이 시에 나오는 섬을 뜻한다.

이니스프리가 호수의 섬이라면 LG생활건강의 '라끄베르 LacVert'는 초록빛 호수다. 프랑스어로 호수를 의미하는 '라끄'와 초록색을 의미하는 '베르'의 합성어로 브랜드를 지었다.

아모레 브랜드 '헤라HERA'는 그리스 신화에 나오는 제우스의 아내 '헤라'에서 따왔다. 고고한 이미지와 도도한 카리스마를 지닌 여신을 상품 미학으로 승화했다. LG생활건강의 '이자녹스ISAKNOX'도 여신을 떠올리는 브랜드다. 이자ISA는 아름답고 우아한 프랑스 여성의 애칭이고, 녹스

KNOX는 로마 신화에 등장하는 밤의 여신이다. 열정적
인 여성의 적극적인 자아실현과 서정적 삶을 상징한다.
'오휘O-HUI' 는 '오' 라는 감탄사와 '휘' 라는 휘파람소리
를 절묘하게 조합했다. 다국적 언어로 표기해 세계적인
명품 브랜드로 만든다는 의지를 담았다고 한다.

남성도 화장을 하는 시대. LG생활건강의 '이자녹스 옴
므', 아모레의 '헤라 옴므' '라네즈 옴므' 처럼 브랜드마
다 따라붙는 '옴므Homme' 는 남성을 뜻한다. 아모레의
향수 브랜드인 '롤리타 렘피카' 는 디자이너 이름을 그
대로 가져왔다. '마몽드Mamonde' 는 프랑스말로 '나의

양사의 화장품 광고 모델들.

세계', '라네즈Laneige' 는 눈雪을 뜻한다.

이처럼 우리나라 화장품 브랜드에는 프랑스어가 주로 쓰인다. 프랑스 화장품
이란 이미지를 주기 위해서다. 화장품 산업이 발달한 프랑스가 화장품의 국가
브랜드가 됐기 때문이다.

한글을 응용한 브랜드를 만들어보려는 시도도 있었다. 서성환 아모레 회장이
주도했다. 한때 아모레의 인기 브랜드였던 '타미나' 는 탐이 나는 화장품, '미
보라' 는 아름다움이 가득한 화장품, '부로아' 는 부러울 정도의 화장품을 의미
했다.

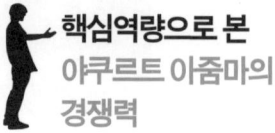

핵심역량으로 본
야쿠르트 아줌마의
경쟁력

'핵심역량Core Competence'은 기업의 여러 자원이나 능력 가운데 지속적인 경쟁우위의 원천이 되는 것을 뜻한다.

'야쿠르트 아줌마'를 통해 핵심역량이 어떻게 작동하는지 살펴보자.

1971년 47명으로 시작한 야쿠르트 아줌마는 현재 1만3500여 명에 이르는 전국 최강의 판매조직으로 성장했다. 아줌마들의 수입은 개인별로 차이가 있지만 월 평균 약140만 원(2007년 기준) 정도다.

여기서 의문점이 하나 든다. 할인마트·편의점·동네가게 같은 여러 유통 채널이 있는데, 이렇게 많은 인건비를 주는 유통채널을 운영할 필요가 있느냐에 대해서다. 질문에 대한 답은 '핵심역량'이다. 야쿠르트 아줌마들이 할인마트 등 막강한 다른 유통채널과 경쟁해 살아남은 이유다.

바쁜 직장인들은 아침을 거르는 경우가 많다. 30분 동안의 달콤한 잠에 대한 기회비용이 바로 아침식사 포기다. 물론 다이어트를 위해 아침을 안 먹기도 한다. 하지만 조금 출출하다. 야쿠르트 아줌마가 출근시간에 맞춰 책상 위에 올려놓은 유산균 제품을 떠먹거나 마시며 출출함을 달랜다.

핵심역량은 경쟁사들이 따라 하기 힘든 것이어야 한다. 다른 회사가 쉽게 모방하면 경쟁 우위의 원천이 되기 힘들다.

'노란 옷, 노란 모자'로 상징되는 야쿠르트 아줌마의 겉모양은 다른 업체들도 쉽게 따라할 수 있다. 하지만 동네 주민이나 회사 직원들과 모르는 사람이 없을 정도로 친밀하게 지내며, 이를 바탕으로 한 강력한 경험 마케팅은 누구나 쉽게 따라하지 못한다. 야쿠르트 아줌마들은 아파트단지나 동네 주택가, 기업 빌딩을 돌면서 상당한 수준의 밀착영업을 하기 때문이다. 단순한 판매원이나 배달원의 의미를 넘어 전국을 누비며 '걸어 다니는 홍보우먼' '움직이는 광고판' '신제품 구전 마케터' 역할을 톡톡히 해내고 있는 것이다.

수학이나 과학 이론처럼 명확하게 표현하지 못하는 경험으로 쌓은 지식을 '암묵지暗默知, Tacit Knowledge'라고 한다. 야쿠르트 아줌마의 이 같은 암묵지를 모방하기 쉽지 않다. 현재 아줌마 방문 판매 조직을 다른 기업(화장품, 정수기, 학습지 등)에서도 많이 활용하고 있다.

마지막으로 핵심역량은 지속적인 경쟁우위의 원천이 될 수 있어야 한다. 야쿠르트 아줌마가 그렇다. 야쿠르트 아줌마 한 사람이 하루 평균 550개 요구르트를 판다. 이를 돈으로 환산하면 23만원(연간 매출 6800만 원)에 이른다. 아줌마 13명이 하루에 파는 발효유는 3천 평 규모 대형 할인점에서 파는 발효유 매출과 맞먹는다. 동네 편의점이 아줌마 한 명이 하루 파는 만큼의 발효유 매출을 올리려면 1주일 이상 장사를 해야 한다. 한국야쿠르트의 전체 매출 가운데 야쿠르트 아줌마를 통한 매출은 80퍼센트 가량 된다.

한국야쿠르트가 야쿠르트 아줌마를 부르는 공식 명칭은 '여사님'이다. 이 회사에서 여사님들이 바로 '핵심역량'이다.

CHAPTER
14

신세계 이마트에서 생활을 팔고
VS
백화점에서 문화를 파는 롯데쇼핑

"백화점은 '문화'를 팔고, 할인마트는 '생활'을 판다."

백화점과 할인마트의 차이를 단순하지만 명쾌하게 드러낸 말이다. 백화점은 고객에게 다양한 라이프스타일을 보여주고 잠재 욕구를 끌어내는 전략을 쓴다. 백화점 물건 값이 비싸도 구입하게 되는 까닭이다. 할인마트는 싼 가격으로 사람들의 일상으로 파고들어간다. 가족들이 주말에 함께 할인마트에서 쇼핑하는 것이 일상의 풍경이 되는 이유다. 하지만 백화점과 할인마트는 끊임없이 고객을 유혹하고 있는 점에서 닮았다. 두 곳 모두 인간의 소비 욕망과 상품의 매혹이 꿈틀대는 공간이다.

롯데쇼핑과 신세계는 유통업계 맞수다. 2008년 롯데쇼핑은 10조 9695억 원의 매출을 올려 10조8506억 원의 신세계를 제쳤다. 그러나 영업이익에선 8399억 원을 올린 신세계가 7690억 원의 롯데쇼핑을 앞섰다. 지난해 말 기준으로 백화점 부문은 롯데백화점 25곳, 신세계 백화점 7곳으로 롯데쇼핑이 앞선다. 반면 할인마트 부문은 이마트가 120곳, 롯데마트가 62곳으로 신세계가 더 많다. 백화점과 할인마트 매출 규모를 놓고 보면, 롯데쇼핑이 7(롯데백화점) 대 3(롯데마트)이고, 신세계는 반대로 3(신세계백화점) 대 7(이마트) 정도다.

롯데쇼핑과 신세계는 롯데의 텃밭인 부산에서 맞붙었다. 신세계가 2009년 3월 개장한 국내 최대 복합쇼핑몰 '신세계 센텀시티'가 바로 그 격전장이다. 신세계는 센텀시티를 전국 백화점업계 1위점으로 키우겠다며 '창'을 들었다. 롯데쇼핑은 부산지역 3개 점포가 똘똘 뭉쳐 막아내겠다며 '방패'로 맞서고 있다.

신세계 센텀시티는 지하 4층, 지상 14층의 초대형 복합쇼핑몰이다. 국내 최대 규모 백화점(8만3042제곱미터)에, 휴양형 온천과 사계절 실내 아이스링크, 천장 개폐형 실내 골프연습장, 국내 최대 규모 스크린의 영화관, 교보문고, 회원제로 운영되는 스포츠클럽 등 6대 핵심 시설을 갖춰 놓았다. 신세계 센텀시티와 불과 10m가량 떨어져 있는 롯데백화점 센텀시티점을 비롯해 서면점과 동래점 등 부산지역 3개 롯데 점포와 혈전은 불 보듯 뻔하다.

롯데백화점은 부산지역 백화점 총매출의 75퍼센트를 점유하는 절대강자다. 서면점은 지난해 7천억 원의 매출을 올리며 롯데 본점과 신세계 강남점, 롯데 잠실점에 이어 매출 4위를 차지한 백화점이다.

롯데는 부산상권을 신세계에 빼앗길 수 없다며 전의를 불태우고 있다. 롯데카드에 교통카드 기능을 더하는가 하면, 롯데자이언츠 프로야구단을 내세워 부산 민심도 자극한다는 구상이다. 롯데는 또 부산지역 4호점인 광복점을 올해 말 열어 신세계 센텀시티점을 입체 공격한다는 방침이다.

영업실적 · 매출액서 엎치락뒤치락

백화점은 신세계가 빨랐다. 1930년 국내 최초 백화점인 미쓰코시 경성지점(현 신세계 본점)을 그 출발로 삼고 있다. 미쓰코시 백화점은 그 뒤 동화백화점으로 이름이 바뀌었는데, 1963년에 삼성그룹이 인수하게 된다.

우리나라 사람이 세운 현대식 백화점은 박흥식이 서울 종로2가에 문을 연 화신백화점이다. 1930년대 에스컬레이터를 갖춘 지하 1층, 지상 6층짜리 최신식 백화점을 자랑하던 화신은 1980년대에 무너지고 백화점의 최고 자리는 롯데쇼핑이 잇게 된다.

1979년 문을 연 롯데백화점은 1980년 450억 원의 매출을 올려 백화점 업계의 선두주자로 자리매김한 뒤, 30여 년 동안 국내 유통업계 강자로 군림한다. 롯데백화점 개점 당일 백화점을 '구경'하러 나온 사람이 30만 명에 이르러 소공동 일대가 북새통을 이뤘다. 밀려드는 고객 때문에 백화점에선 셔터를 3차례나 닫았다 올려야만 할 정도였다. 개점 100일 만에 롯데쇼핑센터의 입점객은 1000만 명을 넘어섰다. 하루 평균 10만여 명이 다녀간 셈이다.

정승인 롯데쇼핑 이사는 "롯데백화점은 단순히 쇼핑만 하는 공간이 아니라 생활 · 문화공간으로 자리매김하기 위해 노력해오고 있다.

이를 위해 문화센터, 유아 휴게실, 장애인 전용시설 등 편의시설과 웨딩센터, 뷰티숍 같은 문화시설을 확충하고 있다"고 강조했다. 백화점은 단지 물건을 구매하는 장소를 넘어 휴식을 취하고 문화를 즐길 수 있는 공간으로 변신하고 있는 것이다.

신세계는 1991년 삼성그룹에서 분리 독립했다. 당시 삼성은 반도체 등 전자사업에 드라이브를 걸고 있었다. 유통 사업은 투자순위에서 한참 밀려 있었다. 백화점 부문에서 롯데에 밀리고 있던 신세계는 현대백화점이 서울 압구정 본점과 무역센터점을 세우며 치고 나오자 3위로 주저앉게 된다.

하지만 위기는 기회의 또다른 말이다. 신세계가 승부수를 던진 건 할인마트였다. 1993년 1호점인 서울 창동점을 세웠다. '매일 할인판매Everyday Low Price' 라는 미국 월마트의 슬로건에서 첫 알파벳인 'E'를 따와 이마트로 이름을 지었다. 처음에는 성공 가능성에 반신반의했지만 결국 대박을 터뜨렸다.

박주성 신세계 상무는 "1997년 불어 닥친 금융위기도 기회가 됐다. 당시 선택과 집중을 위해 삼성전자 주식, 프라이스클럽, 신세계카드 등을 팔았고 신세계종금 등 금융업에서도 철수하며 강도 높은 구조조정을 했다"고 강조했다. 매각을 통해 들여온 돈으로 때마침 대기업들이 헐값에 내놓은 전국 알짜의 상권 터를 사들였다. 이를 발판으로 이마트는 점포수를 확장해나간다. 이마트가 쑥쑥 성장하자 롯데쇼핑도 롯데마트를 통해 공격적으로 나선다.

할인마트와 백화점에서 가장 장사가 잘 되는 곳은 어디일까? 할인마트는 이마트 은평점이다. 2001년 11월 문을 연 이 곳을 평일엔 3만여 명, 주말엔 5만 명이 찾는다. 은평점은 뉴코아가 백화점으로 지으려 한 곳이다. 하지만 뉴코아가 부도를 맞으면서 신세계에 넘어갔다.

은평점의 매출 1위 비결은, 일단 주위에 경쟁자가 없다는 점이다. 반경 5킬로미터 안에 경쟁 점포가 없다보니 고객 발길이 이곳으로 몰릴 수밖에 없다. 또 약점을 강점으로 바꿔 경쟁력을 높였다. 보통 2~3층형인 다른 마트와 달리 은평점은 백화점을 리모델링해 지하 1층~지상 6층의 매장으로 구성돼 있다. 층당 면적이 상대적으로 좁다. 하지만 은평점은 층별로 신선·가공·잡화·아동·스포츠·주방·가전 등 테마로 매장을 구성해 백화점 분위기로 가져갔다. 결과적으로 대성공을 거둔 셈이다.

백화점 중에선 롯데백화점의 본점인 을지로점이 1위다. 지난 1999년 백화점 점포 가운데 처음으로 매출 1조 원을 달성했다. 을지로점 역시 지하철 2호선과 지하로 바로 연결되는 도심 한복판에 위치해 입지가 좋은 점이 강점이다.

롯데백화점은 지난 2004년

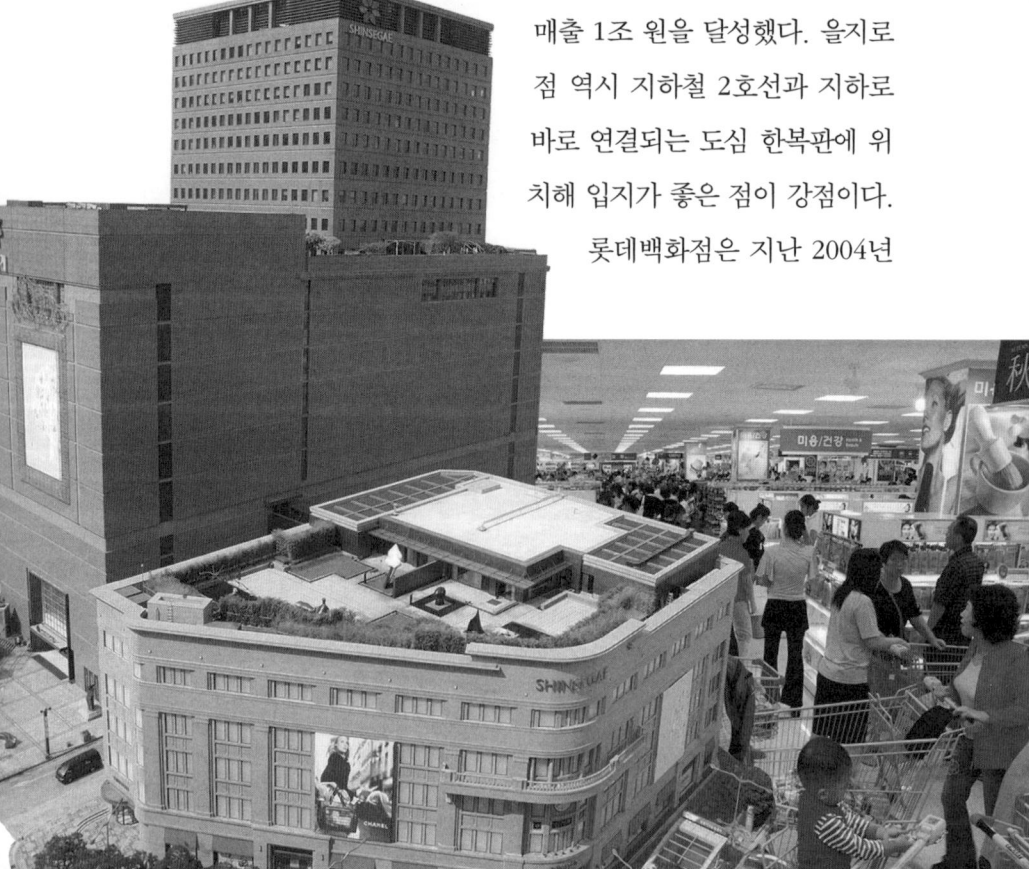

미도파를 인수해 영플라자로 바꾸고, 2005년에는 명품관 에비뉴엘까지 열어 소공동 일대에 '롯데타운'을 만들었다. 결국 가게 하나를 내더라도 '목'이 좋아야 하는 것을 입증한 셈이다.

다국적 공룡과의 싸움에선 모두 완승

할인마트의 진검승부는 2000년대에 들어서면서 시작됐다. 바로 다국적 유통 공룡과의 싸움이었다. 결과는 국내 업체들의 완승이었다. 2006년 4월 프랑스의 대형 유통업체인 까르푸도 이랜드에 인수됐다. 월마트 매장 16곳은 이마트로 간판을 바꿔달았다.

시장 전략에서 다국적 유통업체들은 국내업체에 철저히 깨졌다. 우선 국내 마트업계는 가정주부의 눈높이와 욕구에 철저히 맞추는 전략을 썼다. 우리나라 사람들은 보통 시장에 갈 때 생선·정육·야채·과일 등 신선식품을 꼭 산다. 외국계 유통업체들은 신선식품의 마진이 높지 않아 이를 외면한 채 공산품 위주의 판매를 고수했다.

반면 국내 마트들은 신선식품에 공을 들였다. 박스째로 파는 외국 유통업체들과 달리 박스를 풀어 낱개 단위로 팔기도 하고, 백화점 같은 분위기의 인테리어를 꾸미기도 했다. 월마트나 까르푸는 매장 구성에서 창고처럼 물건을 천장까지 쌓아놓았지만, 한국형 할인마트는 선반 형태의 시원시원한 매장 구성으로 가져갔다. 구매 상품 가운데 절반이 신선상품이고 고급스러우면서도 동선이 짧은 매장을 좋아하는 우리나라 소비자들의 성향을 정확히 읽은 것이다.

외국 대형 유통업체들은 '현지화'에도 실패했다. 외국인 경영진을 고집해 국내 소비자의 욕구를 제대로 수용하지 못했다. 의사결정이 늦었고, 자신들만의 글로벌 경영 방식을 지나치게 고수해 한국의 유통 문화와 법규 체계에 적용하지도 못했다.

할인마트 경쟁은 국내 업체들의 완승으로 끝났다. 저렴한 생필품 공급은 가격을 내리고 생산성은 높였다. 미국에선 월마트가 소비자 물가를 인하하는 효과를 일컬어 '월마트 효과'라고 한다. 하지만 월마트 효과의 이면에는 우월적 지위를 이용한 제조업체와의 불공정 거래, 자영업자의 몰락, 월마트 노동자들에 대한 저임금 등 암울한 그림자도 포함돼 있다.

글로벌 전략 '올인'과 '병행' 차별화

글로벌 전략에서도 두 회사는 차이를 보인다. 롯데쇼핑이 롯데마트와 백화점 동시 진출을 추진하는 데 반해, 신세계는 할인마트 영업에 '올인' 하고 있다.

신세계는 1997년에는 할인마트 최초로 해외 진출에 나서 중국 상하이에 '이마이더易買得'라는 이름으로 1호점을 열었다. 이마이더란 '쉽게 사고, 사면 살수록 이익이 된다'는 뜻이다. 신세계는 오는 2014년까지 중국에 5천억 원을 투자해 현지 이마트 점포를 100개까지 늘릴 계획이다.

롯데쇼핑은 2007년 국내 백화점 업계 최초로 러시아 모스크바점을 열고, 2008년에는 중국 최대 번화가인 왕푸징 거리에 베이징점을 오픈했다. 롯데쇼핑은 2007년 중국 대형마트 체인인 마크로도 인수했다. 마크로는 중국 베이징에 5개, 톈진에 2개점을 운영하고 있다.

유통 사업에서 한국 시장은 이젠 좁다. 두 회사는 세계를 무대로 만들어가는 새로운 이야기를 준비하고 있다. 바로 글로벌 사업으로 달려가고 있는 것이다.

유통 양대산맥 사령탑
신동빈 VS 정용진 자존심 대결

신동빈(54) 롯데그룹 부회장과 정용진(41) 신세계 부회장은 모두 차세대 먹을 거리 사업에 추진력을 걸고 있고 글로벌 사업에 강한 애착을 갖고 있다.

정 부회장은 2008년 4월 중국 상하이에서 연 기자회견에서 "중국에서의 지난 10년간의 성장 속도는 실망스럽다. 앞으로 10년이 더 중요하다고 생각한다" 며 중국 사업에 속도를 더 내겠다는 뜻을 드러냈다. 신 부회장은 2004년 정책 개발과 미래전략을 담당하는 롯데그룹 정책본부장에 취임한 뒤부터 해외 진출에 적극 나서고 있다. 모스크바와 베이징에 백화점을 열었고, 앞으로는 인도와 브라질, 베트남 등지에서 사업을 확대한다는 복안이다.

두 사람의 경쟁은 자존심 싸움으로 이어졌다. 정 부회장이 2008년 1월 태안 기름유출 봉사활동 현장에서 "국내는 몰라도 중국에선 롯데가 우리의 경쟁 상대가 못 된다"고 말했다. 롯데 쪽은 "뭘 모르고 하는 소리"라고 발끈했다.

정 부회장은 이재용 삼성전자 전무와 동갑내기다. 사촌지간인 두 사람은 경복고 동창이다. 정 부회장은 1995년 미스코리아 출신 인기 탤런트 고현정 씨와 결혼했다가 2004년 이혼해 많은 화제를 뿌리기도 했다.

 VS

신동빈 부회장   정용진 부회장

신 부회장은 노무라증권에서 일하다 1988년 일본 롯데상사의 이사로 입사했다. 1997년 2월 한국롯데 부회장으로 승진했다. 그는 일본 롯데 지바 마린스의 구단주 대행도 맡고 있는데, 2005년 이승엽 선수를 영입해 재팬시리즈에서 우승했다.

정용진 부회장의 어머니인 이명희 신세계 회장은 삼성 이병철 회장의 막내딸이다. 신세계 본점 건물에 이병철 회장 흉상을 세우게 할 정도로 선대 회장에 대한 애정이 깊다. 이 회장은 이병철 회장의 8남매(3남5녀) 중 막내다. 이명희 회장의 오빠이기도 한 맹희 씨는 자서전 『묻어둔 이야기』에서 "내가 경제적으로 어려워도 말을 못하고 있으면 늘 지갑을 열고 가지고 있던 돈 전부를 나에게 쥐어준 것도 명희였다"며 고마움을 털어놓기도 했다.

신격호 롯데그룹 회장의 장녀인 신영자 롯데쇼핑 부사장은 지난해 2008년 4월 인사에서 롯데쇼핑 및 롯데호텔 면세사업부 사장에 선임됐다. 1973년 롯데호텔 이사로 경영에 발을 들여놓은 지 35년 만이다. 그는 부산여고와 이화여대를 나왔다. 유통업계 라이벌 이명희 회장과는 대학 동창이다.

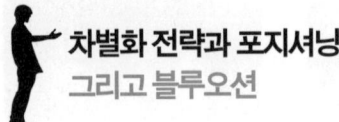

차별화 전략과 포지셔닝
그리고 블루오션

전략은 차별화다. 경영 전략의 본질도 마찬가지다. 마이클 포터 하버드대 교수는 "차별화가 전략의 본질"이라고 강조한다. 차별하는 고객 관점에서 경쟁사와 다른 위치에 서는 것이다.

음식점을 차리더라도 차별화가 필요하다. 맛으로 승부를 한다든가, 최상의 서비스를 보여준다든가, 아니면 엄청나게 싼 가격으로 내놓는 것 등이다. 주위에서 성과를 올리는 사람 역시 차별화가 포인트다. 창의, 성실, 정치적 역량과 같은 차별화 특징을 갖고 있다. 성공을 원한다면 '차별화' 하라.

차별화 전략에는 통찰력과 창의성이 필요하다. 2080치약의 경우 '20개 치아를 80세까지'라는 단순 명쾌한 홍보 문구 하나로 차별화에 성공했다. 차별화의 관건은 고객이다. 고객이 차별성을 잘 느끼지 못한다면 실패한 것이다. 차별화 전략은 마케팅 이론가인 잭 트라우트와 알 리스의 '포지셔닝positioning'(고객이 제품 이미지 등을 새롭게 인식하게 만드는 전략)과도 겹친다.

차이는 무엇일까? 현대자동차의 예로 살펴보자. 1990년대 후반 현대자동차는 미국에서 새 차를 사는 소비자에게 10년 동안 무상으로 엔진과 트랜스미션 보증 서비스를 시작했다. 당시 미국에는 이런 종류의 서비스는 없었다. 차별화 전략이다. 그때만 해도 미국에선 현대차는 고장 잘나고 오래 못가는 차라는 이미지가 강했다. 현대차는 싸구려 차라는 이미지가 소비자 마음에 각인된 것이다. 하지만 10년 보증과 품질 향상 노력에 힘입어 현재는 일본차에 버금가는 경제적인 차라는 인식이 새로 자리 잡아 갔다. 바로 포지셔닝이다.

포터 교수는 기업의 지속적인 경쟁우위 원천은 '차별화 전략'과 '저원가 전략'에서 나온다고 봤다. 여기에 '집중화(틈새) 전략'을 더해 이 세 가지를 본원적 전략이라 불렀다. 본원적이란 말은 기업이 여러 가지 전략을 세우지만 근본적으로 보면 세 전략의 변형일 뿐이라는 얘기다.

하지만 포터 교수는 저원가와 차별화 전략을 동시에 쓰면 '어정쩡하게 중간에 낀 상태Stuck in the Middle'가 된다고 강조했다. 한국 경제의 '샌드위치 위기론'도 비슷한 논리다. 우리나라가 원가 경쟁력은 중국에 뒤쳐지고 차별화 경쟁력은 선진국 업체에 뒤쳐져 중간에 낀 신세가 된다는 우려다.

집중화 전략은 경쟁사가 관심을 보이지 않는 틈새시장을 선점하는 전략이다. 집중화 전략은 김위찬 교수와 르네 마보안 교수가 제시한 '블루오션Blue Ocean' 전략과 맞닿는 부분이 있다.

블루오션 전략의 핵심은 붉은 피를 흘려야 하는 경쟁시장에서 경쟁이 없는 새로운 시장, 즉 푸른 바다와 같은 새로운 시장을 개척하자는 메시지다. 닌텐도 비디오 게임기 '위'는 블루오션을 개척한 성공 사례. 닌텐도가 완전히 새로운 사업에 뛰어든 것이 아니라 원래 존재했던 비디오 게임 시장에서 중·장년층 등 기존 비사용자를 흡수했다는 점에서다.

기아자동차 단순한 직선미
VS
날렵한 곡선미 GM대우

2008년 9월 22일 밤 서울 양재동 현대·기아차 본사에서 열린 기아의 새 차 '쏘울' 발표회. 정의선 기아차 사장은 '오너의 아들'답지 않게 VIP석 뒷자리에 서서 묵묵히 행사를 지켜보고 있었다. 행사가 끝난 뒤에는 협력업체 대표들에게 머리를 숙이며 일일이 악수를 나눴다. 정 사장은 쏘울의 예상 판매고에 대해 묻자 "잘되겠지요"라며 "한 대 사주세요"라고 농담을 건네는 여유로운 모습도 보였다. 자신감이 배어 있었다.

지난 2005년 2월 기아차 사장에 오른 그에게 쏘울은 남다르다. 기아차가 '부활의 시동'을 걸고 있는 차여서 그렇다. 기아차는 2005년까지 흑자 기조를 유지해오다 2년 연속 적자를 내며 급브레이크를 밟는다. 2007년 554억 원의 적자를 내며 유동성 위기설까지 흘러나올 정도로 상황이 좋지 않았다. 정 사장은 2008년 3월 주주총회에서 대표이사직을 내놓았다.

하지만 기아차는 다시 가속페달을 밟았다. 전 세계적인 경기침체임에도 흑자로 전환했다. 2008년 기아차는 105만6400대(해외공장 생산분 제외)를 팔아 영업이익 3085억 원을 달성했다. 9월에는 '뉴모닝' '로체 이노베이션' '포르테' 등 신차 효과에 힘입어 내수점유율을 27.4퍼센트까지 끌어 올렸다. 전년도 내수점유율 22.6퍼센트와 비교하면 놀라운 성장이다. 기아차는 '디자인경영'을 통해 현대차와의 차별화 전략을 내세웠다. 감각적인 디자인으로 '젊은 차'로 포지셔닝한 전략이 시장에서 반응을 보이고 있는 것이다.

GM대우의 2008년 판매량도 소폭 증가했다. GM대우는 2008년 한 해 동안 190만3751대(내수 11만6520대, 수출 76만4203대, CKD수출 102만 3028대)를 판매해 지난해에 견줘 1.0퍼센트 증가했다. CKD는 차량 부품을 분해해 수출하는 것을 말한다. 지난해 완성차 판매 실적은 글로벌 경기 침체와 금융 위기로 전반적으로 줄어들었다. 이에 반해 지난해 CKD 수출실적은 증가했다. 이는 어려운 글로벌 경제 상황에도 아시아태평양과 동유럽 지역에서 경차 '마티즈'를 비롯해 '젠트라' '라세티' 등 연비가 좋은 차량이 꾸준히 팔렸기 때문이다.

하지만 기아차와 GM 대우는 글로벌 금융위기를 맞은 2009년 '고난의 행군'을 해야 할 것으로 보인다. 전 세계 자동차 생산능력은 약 9200만대다. 하지만 2009년 수요는 6000만대를 넘지 못할 것으로 전망된다. GM · 포드 · 크라이슬러 · 도요타 · 폭스바겐 · 다임러 · BMW 등 글로벌 자동차 기업들은 감산이나 대형차 생산라인을 중소형차로 위주로 개편하고 있다. 기아차와 GM대우도 소형차 라인업을 강화해 소형차로 승부한다는 전략이다.

쓰러졌다 일어서고 떠났다 돌아오고

GM대우 부평 공장은 한국 자동차 산업의 궤적이 살아 숨 쉬는 곳이었다. 1937년 일제는 군용 지프차를 생산하기 위해 부평에 국산 자동차회사를 세웠다. 1955년 첫 국산 자동차 '시발'이 제작된 곳도 여기다. 일본 닛산 자동차를 개조한 '새나라 자동차'도 여기서 만들었다. 부평 공장은 1965년 신진공업사, 1975년 GM코리아, 1978년 대우자동차, 2002년 GM대우로 이름을 바꾸며 한국 자동차 산업의 희로애락을 함께했다.

2006년 5월, GM대우 부평공장의 봄 햇살은 어느 때보다 따사로웠다. 1609명이 다시 회사로 돌아왔다. 2001년 정리해고 됐던 이들이 해마다 수백 명, 수십 명씩 원하는 대로 회사에 복직했다. 떠났다 돌아온 사람들은 안다. 공장의 불빛이 얼마나 따뜻했는지를.

그해 겨울은 길었다. 2001년 2월 대우자동차 노동자

1725명의 집에는 얇은 흰 봉투가 배달됐다. 대우자
동차 사장 이름의 '근로계약 해고통지
서'였다. 해고통지서를 받
아든 노동자의 아내는 땅
에 주저앉아 펑펑 울었
다. 남편은 기름때에 찌든
작업복을 벗고 길거리에 내몰렸다. 그날
밤 아내는 남편에게 아무 말도 하지 않았
다. 남편은 아무 말 않는 아내에게 더 미
안했다.

　그 이듬해인 2002년 6월 온 나라는 '대~한민국'의 한바탕 축제가
벌어졌다. 하지만 그들에겐 남의 나라 얘기였다. 수십 통의 입사원서
를 냈지만 전화는 오지 않았다. 나이 든 기능공을 반기는 회사는 드물
었다. 뿔뿔이 흩어진 그들은 막일꾼으로, 남동공단의 금형회사 노동
자로, 부두의 노동자로 일했다. 밤에는 세탁 배달, 새벽엔 우유 배달,
대리운전, 택배…….

　GM대우가 이들을 다시 받을 수 있게 된 힘은 회사의 빠른 경영 정
상화였다. 2002년 4월 GM이 대우차를 인수한 뒤 3년 만에 자동차 판
매가 3배가량 늘어났다. 2005년 655억 원의 순이익을 냈다. 부평2공
장의 근무체제도 주간 1교대에서 주야 2교대 체제로 전환했다. 떠난
그들이 다시 필요했다. 당시 닉 라일리 GM대우 사장은 『열정』이라는
자서전에서 "한 치 앞도 보이지 않는 상황에서 임직원들은 회사가 계
속 항해할 수 있도록 아낌없는 헌신과 투철한 근로의식, 희생정신을

보여주었다. 그들이 없었다면 결코 성공의 싹을 틔우지 못했으리라"
고 회고했다.

매출 12조원에 부채 12조원

두 회사는 분명 닮은 점이 있다. IMF 위기라는 직격탄을 맞고 쓰러
져 눈물 젖은 빵을 먹어야 했지만 끝내 일어섰다. 1997년 7월 기아자
동차는 부도를 낸다. '봉고'와 '프라이드'로 대변되던 기아차의 성공
신화가 무너지는 순간이었다.

기아차는 1944년 고 김철호 씨가 창업한 경성정공이 모태가 된 회
사다. 1952년 기아산업을 거쳐 2륜차(1961년), 3륜 트럭(1963년), 4륜
트럭 및 승용차(1971년)로 생산 품목을 확대했다. 1976년에는 아시아
차를 인수해 대형 상용차 시장에도 진출했다. 그러나 2차 오일파동
여파로 1980~81년 연속 적자를 기록하는 어려움을 겪었고 이 과정
에서 창업 2세인 김상문 씨가 개인 소유 주식 전부를 종업원 후생복
지를 위한 재단 설립 기금으로 내놓았다.

공채 1기인 김선홍 당시 기아기공 사장이 기아차 경영을 맡게 된
다. 기아차는 1982~83년 2년 동안 무려 6만7천여 대의 12인승 승합
차 봉고를 판매하며 재기한다. 김선홍 전 기아차 회장은 1958년 1월
기아산업의 말단사원으로 입사해 1990년 회장에 올랐다. 기아차를
재계 10위 안에 드는 대기업으로 성장시켰다. 이러한 성과로 김 전 회
장은 최초의 대기업 전문 경영인으로 평가받았으나 기아차 부도와 함

께 역사의 뒤안길로 사라져갔다.

기아차 부도와 관련해 삼성의 자금 회수 등 '기아 파괴 공작'도 거론됐다. 하지만 기아 자체가 너무 허약해져 있었다. 당시 기아의 연간 매출이 12조 원 수준이었는데 부채도 12조 원이나 됐다. 기아특수강 등 주요 계열사도 적자에 허덕이고 있었다.

GM과 두 번 손잡다

대우차는 1950년대 미군 차량을 개조해 팔던 '신진자동차'가 전신이었다. 1972년 미국 GM과 손잡고 'GM코리아'로 변신했다. 1차 오일쇼크 파동으로 1976년 산업은행에게 넘어가자 김우중 당시 대우실업 사장이 지분 50퍼센트를 인수해 1978년 '대우자동차'를 만들었다. 대우차는 1987년 '르망'을 선보이며 선풍적인 인기를 끌었다. 그 뒤 '맵시나' '로얄살롱' 등 GM차를 국내에 들여와 팔았다. 그러나 1990년대 들어 대우그룹의 확장전략과 동구권 진출로 김 회장과 GM은 갈등을 빚는다. 결국 대우그룹과 GM은 대우차가 GM 지분을 전량 인수하는 데 합의하며 1992년 결별하게 된다. 당시 미 월스트리트 저널은 이를 '실패한 결혼'이라고 표현하기도 했다.

김우중 대우그룹 회장은 드라마틱한 삶을 살았다. 트리코트 원단 수출의 귀재로 불린 31살의 청년 김 회장은 서울 충무로의 10평 남짓한 사무실에 대우실업을 세웠다. 정부의 수출 정책에 힘입어 셔츠와 내의류 원단을 동남아에 수출해 설립 1년 만인 1968년 대통령 표창을 받을 정도로 급성장했다. 그는 1974년 대우전자를 설립한 데 이어 1978년 새한자동차 인수, 1981년 대우 옥포조선소 준공 등 정주영 현대그룹 명예회장과 맞먹는 과감성과 추진력으로 대우그룹을 만들었다.

　김 회장은 1990년대 들어 내수보다 해외시장에 역량을 집중했다. 『세상은 넓고 할일은 많다』라는 베스트셀러를 펴낸 그는 1993년 세계경영을 선포하고 글로벌 진출의 발판을 마련했다. 폴란드 · 루마니아 · 우크라이나 · 베트남 · 인도 등 세계 곳곳에 자동차 · 전자 · 건설을 진출시키며 세계경영 신화를 이루는 듯했다. 하지만 그는 IMF 경제위기 이후에도 쌍용자동차 인수 등 무리한 사업 확장 전략을 추진했다. 결국 1999년 대우그룹은 몰락한다. 김 회장은 해외 곳곳을 떠돌다 2005년 베트남에서 한국으로 돌아온다.

비빔밥처럼 문화를 비벼라

　기아차와 GM대우는 꺼진 시동을 다시 건다. 1998년 기아차는 국제입찰에 부쳐졌다. 현대차 · 대우 · 삼성차가 입찰에 참여했다. 두 차례 유찰된 뒤 그해 12월 현대차에 넘어갔다. 당시 국내외 전문가들은 현대차와 기아차의 동반 부실을 우려했다. 기아차의 정상화는 최소 5년 이상 걸릴 것으로 내다봤다. 하지만 생산 · 판매망을 재정비해 3년 만에 흑자를 일궈냈다.

　기아차가 빠르게 다시 일어선 것은 이질적인 기업문화가 잘 융합

됐기 때문이다. 옛 기아차의 기업문화는 직원이 최대 주주인 회사답게 주인의식이 강하고 의사결정 구조도 하의상달식이었다. 활발한 토론문화와 신규 사업에 대한 치밀한 사전 검토가 강점이었다. 하지만 경영에 대한 책임 소재가 분명하지 못했다. 중요 사안에 대한 신속한 의사결정과 결정된 사업에 대한 추진력이 떨어지는 단점도 있었다. 이에 견줘 현대차의 기업문화는 오너의 강력한 리더십을 바탕으로 간결하고 신속한 의사결정 구조를 갖고 있었다. 한번 결정된 사항에 대해서는 강력한 추진력을 발휘하는 것도 특징이었다.

김봉경 기아차 부사장은 "수십 년 서로 경쟁하며 이질적인 기업문화를 가지게 된 두 기업이 한 가족이 된다는 것은 쉽지 않은 과정이었다. 하지만 교환 근무를 실시하는 등 인적 교류를 확대해나갔다. 물리적으로 사옥도 단일 사옥으로 옮겼다. 이러한 새로운 기업문화 정착은 기아의 경영 정상화를 앞당기는 데 큰 원동력이 됐다"고 말했다.

2002년 GM은 대우차를 인수했다. 옛 대우차는 신속한 의사결정에다 가격 경쟁력이 있는 회사였다. GM은 좋은 네트워크와 많은 브랜드를 갖고 있지만 의사결정은 느린 편이었다. 하지만 꼼꼼한 의사결정 과정을 거침으로써 만일에 발생할 수 있는 실수나 착오를 줄이는 등 신중을 기할 수 있었다. GM 역시 대우와 GM의 장점을 모두 흡수하기 위해 애썼다. 옛 대우차가 갖고 있던 진취적 기업문화와 역동적인 에너지를 살려 또다른 GM 계열사가 아닌 세계에서 하나밖에 없는 회사로 만든다는 전략이었다.

GM대우는 공격적이고 혁신적 마케팅에 강했다. 2006년 국내 업계 최초로 신차 교환 및 환불 마케팅을 펼쳤다. 몇 가지 조건을 달았지만 '토스카'와 '윈스톰'을 구입한 고객이 어떤 이유에서든 마음에 들지 않으면 차를 도로 가져와도 교환 또는 환불해준다는 게 뼈대였다. 김성수 GM대우 이사는 "실제로 철저한 품질검사 과정을 거쳐 기준을 통과한 제품들이 시장에 나가지만 고객은 '신차는 아무래도 초기품질에 좀 문제가 있지 않을까' 하는 막연한 생각으로 구입을 망설이는 경향도 있다. 이런 고객을 끌어오기 위해서였다. 고객을 실망시키지 않겠다는 자신감도 있었다"고 말했다. 2003년 자동차 시장 침체기 때는 1천 명의 고객을 선발해 1년 동안 공짜로 타볼 수 있는 기회를 주기도 했다. 이 같은 마케팅으로 120만 명의 잠재 고객을 확보했다.

불황에 강한 경차에서 피할 수 없는 한판

두 회사가 불꽃 튀는 맞수 경쟁을 벌이는 분야는 경차다. 경차는 그 자체로 마진 폭은 크지 않다. 하지만 불황에 강한 차다. 경차의 선두주자는 GM대우였다. 1991년 국민차로 선보였던 '티코'에 이어 1998년에 나온 '마티즈'는 IMF를 맞으며 인기몰이를 이어갔다. 경차는 각종 세금과 고속도로 통행료, 공영주차 요금 등에서도 혜택을 받는다. 여기에 고유가 행진이 지속되면서 중·소형차를 타던 고객이 경차로 갈아타는 경우도 늘고 있다.

마티즈는 경차 시장에서 도전자를 허락지 않았다. 하지만 2008년

1월 배기량 1천cc '모닝'이 경차로 편입되면서 기아차는 GM대우에 도전장을 내밀었다. 2009년 상반기에는 모닝이 다소 앞서는 모양새였다. 하지만 하반기에는 마티즈 후속 글로벌 경차가 국내 시장에 선보일 예정이어서 경차 전쟁은 더욱 뜨거워질 것으로 예상된다. 이처럼 경차의 인기가 지속되기 위해서는 경쟁 모델이 꾸준히 나와줘야 한다. 현대차가 독식하던 중형차 시장에 1998년 삼성차가 뛰어들면서 치열한 판매전과 함께 시장 크기를 키운 것처럼.

준중형차의 경우, 기아는 '쎄라토' 이후 5년 만인 2008년 9월 '포르테'를 출시했다. GM대우는 GM이 전 세계 판매를 목표로 개발한 월드카 '라세티 프리미어'를 2008년 11월 공개했고, 2009년 2월에는 '라세티 프리미어 디젤' 모델을 선보였다.

기아와 GM대우, 앞으로 어느 쪽이 가속페달을 힘껏 밟게 될지 아무도 모른다. 기술과 가격 경쟁력으로 질주 본능을 드러내는 회사일 것이다. 속도가 빨라질수록 차체가 바닥에 가라앉아 시트가 온몸을 감싸주는 느낌을 주는 차에 소비자는 다가갈 것이다.

디자인 총지휘 김태완 vs 슈라이어
아름다운 라인을 찾아라

피터 슈라이어 기아차 디자인 총괄담당 부사장과 김태완 GM대우 디자인부문 부사장. 두 사람은 자동차 디자인 맞수다. 세계 최고의 아트·디자인 대학원 으로 꼽히는 영국 왕립예술대학 동문이기도 하다. 하지만 두 사람의 디자인 철학과 전략은 대조를 이룬다. 슈라이어의 디자인 철학은 '직선의 단순화' 다. 반면 김 부사장은 날렵한 곡선미와 강인한 역동성의 조화를 추구한다.

슈라이어 부사장은 2007년 자동차 디자인 분야의 공헌을 인정받아 세르지오 피닌파리나, 지오르지토 주지아로에 이어 세번째로 영국 왕립예술대학 자동 차 디자인 명예박사 학위를 받았다. 아우디의 '아우디TT'와 'A6', 폴크스바 겐 '뉴비틀' 등이 그의 손끝을 거쳐 나왔다. BMW의 크리스뱅글, 아우디의 월 터 드 실바와 함께 세계 3대 자동차 디자이너로 꼽힌다. 그를 기아차로 데려 온 사람은 바로 정의선 사장이다.

슈라이어 부사장은 2006년 기아차 디자인담당 총괄 부사장CDO으로 자리를 옮겨 로체 이노베이션, 포르테 디자인을 맡아 이른바 '슈라이어 라인'을 탄생 시켰다. 쏘울도 그가 디자인했다. 닛산의 '큐브', 도요타의 '싸이언'과 같은

VS

피터 슈라이어 기아차 부사장   김태완 GM대우 부사장

사각형 디자인 형태다. 국내 최초로 전용 튜닝 브랜드까지 선보이며 차별화를 선언했다. 그는 "디자인을 통해 상품·브랜드·고객이 마법처럼 강력하게 하나로 연결될 수 있다. 명확한 목표에 따라 직선을 디자인한다면 심플하면서도 아름다운 라인을 만들어낼 수 있을 것"이라고 말했다.

김 부사장은 미국 브리엄영대학에서 자동차 디자인과를 졸업한 뒤 1990년 영국 왕립예술대학에서 자동차 디자인 석사 학위를 받았다. 1995년 대우차에서 '매그너스' '라세티' '칼로스' '마티즈' 등을 디자인했다. 2000년부터 이탈리아 자동차 회사인 피아트에서 '친퀘첸토' '푼토' '두카토' 디자인 작업을 맡았다. 2007년 2월부터 GM대우 디자인센터 총괄 임원을 맡아오다 이듬해 6월 부사장이 돼 GM대우 디자인을 책임지고 있다.

GM대우 디자인센터는 경차와 소형차 디자인을 주도하는 곳이다. GM은 세계 곳곳에 11개 디자인센터가 있으며, 한국에 있는 GM대우 디자인센터가 경소형차 디자인을 총괄한다. 김 부사장은 GM대우의 디자인 철학으로 "소비자에게 솔직할 것, 역동적이면서 친근할 것, 바퀴 부분을 강조할 것"을 꼽았다.

★맞수 키워드 **14**

미들테크의
탱크주의

'탱크주의, 튼튼한 제품을 만들어 가는 대우전자의 새로운 의지입니다.'

1993년부터 전파를 타기 시작한 탱크주의 광고. 당시 배순훈 대우전자 사장 (현 국립현대미술관장)이 직접 광고에 나왔다. 대우전자는 1990년대 초반 '탱크주의' 를 표방하며 삼성과 LG의 텃밭인 생활가전 시장을 파고들었다.

만년 3위라는 불명예를 안고 있었던 대우전자는 급부상했다, 때마침 공기방울세탁기, 입체냉장고, 임팩트TV 등 탱크주의로 포장된 대우 브랜드 제품도 속속 나왔다. 대우전자는 이를 통해 포화상태인 백색가전과 TV시장에서 차별적인 브랜드로 소비자에게 다가섰다. 대우전자는 탱크주의를 내걸며 한때 국내 가전시장에서 단단하고 고장이 없는 제품 바람을 불러 일으켰다. 냉장고와 세탁기 등 백색가전 부문에서 30퍼센트에 이르는 시장 점유율을 차지할 정도였다.

사실 대우전자 역시 대우의 숱한 M&A 기업 가운데 하나였다. 대우전자는 대한전선의 가전 사업을 인수하면서 대우그룹의 주력사로 떠올랐다. 대한전선은 전선사업과 가전제품 판매 호조에 힘입어 1970년대 중반 25개 계열사를 거느린 재벌 가운데 하나였다. 하지만 대한전선과 금성사가 선점한 가전시장에 삼성전자가 후발주자로 뛰어들면서 상황은 급반전한다. 1970년대 후반부터 자금력에 밀린 대한전선은 갈수록 어려워지게 된다. 설원량 대한전선 회장은 '샐러리맨 신화'로 떠오르고 있는 김우중 회장을 만난다. 이 자리에서 김 회장은 "가전 사업이 어려우면 언제라도 대우에 협력제의를 해 달라"는 말을 한다.

설 회장은 1983년 결단을 내린다. 가전부문 매각을 결정한 것이다. 매각 금액은 2억 달러 규모의 '빅딜'이었다. 대우그룹으로 바꿔 타는 직원이 무려 6천명에 이르렀다. 대한전선에 남아 있는 인원은 3천명에 그쳤다. 24개 계열사 가운데 10개사가 대우라는 이름을 달았다. 대한전선은 통폐합을 거친 뒤, 계열사가 7개로 줄어든 중견기업으로 쪼그라들었다.

그 뒤 대우전자는 탱크주의를 앞세워 오래가는 제품들을 생산했다. 하이테크가 아니라 '미들테크'(중급기술)였다. 이 때문에 선진국이 아닌 동유럽, 인도 등 니치마켓(틈새시장)으로 잡고 해외 거점을 만들어 나가야 했다.

미들테크를 비판하는 쪽에선 대우전자는 IMF가 아니었더라도 낙오될 수밖에 없었다고 주장한다. '잘 만드는 것보다 잘 파는 게 중요하다'라는 생각이 팽배했기 때문이다. 제품의 튼튼함은 기본조건이지 전면으로 내세울 슬로건은 아니다. 기술을 등한시하면서 세일즈만으로 회사가 커나갈 수 없다는 얘기다. 핵심 역량이 부족했다는 비판도 뒤따른다.

지금 기준으로 보면 대우는 몇 십 년을 앞서간 기업이었다. 금융으로 자금을 모아 투자를 통해 무에서 유를 만들었다. 하지만 대우는 달리는 자전거처럼 끊임없이 차입하지 않으면 굴러가지 못하는 구조였다. 재무적으로 빚 갚을 능력 상실 상태여서 기업이 살아있어도 사실상 도산했다는 것이다.

교보문고 주말에 서점갈까
VS
짬내서 클릭할까 예스24

1981년 6월 1일 교보문고가 세상 밖으로 나왔다. 서울 광화문 교보빌딩 지하 1층, 2700평 매장은 단일 면적으로 세계 최대 규모였다. 서가 길이는 24.7킬로미터, 광활한 '책의 바다'였다.

평소 서점을 하고 싶었던 이병철 삼성그룹 회장은 이날 교보생명 창립자인 신용호 회장의 손을 한참 동안 붙들고 있다가 "참 훌륭합니다"라고 말문을 열었다. 신 회장은 2차 대전 패전국인 독일과 일본이 눈부신 발전을 일궈낸 힘을 독서라고 여겼다고 한다.

금싸라기 땅에 운동장만한 서점

한 해 전인 1980년, 광화문에 교보빌딩이 세워졌을 때 이 건물의 지하는 최대 관심사였다. 유동 인구가 많은 이곳에 상가를 세우면 땅 짚고 헤엄치기 식으로 돈을 벌 수 있었다. 이 때문에 지하 1층의 임대 요청은 줄을 잇고 있었다.

하지만 신 회장은 임직원들 앞에서 "서점을 차리면 어떻겠냐"고 제 안했다. 임직원들은 수익성이 없다며 반대했다. 당시 재무부도 반대 했다. 서점에서 손해가 나면 모회사인 보험회사에 악영향을 미친다는 이유에서였다.

신 회장은 결단을 내린다. 그는 "청소년의 정신역량을 키워놓고 생 기는 손해는 내가 안고 가겠다"며 지하 1층을 서점으로 꾸몄다. 이곳 을 찾는 방문객은 연간 4천만 명. 우리나라 인구수에 육박하는 수준 이다. 현재는 전국 12개 도시에 교보문고가 세워졌다. 교보라는 브랜 드는 '국민 책방'으로 자리매김하고 있다.

'인터넷 책방'의 시작도 지하였다. 1998년 6월 예스24는 서울 양 재동 스포타임 빌딩 지하 1층 한켠 사무실에서 7명으로 출발했다. 그 저 인터넷이 좋았고 책이 좋았던 사람들이었다. 도서 유통을 아는 사 람도 없었다. 출판사에서 책을 구입해 고객에게 책을 잘 전해주면 끝 나는 사업인 줄 알았다.

하지만 그게 아니었다. 그때만 해도 생소한 인터넷 서점이었다. 출 판사들은 "듣도 보도 못한 회사에 책을 줄 수 없다"며 책을 내주지 않 았다. 고심 끝에 예스24는 어음 결제를 없애고 현금 결제를 도입했다. 출판업계 최초였다.

유성식 예스24 멀티사업본부 본부장은 "임직원들이 좋은 책을 찾

기 위해 1500여 군데 출판사를 돌아다녔다. 하지만 사업 얘기는 꺼내지도 못했다. 출판사 사람들을 술 한잔하자며 술집으로 손을 끌고 갔다. 술잔이 몇 순배 돌고야 책을 달라고 할 수 있었다"며 당시를 떠올렸다.

창고에 없는 책이 접수되면 직원들이 직접 서점에서 책을 사다가 배송했다. 2000년대 초반 『해리포터』와 같은 초대형 베스트셀러가 나오거나 연말이나 새해, 방학 시즌에 돌입하면 직원 모두 물류센터로 출근했다. 넘쳐나는 주문 물량을 해소하기 위해 모두가 현장에서 구슬땀을 흘려야 했던 시절이었다. 예스24는 듣도 보도 못했던 인터넷 서점이란 새로운 시장을 개척하고 있었다.

도전은 철저히 후발주자의 몫이다. 2000년대로 들면서 예스24와 알라딘 등 인터넷 서점들은 책값의 20~30퍼센트를 깎아주는 경쟁을 벌인다. 세계 최대 인터넷 서점인 아마존도 처음에는 그랬다. 일종의 바이러스 마케팅이다. "인터넷에서 책을 사면 싸다"는 것이 바이러스처럼 입에서 입으로 전해져야 했다.

교보문고는 당시 참 곤혹스러웠다. 오프라인 서점들은 할인 공세에 도서정가제로 맞섰다. 하지만 교보문고는 이미 인터넷 서점도 운영하고 있었다. 어느 한쪽에 적극적으로 나서기 애매한 처지였다. 디

지털로 무장한 인터넷 서점의 앞선 서비스도 강력한 도전이었다. 예스24는 '블로그 서비스' '마이 리스트' '검색센터'를 잇따라 선보였다. 임수정 마케팅팀 파트장은 "그러자 고객들의 커뮤니티가 형성되기 시작했고, 독자 서평과 서로의 추천이 책을 선택하는 데 중요한 기준으로 떠오르게 됐다"고 강조했다.

2004년 교보는 개점 이래 최초로 광화문점 매출이 0.91퍼센트 줄었다. 폭발적이었던 인터넷 교보문고의 성장률도 11.6퍼센트에 그쳤다. 장기 불황으로 서민들이 지갑을 열지 않았던 것이다. 외부에서 온 위기였지만 교보는 '고객 가까이에서, 고객의 눈높이'로 서비스 수준을 높이며 위기를 헤쳐나간다. 류호광 교보문고 상무는 "영업점 곳곳에 고객들이 편하게 독서할 수 있도록 '고객 독서대'를 만들고, 첩첩이 쌓인 책 더미 속에서 고객에게 꼭 맞는 책을 찾아주는 북마스터ㆍ북컨설턴트 서비스를 확대 강화했다"고 말했다.

예스24에도 위기가 찾아왔다. 가격할인 경쟁으로 매출은 늘었으나 수익은 마이너스였다. 2003년에는 100억 원가량의 적자를 내면서 자본잠식 상태에 빠지게 된다. 팀장들이 자발적으로 임금을 깎는 등 비상경영 체제에 들어갔다. 이때 예스24를 인수한 것은 갭ㆍ아메리칸이글 등의 브랜드 옷을 OEM 방식으로 수출하는 한세실업이다. 김동녕

한세실업 회장은 예스24를 무려 9배의 프리미엄을 주고 인수했다. 김 회장의 처조카는 알라딘의 조유식 대표다. 예스24를 인수하기 전 김 회장은 조 대표와 만나 인터넷 서점에 관한 얘기를 나누기도 했다. 김 회장은 인터넷 서점의 미래 성장 가능성을 확신해 과감히 인수에 나섰다고 한다.

매출에서 손익으로, 셈법 바꿔 흑자

김 회장은 "예스24에 우수한 직원이 많아 놀랐다. 하지만 성장에만 치중하느라 경영 마인드는 약했다"며 회사의 경영 패러다임을 매출에서 손익으로 바꿨다. 책의 실제 판매량을 예측할 수 있도록 해 재고와 반품을 줄였고 물류를 개선해 물류비도 덜었다. 그는 한세실업의 직원을 단 한 명도 파견하지 않고 홀로 예스24에 와서 1년 만에 적자 기업을 흑자로 돌려놨다.

예스24와 한세실업의 기업문화도 다행히 비슷했다. 한세실업은 담당 팀장과 직원에게 업무권한을 대폭 위임하는 편이었는데, 예스24 역시 그랬다. 유성식 예스24 본부장은 "두 회사는 다른 회사에 견줘 기획부서가 거의 없는 편이다. 현장에 있는 사람이 가장 빠르게 잘 알고 있다고 보고 현장 실무자에게 힘을 실어주기 위해서였다. 비슷한 기업문화 덕에 온라인-오프라인 업체의 갈등은 예상과 달리 없었다"고 말했다.

광화문 교보생명 본사 외벽에 대형 글판이 걸리기 시작한 것은 1991년 1월이었다. 광화문 글판은 계절이 바뀔 때마다 시의성 있고 정감 어린 글귀로 삭막한 도심에서 문화의 오아시스로 자리매김하고 있다. 외환위기로 전 국민이 실의에 빠져 있을 땐 우리 사회에 희망의 메시지를 보여주기도 했다. 현재는 서초동 교보타워를 비롯해 대전·인천·부산·광주·천안까지 교보생명 전국 7개 사옥으로 확대됐다. 정길정 교보문고 대리는 "2000년에는 2년 임기의 '광화문 글판' 문안 선정위원회가 출범했다. 작가, 교수, 언론인 등으로 꾸려진 선정위원회는 분기에 한 번 모여 문안 심의 및 선정 작업을 벌인다"고 말했다.

디지털의 예스24도 항상 아날로그와 소통하려 한다. 2003년부터 200여 명의 독자들이 작가와 함께하는 문학캠프를 열고 있다. 교보문고와 같은 오프라인 서점에서 이뤄지는 문화행사를 할 수 없는 단점을 극복하기 위해서다. 이 행사는 매년 진행된다. 김훈, 신경숙, 황석영, 공지영, 은희경 등 작가들이 독자들과 함께 금강산이나 지리산 등 문학적 장소에서 정기적인 만남을 열고 있다. 지난해부터는 저자 강연회를 매월 정기적으로 열어 고객과 소통하는 자리를 만들었다.

두 회사는 단순히 책을 파는 서점에서 벗어나려 한다. 교보문고는 부모가 아이의 손을 잡고 책을 즐기며 '꿈을 키우는' 복합 지식문화 공간으로 거듭나길 기대한다. 예스24는 책뿐만 아니라 공연, 영화, 이벤트 등 문화생활에 목말라 있는 사람들이 언제 어디서든 쉬었다 갈 수 있는 문화포털 공간을 추구한다. 디지털의 속도와 아날로그의 추억에서 고객들은 어느 책방으로 발길을 옮겨야 할지 고민이다.

진열과 배송의 현장
베스트셀러는 어디서든 명당자리

 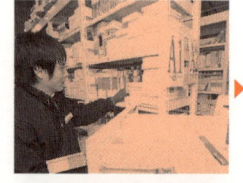 

인터넷 서점은 빠른 배송이 생명이다. 주문장 접수 → 집책(책찾기 작업) → 박스포장 작업 → 택배사 출고가 일사불란하게 체계적으로 이뤄지고 있다.

고객이 예스24 홈페이지에서 책을 산 뒤 마우스로 결제를 클릭한다. 곧바로 컴퓨터 모니터 뒤편, 랜선을 따라 두 개의 주문 정보가 흐른다. 하나는 예스24의 메인 컴퓨터로 가서 그 사람의 결제 기록으로 남는다. 고객의 구매 패턴을 알 수 있는 중요한 정보가 된다. 또다른 주문 정보는 랜선을 타고 경기 파주의 물류센터 컴퓨터로 간다. 축구장 넓이의 1.5배인 3천여 평의 물류창고 안에는 100만 권의 책이 있다. 여기서 일하는 사람만 240여 명이다. 주문서는 1시간마다 출력돼 물류센터 직원들 손으로 들어간다. 그 뒤 직원들이 주문서를 들고 직접 책을 고른다. 많이 팔리는 베스트셀러의 경우 자동으로 책을 찾아주는 디지털분류시스템DAS을 이용한다. 주문한 책을 다 찾으면 바코드 작업을 거쳐 박스 포장을 한 뒤 택배 차에 싣는다.

보통 하루 10만 권의 책이 이곳에서 전국으로 나간다. 근무 시간 기준(17시간)으로 1분당 98권이 보내지는 셈이다. 서울의 경우 오전 10시에 주문하면 11시30분까지 박스로 포장이 완료되고, 낮 12시30분에 택배로 보내진 뒤 오후 2시엔 택배 터미널에 모이고, 저녁 6~7시쯤 집에 배송 완료된다.

오프라인 매장의 책은 어떤 기준으로 전시될까. 교보문고 광화문점의 경우, 새로 나온 책들은 최소 2주 동안 진열을 한다. 진열 방법에는 평평한 진열대에 책을 눕혀 책표지를 보여주는 '표지 진열'과 책을 세워 책장에 꽂아 보여주는 '측면 진열'이 있다. 표지 진열하는 책이 사람들 눈에 잘 띄어 더 잘 팔린다. 광화문점의 경우 신간 평면 진열대 24개를 갖춰놓고 있다. 3개월 안에 1~2권 정도 팔리는 책은 대체로 측면으로 진열해놓는다.

뭐니뭐니해도 잘 팔리는 명당자리는 베스트셀러로 뽑힌 책들이 있는 곳이다. 경쟁이 치열하다. 그래서 교보문고는 엄격한 기준을 적용한다. 몇 개의 적용 기준을 보자. 주문 한 건당 한 부만 인정한다. 기업이나 단체에서 300~500여 권을 한꺼번에 주문하더라도 한 권으로 처리하는 것이다. 동일인이나 같은 주소지, 서점 납품을 통한 판매는 반영하지 않는다. 특정 지점이나 특정 시간대, 특정 날짜에 집중 판매된 책도 분석해낸다. 사재기를 막기 위해서다. 인터넷 판매분(예약 판매 포함)은 발송된 것만 인정한다. 예약을 취소할 수도 있기 때문이다. 스테디셀러는 출간 뒤 2년이 지난 책 가운데 베스트셀러 기준을 똑같이 적용해 집계한다.

서점을 찾는 사람들을 위한 배려도 있다. 어린이 동화와 주부잡지, 건강·요리책 등은 서로 가까운 데 둔다. 엄마들이 아이들을 보며 책을 읽을 수 있도록 한 것이다. 참고서와 사전도 학생들의 동선을 고려해 가까이 갖춰놓는다.

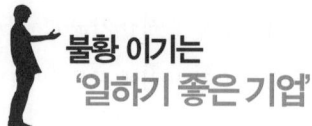

불황 이기는
'일하기 좋은 기업'

겨울철 회사 로비는 춥다. 안내데스크 여직원의 추위에 지친 모습도 보게 된다. CEO가 직원을 존중하는 마음으로 바라본다면 뭔가 다른 방법을 찾게 된다. 고급 호텔 로비 앞이나 놀이공원 출입문에 설치된, 몸을 녹일 수 있는 스토브를 떠올릴 수도 있을 것이다.

미국의 경제주간지 〈포천〉은 매년 '일하기 좋은 100대 기업'을 선정하고 있다. '일하기 좋은 기업Great Workplace'은 미국 로버트 레버링 박사가 제시한 개념이다. 1980년대 미국 경제는 매우 어려웠다. 미국의 대표적인 간판기업들이 대대적인 구조조정에 들어갈 때였다. 하지만 모두가 불황이라고 말하는 때에도 놀랄 만큼 안정적으로 수익을 내는 기업들이 있었다.

이들 기업에는 공통점이 있었다. 회사는 직원들을 존중하고 직원들은 상사와 경영진을 신뢰Trust하고, 자기 일에 자부심Pride을 갖고 있으며, 회사에서 즐거움Fun을 느낀다는 것이다. 이들 기업은 일하기 좋은 일터에서 끝나는 게 아니라 뛰어난 경영성과도 보이고 있다. 마치 스토브로 몸이 따뜻해진 호텔 도어맨이 고객에게 한결 친절해지는 것처럼.

현대카드 사옥 도서관.

불황의 시대 '마른 헝겊도 비틀어 짜라'고 강조하는 때일수록 '신나고 재미있게 일하기 좋은 기업'을 떠올려보는 역발상이 필요하다.

커리어 마켓, 위대한 실험

일하기 좋은 기업은 시설을 잘 갖춰놓는다고 나오는 게 아니다. 더 중요한 것은 선도적 기업문화다.

현대카드의 기업문화는 혁신과 창조다. 대표적인 것이 혁신적 인사제도다.

회사 생활을 하다보면 지금 하고 있는 일에서 벗어나 다른 일을 하고플 때가 있다. 새 부서에서 전문적인 경력을 쌓고 싶은 마음이 들기도 한다. 하지만 회사의 인사제도는 이를 쉽게 허락하지 않는다. 인력수급 문제, 또는 미묘하게 얽히고설킨 인간관계 때문에 좀처럼 소속 부서를 떠날 수 없다.

하지만 현대카드 직원은 언제든 소속팀을 옮길 수 있다. '커리어 마켓Career Market'이 있기 때문이다. 처음에는 '위험한 실험'이었지만 지금은 '화려한 성공'으로 다가왔다. 2007년 이 회사는 팀장급 아래 전 직원을 대상으로 한 사내 인력시장, 즉 커리어 마켓을 도입했다. 직원 개인이 사내 '채용시장'에 본인을 내어놓는 시스템은 유례를 찾기 힘든 인사 제도였다. 직원에게 원하는 일을 희망 부서에서 할 수 있는 자유를 준 것이다.

제도 도입 이후 커리어 마켓으로 부서를 옮긴 직원은 무려 190여 명에 이른다. 전체 인사 이동 중 80퍼센트에 이르는 비율이다. 2008년 2월 오세훈 시장을 비롯한 서울시 간부들이 이 회사를 찾아 기업문화에 대해 강의를 듣기도 했다. 그 뒤 서울시가 가장 먼저 벤치마킹한 것이 바로 이 커리어 마켓이다. 6급 이하 서울시 공무원들을 대상으로 한 이른바 '헤드헌팅 및 드래프트제'가 그것이다.

업무시간의 20퍼센트는 개인을 위해 써라

구글 코리아 직원들은 개인이 관심을 갖고 있는 분야에 업무 시간의 20퍼센트를 쓸 수 있다. 관심 분야가 회사 매출과 연관성이 있어야 하는 것도 아니다. 그저 개발자에게 자신의 창의력을 발휘할 시간적 기회를 주는 것이다. 하지만 구글의 핵심 경쟁력은 여기서 비롯된다. 구글뉴스·지메일·구글맵스는 구글의 '20퍼센트 시간'을 통해 세상에 나온 서비스들이다.

국내 생활용품업계 1위인 유한킴벌리는 '가족친화 경영'의 대표주자다. 여직원에게 법정 출산휴가(3개월)와는 별개로 2개월 산전휴가를 준다. 의료비와 출산 축하금도 지급한다. 남자 직원도 아내가 출산하면 이틀간의 휴가를 쓸 수 있다. 회사 눈치를 보느라 휴가를 꺼리는 경우는 전혀 없다.

유한킴벌리는 일의 성격에 따라 차별적인 탄력근무제를 운영한다. 생산직은 나흘 일하고 나흘 쉬는 '4조 교대제', 영업직은 회사에 나올 필요가 없는 '현장 출퇴근제', 관리직은 핵심 업무시간 이외에는 출퇴근 시간을 자유롭게 조절할 수 있는 '시차 출퇴근제'를 이용할 수 있다.

그 결과 이 회사의 이직률은 0.2퍼센트로 국내 제조업체 평균의 4분의 1 수준이다. 애사심과 충성도도 높다. 회사가 펴낸 〈2008년 지속가능성 보고서〉를 보면, 직원 조사에서 "우리 회사는 장수 기업이 될 것이다"라고 답한 비율이 94퍼센트, "우리 회사에 대해 자부심을 느낀다"고 응답한 비율이 91퍼센트에 이르렀다.

'일하기 좋은 기업' 역시 또 하나의 경쟁우위의 원천이다.

RIVAL NOMICS

2009년은 찰스 다윈 탄생 200돌, 『종의 기원』 출간 150돌입니다. 다윈은 "살아남는 종은 강인한 종도 아니고 지적 능력이 뛰어난 종도 아니다. 변화에 가장 잘 대응하는 종이 살아남는다"고 말했습니다. 무한경쟁 시대에 살아가는 우리역시 생존을 위해 변화에 빠르게 대처하고 미래를 준비해야 할 것입니다.

제5법칙은 진화와 변신의 얘기입니다. 기업은 생물과 같아서 진화·발전하지않으면 도태돼 흔적도 없이 사라져 버립니다. CJ와 오리온, 네이버와 다음, SK에너지와 GS칼텍스 등 이 장에 나오는 기업들은 이미 진화했거나 또는 환경변화에 끊임없이 적응하려고 노력합니다. 독자 여러분도 변화하는 환경에 어떻게 대응할지 고민해 보세요.

팁에선 진화경제학을 통해 제지회사 노키아가 휴대전화 회사로 살아남은 얘기를 보여줍니다. 또 대우그룹이 끝내 진화를 못하고 왜 쓰러졌는지도 제시합니다.

제5법칙

진화의
법칙

VS

CJ 미풍에서 은막으로
VS
설탕에서 TV로 오리온

처음은 설탕이었다. 두 창업주는 반세기 전 첨단 상품인 설탕으로 동업을 맺었다.

1951년 부산에서 이양구 동양그룹 회장은 '설탕왕'으로 불렸다. 그는 설탕과 밀가루를 대규모로 수입해 판매하는 도매상 겸 무역회사인 '삼양물산'을 운영하고 있었다. 이 회장은 설탕을 수입해 팔기보다 자신이 직접 만들어보고 싶었다. 하지만 제당 기술이 없었다. 기술과 자본이 빈약했던 시절, 설탕 만드는 기술은 지금 반도체를 만드는 것과 같은 첨단 기술이었다.

당시 이병철 삼성그룹 회장의 제일제당만이 국내에서 유일하게 제당 기술을 갖고 있었다. 경쟁자가 없는 시장인데다 전쟁 특수까지 겹쳐서 제일제당은 승승장구하고 있었다. 그런데 문제가 생겼다. 갑자기 미국에서 막대한 원조 설탕이 들어오고 수입 설탕까지 국내 시장을 파고들어왔다. 경쟁자가 생긴 것이다. 이양구 회장은 두 가지 판단을 내렸다. 하나는 제당사업의 미래는 밝다는 것이었다. 미국이 언제까지 원조를 계속해줄 리는 없고, 국가에서 수입 설탕이 시장을 잠식하도록 그냥 내버려둘 리가 없다고 생각했다. 전후 복구가 이뤄지면서 사람들의 설탕제품 수요는 계속 늘어날 것이다. 이 점을 확신한 그는 제일제당과의 동업을 제안하기로 했다. 그는 무작정 이병철 회장을 찾아갔다.

"제일제당 설탕을 독점 판매하게 해주시오"

"난 설탕을 만들 줄 모르지만 파는 재주는 있습니다. 우리 둘이 힘을 합치면 큰 성공을 거둘 수 있습니다. 제일제당 설탕을 독점 판매하게 해주세요."

이병철 회장도 흔쾌히 제안을 받아들였고, 그렇게 두 사람은 동업을 시작했다. 서울 소공동에 '한국정당판매주식회사'를 세우고 제일제당 설탕을 독점 판매하기 시작했다. 이때가 1954년 5월이었다.

이양구 회장은 두 달 후 자본금 100만 원을 출자해 '삼양제당공업'을 세운다. 원래 목표였던 제당사업에 본격적인 출사표를 던졌다. 전쟁의 상흔은 깊었지만 사람들의 회복 속도는 빨랐다. 게다가 미국에서 원조해주는 초콜릿과 과자로 식생활에 일대 변혁이 일고 있었다. 국내에서 제당기술은 이병철 회장의 제일제당과 이양구 회장의 삼양제당공업밖에 없는 상황이어서 특수를 누릴 수 있었다. 돈은 눈더미

처럼 저절로 굴러서 들어왔다. 이병철 회장이 제당사업 시작 후 2년
만에 거부巨富라는 소리를 들었다고 회고했듯이, 눈 밝은 사업자에게
당시는 나름의 호시절이었다. 제살 깎아먹기 경쟁은 없었다. 이양구
회장도 당시 10억 원에 이르는 거금을 벌어들이게 됐다. 오리온 그룹
의 기반이 이때 형성됐다. 제일제당과 삼양제당공업은 제당사업의 양
대 축을 형성하며 맞수로 자리하게 됐다.

　　그러나 창업주의 자손들에 오면 얘기는 달라진다. 창업주 자손들
은 설탕과는 또다른 첨단 사업인 은막과 TV에서 치열한 경쟁을 벌이
고 있다.

　　삼성과 동양에서 각각 계열 분리한 CJ와 오리온은 엔터테인먼트 사업으로 영토를 넓혀가고 있다. 그동안 CJ와 오리온은 식품과 제과라는 서로 다른 길을 걸어왔다. 서로 맞부딪칠 필요도 없었다. 하지만 그룹에서 분리된 뒤 두 회사는 새 먹을거리 사업을 찾았고, 결국 모두 엔터테인먼트 사업을 선택했다.

　　1990년대 중반 대기업들은 막강한 자본력으로 영상 콘텐츠 사업에 잇따라 발을 들여놓는다. 삼성은 삼성영상사업단을 꾸려 영화 · 게임 · 애니메이션 · 음악 사업을 펼쳐나갔다. SK는 비디오테이프와 연계해 비디오 사업을 진행했다. 현대는 케이블 방송과 비디오 제작을, 대우는 비디오 · 영화 사업에 뛰어들었다. 하지만 이들은 IMF 외환위기 때 철수해버린다.

CJ와 오리온은 IMF를 새로운 기회로 잡았다. 대기업이 철수한 엔터테인먼트 시장에서 CJ와 오리온은 선두를 다져나갔다. 경쟁 없는 시장으로 진출해 성공을 일궈냈다. 이른바 '블루오션 시장' 개척인 셈이다.

그룹 전체 규모에선 CJ가 오리온보다 앞선다. 하지만 방송 사업은 오리온이, 영화사업은 CJ가 한발 앞서는 등 엔터테인먼트 분야에선 맞수기업 경쟁을 벌이고 있다. 두 회사는 영화 배급(CJ엔터테인먼트 vs 쇼박스)과 케이블TV(CJ미디어 vs 온미디어)에서 1~2위 자리를 놓고 경쟁을 벌이고 있다. 외식사업(빕스 vs 베니건스)에서도 겨루는 중이다.

▌ 한국영화 역대 박스오피스 1~10위

영화	명
〈괴물〉	1301만 명
〈왕의남자〉	1230만 명
〈태극기 휘날리며〉	1174만 명
〈실미도〉	1108만 명
〈디워〉	842만 명
〈과속스캔들〉	826만 명
〈친구〉	818만 명
〈웰컴투 동막골〉	800만 명
〈화려한 휴가〉	739만 명
〈좋은놈, 나쁜놈, 이상한놈〉	685만 명

한국영화 흥행 10선 가운데 오리온의 쇼박스가 투자·배급한 영화는 〈괴물〉〈태극기 휘날리며〉〈디워〉〈웰컴투 동막골〉이다. CJ가 투자·배급한 영화는 〈왕의 남자〉〈화려한 휴가〉〈놈놈놈〉이다. 흥행 10선 가운데 무려 7개가 두 회사가 배급한 영화였다.

CJ엔터테인먼트와 쇼박스는 2008년 여름 화제작에서도 맞붙었다. CJ의 〈좋은 놈, 나쁜 놈, 이상한 놈〉과 오리온의 〈님은 먼 곳에〉가 그것이다. 각각 200억 원과 100억 원 제작비를 들인 대작이었다. 하지만 승리의 여신은 CJ에게 키스했다. 〈님은 먼 곳에〉는 완성도에서 좋은 평가를 받았지만 흥행은 따라가지 못했다. 하지만 쇼박스는 2008년 말 〈쌍화점〉를 시장에 내놓으며 2009년 1월 점유율 정상을 빼앗으며 새해를 기분 좋게 출발했다.

영화에선 CJ, 케이블TV에선 오리온

복합상영관인 CJ CGV는 전국 59개 극장, 479개의 스크린을 갖고 있다. 오리온은 1999년 대우영상사업단이 해체되면서 매물로 나온 케이블TV 영화 채널 'DCN'을 인수하는 과정에서 복합상영관 메가박스를 떠안았다. 메가박스는 매출 1천억 원대를 올리는 알짜배기 사업으로 거듭났다. 하지만 오리온은 2007년 호주계 투자회사인 맥쿼리 펀드에 메가박스를 전격 매각했다.

케이블TV 분야에선 오리온이 우위를 보인다. 오리온 자회사인 온미디어의 강점은 케이블TV 채널 가운데 1위가 많다는 점이다. 애니메이션 채널 '투니버스', 영화 채널 'OCN', 여성 채널 '온스타일'은 시청률에서 각 분야 1위를 달리고 있다. CJ미디어는 음악과 음식 분야에 강하다. 음악 채널인 'm.net'과 'KMTV', 음식 전문 채널인 '올리브 네트워크'가 경쟁 우위에 서 있다.

공정거래위원회가 2009년 1월 내놓은 자료를 보면, 영화 배급시장에서 CJ엔터테인먼트의 시장 점유율은 30.6퍼센트로 1위 자리를 차지했다. 쇼박스 점유율은 14.3퍼센트로 2위였다. 하지만 케이블TV 시장 점유율에선 OCN(오리온시네마네트워크) 점유율이 45.5퍼센트로, CJ미디어의 33.9퍼센트 보다 높았다.

하지만 늘 그래왔듯, 분야별로 두 회사의 순위가 바뀔 수도 있고 앞으로 서로 다른 분야에서 경쟁하게 될지도 모르는 일이다.

CJ의 옛 이름은 제일제당. 이병철 회장의 제일제당 사랑은 각별했다. 삼성그룹의 터전이 된 곳이기 때문이다. 이 회장은 1953년 부산에서 제일제당을 세웠다. 전쟁 뒤 설탕의 쓰임이 많아질 거라는 시대 변화를 읽고 새로운 시장을 개척한 것이다. 1960년엔 한국 설탕 시장의 70퍼센트를 점유하는 기업으로 성장했다.

물론 제일제당의 '굴욕'도 있었다. '미원'에 맞서 '미풍'이라는 조미료 브랜드를 만들어냈으나 이른바 '맛의 전쟁'이라고 일컬어지는 1차 경쟁에서 끝내 1위를 차지하지 못했다. 사탕수수 당밀을 발효한 MSG로 음식의 풍미를 높인 미원은 1963년 나온 국산 조미료 1호였다. '맛의 혁명'으로 일컬어질 정도로 일반 주부들에게 선풍적인 인기를 끌었다. 제일제당은 미원의 아성을 따라잡으려 했으나 미원의 벽에 번번이 고배를 마셨다. 이병철 전 회장은 생전에 꼭 이루고 싶은 소원 중 하나로 미원 앞지르기를 꼽았을 정도였다.

하지만 제일제당은 새로운 시장을 개척해나간다. 제일제당은 1975년 쇠고기와 파, 마늘, 양파 등 천연양념을 혼합한 조미료 '다시다' 라는 브랜드를 내놓으며 조미료 시장 1위에 올라선다. 기존 조미료의 고정관념을 버리고 새롭게 천연 성분을 혼합한 종합조미료 시대를 연 것이다. 대상(옛 미원)도 '맛나' 라는 복합조미료 신제품을 출시해 도전장을 냈으나 실패했다. LG 역시 '맛그린' 을 냈으나 '다시다' 의 거센 바람을 막기엔 역부족이었다.

CJ는 1990년대 중반까지 설탕·조미료·밀가루 위주의 식품회사였다. 그러나 변신한다. 1993년 삼성그룹에서 계열을 분리하면서부터다. 당시 CJ는 삼성의 전자 및 중공업 위주 우선 투자전략에서 밀려 성장 한계를 보이고 있었다. CJ는 식품사업에서 국내 1위의 위치를 공고히 하고, 엔터테인먼트와 유통에선 새로운 성장 동력을 찾고 있다. 이재현 CJ그룹 회장은 이병철 회장의 장남인 이맹희 씨의 첫째 아들이다. 그는 아버지가 못다 이룬 꿈을 2002년 CJ그룹의 회장으로 취임하면서 일궈나가고 있다.

동양그룹은 이병철 회장과 동업을 맺으면서 사업을 키웠던 이양구 회장이 세웠다. 이양구 회장은 설탕사업 경험을 바탕으로 제과사업에도 진출한다. 1956년 동양제과공업을 만들어 껌·사탕·비스킷·웨하스·초코파이를 만들었다. 동양그룹은 이듬해 동양시멘트를 설립하며 한국전쟁 뒤 폐허가 된 도로·항만 재건에 뛰어든다. 1980년대 들어 동양종합금융증권, 동양생명을 세우며 금융 분야에도 발을 들여놓았다.

이 회장은 딸만 둘을 두었다. 첫째 딸인 혜경 씨는 검사 출신인 현재현 동양그룹 회장과 백년가약을 맺었다. 둘째 딸인 이화경 오리온 사장은 샐러리맨 출신의 담철곤 오리온 회장과 웨딩마치를 울렸다. 이 회장 작고 뒤 동양그룹은 시멘트·금융 부문을 맡고, 오리온그룹은 제과·엔터테인먼트 부문을 맡으며 계열을 분리한다. 담 회장은 그룹 전체를 총괄하고 이화경 사장은 외식과 엔터테인먼트 사업을 맡고 있다.

오리온의 미디어 사업에 관심 몰려

오리온이 메가박스를 팔자 엔터테인먼트 사업을 포기할 것이라는 얘기가 나왔다. 오리온은 2006년 자본금 50억 원 규모의 건설회사인 메가마크를 세우기도 했다. 이 때문에 오리온이 건설사업으로 주력을 옮기는 게 아니냐는 분석도 나온다. 오리온은 서울 용산 문배동 본사와 계열사가 갖고 있는 도곡동 땅을 주상복합 건물로 개발할 방침이다.

이에 대해 오리온 홍보실은 "메가박스 매각으로 콘텐츠 사업에 더욱 집중할 계획이다. 온미디어와 쇼박스를 중심으로 엔터테인먼트 그룹으로 성장할 것"이라고 말했다. 하지만 시장에선 오리온이 케이블 TV 사업을 하는 온미디어를 매각할 것이라는 설이 흘러나오고 있다.

오리온이 미디어 사업을 어떻게 할 것인지에 관심이 쏠리는 이유다.

설탕처럼 달콤하게 시작된 두 회사의 인연은 은막으로 이어졌다. 누가 은막의 별이 되고, 누가 은막 뒤로 쓸쓸히 사라질지 관객들은 지켜볼 것이다.

엔터테인먼트 맞수 여성 CEO
이미경 부회장 vs 이화경 사장

이미경(51) CJ엔터테인먼트 부회장과 이화경(53) 오리온 사장. 2살 차이의 두 여성 CEO는 이름도 닮았고 나이도 비슷하다. 두 사람 모두 창업주의 후손이기도 하다. 이미경 부회장은 이병철 삼성그룹 회장의 손녀다. 이화경 사장은 이양구 동양그룹 회장의 둘째딸이다. 하지만 무엇보다 두 여성 CEO는 엔터테인먼트 분야에서 '맞수' 라는 점에서 사람들의 관심을 끈다.

이미경 부회장은 시작부터 과감했다. 1995년 스티븐 스필버그 감독과 함께 다국적 엔터테인먼트 기업 '드림웍스' 설립을 주도하며 한순간에 업계 스타로 떠올랐다. 우리나라의 엔터테인먼트 산업이 할리우드와 어깨를 나란히 하는 데 이바지했다. 건강 악화로 한동안 경영 일선에서 떠나 미국 로스앤젤레스 일대에서 머무르다 지난 2004년 12월 CJ그룹의 엔터테인먼트 총괄 부회장으로 복귀했다.

이미경 부회장은 열정적이고 치밀하다. CJ미디어 방송 채널과 CJ엔터테인먼트가 만든 영화는 빼놓지 않고 본다. 그는 또 채널 프로그램 선정에도 직접 참여하고 영화 시나리오 초고까지 꼼꼼히 읽는다.

이미경 CJ 부회장   이화경 오리온 사장

맞수인 이화경 사장은 2001년 오리온그룹 외식 및 엔터테인먼트 담당 사장으로 부임하며 얼굴을 알렸다. 지난 2002년 설립한 쇼박스는 3년 만에 〈태극기 휘날리며〉〈웰컴 투 동막골〉 등 히트작을 잇달아 내놓으며 한국 영화 점유율 3위, 관객 동원 1위의 배급사로 급부상했다. 그 뒤 이 사장은 온미디어를 케이블TV 채널 점유율 30퍼센트대를 웃도는 기업으로 일궈냈다.

이 같은 능력은 그가 밑바닥부터 시작했기 때문이라고 오리온 사람들은 입을 모은다. 이화경 사장은 1975년 사원으로 동양제과 구매부에 입사한 뒤 차근차근 일을 배웠다. 26년 만에 동양제과 사장에 올랐다.

이화경 사장은 동양제과 마케팅 담당 상무 시절인 1989년 '초코파이 신화'를 만들어냈다. 당시 초코파이는 경쟁사들의 따라하기식 '미투Me Too 상품'으로 고전하고 있었다. 이 사장은 오리온에 초콜릿을 덧입히듯 '정情'을 입힌다. 가장 한국적인 정서로 소비자에게 다가서기 위해서였다.

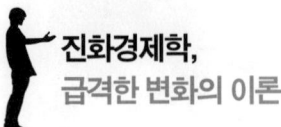

진화경제학,
급격한 변화의 이론

환경에서 자연선택을 받지 못하는 생물이 도태되듯이 시장과 고객의 외면을 받은 기업은 아무리 뛰어난 명성을 갖고 있다 하더라도 위기를 맞을 수밖에 없다. 찰스 다윈Charles R. Darwin(1809~1882)의 표현을 빌리면 생존경쟁 게임에서 자연 선택 과정을 밟아 적자생존의 원리를 적용받게 되는 것이다.

진화론은 미국 금융위기 뒤 경제 환경이 급변하면서 새롭게 조명받고 있다. 이런 배경에서 주목받고 있는 것이 진화경제학evolutionary economics이다. 진화경제학은 경제주체 간 이질성과 상대성을 생물의 유전자와 같은 것으로 파악하고, 경제주체의 움직임을 분석한다.

그동안 전통 경제학에서는 '합리성을 전제로 효율 극대화를 추구한다' '가장 효율적인 주체만 살아남고, 경제시스템도 균형과 효율적 상태를 유지한다' 고 주장했다.

전통 경제학적 시각에선 경제 상황 변화는 균형점을 찾아 수렴하는 과정이라고 여긴다. 때문에 외부 충격이 오더라도 곧 안정 상태로 회귀하는 경향을 갖는다고 전망한다. 전통 경제학자들은 금융위기의 시발이 된 서브프라임 모기지론 부실이 일부 금융사의 손실 처리로 해결될 것이라고 내다봤다. 하지만 금융위기는 지금도 이어지고 있다.

진화경제학 관점에선 경제 주체는 다양성을 가지며, 작은 변화가 연쇄반응을 일으켜 급격히 변화한다고 본다. 그 변화로 새로운 변화가 등장한다는 것이다.

이번 위기가 지나가고 나면 승자가 패자가 확연하게 갈릴 게 분명하다. 살아남은 것은 새로운 생명의 패러다임일 것이다. 새로운 패러다임을 잡는 자가 다음 질서를 주도해 나갈 것이다.

노키아를 한 번 보자. 노키아는 1865년 핀란드 노키아지방에서 조그마한 제재소로 출발했다. 1960년대 중반 케이블·타이어·고무 사업 분야에도 진출한다. 하지만 1992년 CEO로 취임한 요르마 올릴라는 휴대전화 사업 분야에만 집중하기로 결심하고, 회사의 모태인 제지를 비롯해 다른 사업을 정리해 버린다. 공격적인 구조조정으로 노키아는 휴대전화 분야의 세계 1위 자리를 지켰다.

하지만 2000년 들어 노키아는 삼성전자의 강력한 도전을 받으며 1위 자리마저 위태로워지고 있다. '디지털 컨버전스'와 '감성공학'이라는 새로운 환경 변화에 적응한 삼성전자의 도전 때문이었다.

대본이 바뀌면 주인공도 교체되어야 하듯 패러다임이 바뀌면 주역이 교체되는 것은 당연하다.

네이버 지식인으로 날개 달다
VS
아고라로 이슈 만들다 다음

2009년 1월 네이버와 다음은 여론의 중심에 서게 된다. 서로 다른 두 개의 사안이었지만 그 접점은 바로 '개방'이었다. 같은 이름이었지만 다른 의미의 '개방'이었다.

1월 6일 다음 '아고라'에서 얼굴 없는 논객으로 활동하고 있던 '미네르바'가 긴급 체포됐다. 4일 뒤 그는 구속됐다. 미네르바는 인터넷 경제논객으로 불리며 다음 아고라 경제방에서 활동했다. 그는 2008년 가을 서브프라임 사태와 환율 급등, 리먼 브라더스 도산을 정확히 예측하며 아고라를 달궜다. 당시 환율은 연일 폭등했다. 금리는 치솟았다. 물가마저 동시다발적으로 뛰었다. 주가는 폭락했다. 사람들은 어디서부터 어떻게 대응해야 할지 막막했다. 미네르바는 아고라 광장에서 이 같은 불안을 풀어주고 궁금증을 해결해줬다.

미네르바는 날선 글 솜씨로 정부의 경제 정책을 통렬하게 비판하고 환율·부동산·주식 전망을 예리하게 분석해 네티즌을 열광하게 만들었다. 그는 '인터넷 경제 대통령'이라는 별명까지 얻었다.

미네르바는 '네티즌이 기자이자 독자'라는 다음의 개방성 때문에 세상에 나올 수 있었다. 다음이 핵심 뉴스 서비스인 '아고라'와 '블로거 뉴스뷰view'를 네티즌에 개방하고 있기 때문이다.

양대 포털이 문을 활짝 열었다

1월 1일 네이버도 '개방' 기치를 내걸었다. 네이버는 이날부터 메인페이지를 전면적으로 손질한다. 자체적으로 편집을 해오던 메인페이지 뉴스란을 네티즌이 선택할 수 있도록 한 것이 가장 눈에 띈 변화였다. 뉴스 편집과 선택을 개방한 것이다. 과거처럼 네이버가 홈페이지에 노출되는 콘텐츠를 꾸미고 편집하지 않겠다는 뜻이다. 그 기능을 네티즌에게 돌려준다는 취지다. 네이버가 아닌 네티즌들이 정보를 만들어 유통하도록 한 셈이다.

네이버의 '뉴스캐스트newscast'는 언론사가 직접 편집한 뉴스박스를 네티즌이 네이버 메인에서 선택해 볼 수 있도록 했다. 최대 7개까지 언론사를 선택하면 순차적으로 언론사별 뉴스 박스가 화면에 노출된다. 뉴스캐스트는 아웃링크 정책을 쓰고 있어 선택한 뉴스를 클릭하면 해당 언론사 홈페이지로 이동한다.

'오픈캐스트opencast'는 이용자가 특정 콘텐츠 목록을 만들어 놓으면 다른 이용자가 해당 콘텐츠 구성목록을 구독할 수 있는 서비스다.

즉 이용자들이 직접 정보를 생성하거나 수집해서 자신만의 뉴스서비스를 만드는 코너다. 네티즌들이 각자 관심사에 따라 운영하는 1인 미디어인 셈이다.

다음은 아고라와 뷰, 청원 사이트에서 네티즌이 자유롭게 글을 올리고 댓글과 추천으로 활발하게 토론을 할 수 있도록 해놓았다. 다음의 미디어적 성격을 보여주는 서비스다. 블로그 광고를 지원해 네티즌과 수익을 배분하고 있다. 이런 개방성 때문에 다음은 지난해 촛불집회와 미네르바 사건 등 급박한 정치적인 상황 속에서 각종 이슈를 만들어냈다.

네이버는 스스로 편집을 하던 초기 화면을 개방했다. 뉴스 편집을 언론사에게 넘기고, 뉴스 선택권을 네티즌에게 돌려줬다. 네이버로선 뉴스에 대해 중립적인 위치에 서겠다는 의지의 표현인 셈이다. 검색엔진 본연의 위치로 자리매김한다는 전략이기도 하다. 지난해 촛불집회 뒤 잃어버린 신뢰를 회복하기 위해선 개방은 필연적인 선택이었다. 폐쇄형을 고집해온 네이버가 개방을 선택한 이유다.

2000년 4월 14일 토요일치 〈한겨레〉 경제면에 특종기사 하나가 실린다.

'네이버컴, 3개 인터넷업체 합병… 이해진·김범수 공동대표.'

기사를 쓴 13일 밤 이해진 당시 네이버 사장은 기자한테 계속 전화를 걸었다. 기사를 빼달라는 것이었다. 합병은 벤처기업 주가를 띄울 수 있는 호재성 재료였다. 단독 기사로 나가면 그 같은 재료가 날아가 버리게 된다. CEO는 주가와 주주를 생각할 수밖에 없다. 하지만 기자는 휴대전화를 꺼버렸다. 정확히 취재해 팩트에 맞는 기사여서 뺄 수 없었다. 몇 달 뒤 만난 이해진 사장은 "그 기사 때문에 마음고생 많이 했다"고 털어놨다.

네이버컴 "3개 IT업체 합병"

한게임·원큐·미디어웹과 협상 진행
1000억대 규모 신규 주식발행 조달

기사가 나갔지만 사람들의 반응은 밋밋했다. 영원할 것 같은 닷컴 기업들이 하나둘씩 무너져 닷컴 거품이 꺼져갈 때였다. 각종 벤처 게이트도 여기저기서 쑥쑥 터져나왔다. 게다가 그 당시 네이버는 지금과 달랐다. 네이버는 2008년 매출 1조 원을 달성하며 거대 기업으로 성장하고 있지만, 당시만 해도 고만고만한 벤처기업 가운데 하나였다. 사람들은 그저 그런 벤처기업의 인수 · 합병쯤으로 대수롭지 않게 여겼다.

날개가 된 한게임, 국민 이메일 한메일

새천년은 네이버에게 시련의 계절이었다. 당시 브랜드 가치 평가 기관인 브랜드스톡이 네티즌 대상으로 포털 브랜드 순위를 조사했다. 결과는 야후코리아가 전 부문에서 1위를 거머쥐었다. 만족도 부분에선 엠파스가 야후와 어깨를 겨뤘고, 인지도에선 라이코스가 2위, 한미르가 3위에 올랐다. 어디에도 네이버는 없었다. 단지 82억 원이라는 적자만 있었을 뿐.

시장 환경도 좋지 않았다. 당시 흐름은 콘텐츠였다. 다음, 아이러브스쿨, 프리챌 등은 풍성한 콘텐츠와 새로운 커뮤니티 서비스를 내놓으며 네티즌을 불러 모았다. 라이코스는 검은 개 한 마리가 검색어를 물어오는 광고로 치고 나왔다. 만화 · 영화 · 드라마와 같은 각종 엔터테인먼트 콘텐츠도 올려놓았다. 네이버는 보여줄 콘텐츠가 없었다.

하지만 한게임과의 인수 · 합병은 네이버에 날개를 달아주게 된다. 마치 현재 네이버의 마스코트인 날개모자처럼. 두 회사의 합병은 검색업체와 게임업체의 만남 그 이상이었다. 당시엔 시큰둥했지만, 합병 시너지는 크고 짭짤했다.

한게임 이용자들에게 네이버를 초기 화면으로 설정하도록 유도하는 마케팅은 방문자 수를 끌어올렸다. 한게임 유료화는 더 짭짤했다. 유료화 첫날 매출이 7천만 원이었다. 닷컴 비즈니스 모델에 대한 우려를 한 방에 날려버렸다. 하지만 그 과정에서 네이버는 사행성 게임인 포커와 화투로 수익을 올린다는 비판을 받기도 했다. 2000년 연말 하루 페이지뷰 1억, 회원 수 1500만 명을 넘어서며 네이버는 떠오른다. 하지만 네이버 앞에는 다음이 버티고 서 있었다.

다음은 1997년 큰일을 친다. 국민 이메일이라는 '한메일' 서비스를 내놓은 것이다. 네티즌의 반향은 폭발적이었다. 공짜인데다, 세계 어느 곳에서나 누구에게도 편지를 쓸 수 있었기 때문이다. 그 뒤 아무도 빨간 우체통을 거들떠보지 않게 됐다.

　한메일 서비스를 시작한 지 1년 만에 가입자 수는 100만 명을 넘어섰다. 다음은 한메일에 이어 또 하나의 히트작을 내놓는다. 다음 카페가 바로 그것이다. 다음 카페는 PC통신의 커뮤니티를 웹으로 옮겨놓은 서비스였다. 곧 하이텔·유니텔과 같은 PC통신들은 전멸한다. 사람들은 넷으로 정보를 얻고 소통하게 된다.

　1999년 '광개토대왕님, 야후는 다음이 꺾겠습니다' 라는 문구를 내세우며 다음은 사람들에게 다가온다. 광고 문구처럼 다음은 야후를 꺾었다. 초기화면에서 야후가 안 뜨면 인터넷이 안 된다고 생각하던 때였다. 방문자 수와 가입자에서 야후를 꺾은 다음은 토종 포털이라는 이름도 덤으로 얻게 된다.

　다음은 야후를 제치며 1등 자리에 올랐다. 2003년 다음 회원 수는 3400만 명에 이르렀다. 주가도 20만 원에 육박했다. 야후를 꺾은 다음은 한게임과 합병으로 몸집을 불린 네이버와 1위 자리를 놓고 맞붙는다. 하지만 다음은 네이버 앞에 무너진다.

네이버는 잘하는 곳, 핵심 역량에 집중했다. 네이버는 통합검색·지식검색·이주의 검색어·실시간 인기검색어와 같은 새로운 서비스를 잇달아 내놓으며 네티즌의 입맛을 사로잡았다. 검색 결과를 깔끔하게 네티즌에게 보여주는 노력에선 압도적이었다. 이 때문에 네이버는 세계 최대 검색 업체 구글에 맞서 한글 검색시장을 지켜냈다는 평가도 받았다.

네이버가 잘한 것도 있었지만 다음이 못 한 것도 많았다. 다음은 이것저것 사업을 벌였다. 보험, 쇼핑 등 다양한 분야에 진출했다. 2004년에는 미국의 라이코스를 1112억 원에 사들이는 대형 사고를 쳤다. 하지만 실수였다. 다음은 시장의 신뢰를 잃고 추락한다. 2005년 6월에는 주가가 1만6천 원까지 떨어졌다. 다음은 네이버에 1등 자리를 내주게 된다.

"답답한 대기업 나와서 벤처하자"

사실 다음 창업자인 이재웅 전 대표와 네이버 창업자인 이해진 의장은 서로 친구다. 고등학교 때 같은 아파트 아래윗집에 살았다. 벤처기업을 먼저 차린 이 전 대표가 이 의장한테 "답답한 대기업에 묻혀 있지 말고 나와서 벤처를 해보는 게 어떠냐"고 제의했고, 이 의장은 잘나가던 삼성SDS에서 나와 네이버를 세웠다.

두 사람은 닷컴 시장의 젊은 개척자였다. 이 전 대표는 프랑스에서 유학하다 노엄 촘스키에 관한 다큐멘터리를 보고 인터넷을 떠올린다.

곧바로 귀국해 부모에게 빌린 돈 5천만 원을 갖고 달랑 친구 3명과 함께 다음을 만들었다. 다음은 '넥스트Next'란 뜻과 '다양한 목소리多音'의 공간이란 뜻을 함께 갖고 있다. 다음 카페 역시 이 전 대표가 프랑스에서 소통의 공간인 노천카페를 보고 따왔다.

이 의장도 삼성SDS에서 검색엔진을 개발하던 동료 5명과 함께 대기업을 박차고 나와 회사를 만들었다. 3억5천만 원의 퇴직금이 사업 종자돈이었다. 네이버는 항해자를 뜻하는 내비게이터Navigator의 앞글자에 사람을 뜻하는 접미사 'er'을 붙여 만든 이름이다. 네이버의 공식 회사명인 NHN은 '넥스트 휴먼 네트웍스Next Human Network'의 머리글자를 따서 만들었다.

두 회사가 맞부딪친 것은 촛불 정국에서였다. 다음의 아고라에 불이 붙었다. 하지만 네이버의 검색은 가라앉았다. 다음은 아고라에서 펄펄 뛰는 네티즌 목소리를 담아내고 소통의 장을 마련했다. 하지만 네이버 뉴스는 촛불집회와 관련한 뉴스에는 소극적이었다는 평가를 받았다.

두 회사의 기업 전략 때문이라는 분석도 있다. 네이버가 정보유통 채널을 지향하는 반면, 다음은 이용자의 생생한 정보를 전달하며 참여와 토론, 소통의 장을 추구하고 있기 때문이다. 하지만 촛불 정국에서 넷심은 다음을 선택했고, 다음은 주가도 따라 올랐다.

10년이라는 짧은 기간, 두 기업은 1등을 놓고 엎치락뒤치락했다. 두 회사의 사명에는 모두 '넥스트Next'라는 뜻이 들어가 있다. 앞으로 10년 뒤엔 누가 앞설지에 관심이 쏠린다. 넷심을 잘 읽고 이들을 위한 서비스를 치고 나오는 쪽일 것이다.

홍보팀장 맞짱 토크
네이버는 평정했고 다음은 진보라니요?

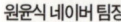

원윤식 네이버 팀장   정지은 다음 팀장

'네이버는 삼성 같고, 다음은 현대 같다'는 말이 있다. 네이버는 자신이 잘하는 분야에 집중하며 사업도 조심조심 차분하게 하기 때문이다. 반대로 다음은 현대처럼 큰일을 펑펑 잘 터뜨려 그런 말을 듣는다.

그런데 원윤식 네이버 언론홍보팀장과 정지은 다음 커뮤니케이션팀장은 정반대다. 원 팀장은 현대 출신이고, 정 팀장은 삼성 출신이다. 2008년 8월 10일 두 사람은 〈한겨레21〉 회의실에서 맞짱 토론을 벌였다. 두 사람 모두 언론에 나와 직접 토론하기는 이번이 처음이라고 했다. 하지만 두 사람 모두 '홍보쟁이' 아니랄까봐 말을 술술 잘했다.

처음부터 어려운 질문을 꺼냈다. "포털은 권력이란 말이 있다. 뉴스 편집권을 갖고 있기 때문이다. 그래서 포털이 대통령을 만든다는 얘기까지 나온다."

처음부터 센 질문을 받은 두 사람은 당황한 듯했다. 하지만 곧바로 차분히 정리해나갔다.

원윤식 팀장: 네이버는 권력을 얻기 위해 뉴스 서비스를 하는 게 아니라 이용자에게 정보를 주기 위해 서비스를 하고 있다. 하지만 뉴스 편집권에 대해 말들이 많다. 그래서 2009년 1월부터 이용자들이 직접 뉴스 편집을 할 수 있는 서비스로 전환할 계획이다.

정지은 팀장: 다음은 이용자들이 서로 소통하고 정보를 공유하기 위한 장을 만들어주는 역할을 추구할 뿐이다. 이용자들이 어젠다를 만든다. 다음이 직접 어젠다를 만들지는 않는다.

독자들이 궁금할 것 같은 질문을 던졌다. "뉴스 메인화면에서 기사 배치는 어떤 기준으로 하나?"

정지은 팀장: 공정하고 중립적인 서비스 운영을 한다.

원윤식 팀장: 편집팀이 있어 자체 기준을 갖고 배치를 한다.

하지만 두 사람 모두 구체적인 편집 지침에 대해서는 말하지 않았다.

두 기업의 이미지에 관해 물어봤다. "네이버는 실용·편리라는 이미지, 다음은 친근·유쾌라는 이미지가 있는 것 같다. 어떤 이들은 네이버가 보수적이고 다음은 진보적이라고 하는데?"

원윤식 팀장: (펄쩍 뛰었다) 그렇지 않다. 진보와 보수의 스펙트럼을 1~10으로 놓고 본다면 네이버는 딱 5다. 중도다. 무색·무미·무취한 것이 포털의 특성이다.

정지은 팀장: 기업이기 때문에 정치적 성향을 가질 수는 없다. 다만 기업 철학이 즐겁게 세상을 바꾸자는 것인데, 뭔가 변화를 추구한다는 측면에선 진보적이다. 하지만 정치적인 진보를 말하는 것은 아니다.

홍보팀장들에게 더 곤혹스러운 질문을 던졌다. "촛불집회 때 네이버와 다음은 네티즌들에게서 서로 다른 평가를 받은 것 같은데?"

정지은 팀장: 이용자들이 아고라의 토론 서비스를 활발하게 이용해주고 사랑해주는 것은 고마운 일이다. 하지만 다음이 네티즌을 움직인다는 비판이 있었는데 그건 사실이 아니다. 다음은 장터를 마련해준 것뿐이다.

원윤식 팀장: 이용자들의 신뢰를 지키기 위해 중립적인 대응을 했다. 하지만 일부 오해도 있었다. '네이버를 평정했다'는 발언이 있었다. 그런 말을 한 여당 정치인에 소송을 걸었다. 신뢰를 지키기 위해서였다.

"회사가 가장 힘들 때는 어떨 때인가?"

원윤식 팀장: 항상 힘들다. 계속적으로 뭔가 보여줘야 한다. 네이버에 대한 시선과 관심이 많다 보니 정치적인 문제나 저작권 같은 법적 문제에도 휘둘리지

않아야 한다.

정지은 팀장: 한때 우리는 1등에 안주했다. 그러다 네이버에 1등을 내줬다. 이제 우리가 1등이 아닐 수 있다는 생각을 한다. 서비스를 잘 못하면 이용자가 떠나갈 수 있다는 위기의식이다. 지금이 힘들지만, 2등은 1등을 따라잡기 위해 노력할 수 있다는 점에서 위기는 곧 기회다.

맞장 토론은 '소주 한잔'으로 이어졌다. 두 사람은 맞수기업의 홍보팀장이었지만, 술자리에선 사교육비, 건강, 집값 얘기를 털어놓았다. 영락없는 30대 후반의 전형적인 회사원들이었다.

SK브로드밴드 "따라올테면 따라와봐"
VS
천리안 이은 광랜 승부 LG데이콤

'못 보던 세상 이제 시작이야, 뭔가 보고 느끼고 경험하고 싶어, 누구도 볼 수 없었던, 보여주지 못했던 See the unseen 브로드밴드.'

몽환적인 분위기의 일렉트로닉 느낌을 물씬 풍기며 SK브로드밴드는 세상에 보랏빛 칵테일로 이름을 알린다. 초고속 인터넷, 전화, IPTV가 결합된 세상을 고객들에게 보여주겠다는 뜻이다.

'60년대 집전화는 부의상징~ 80년대 집전화는 용건만 간단히~ myLG070 이 새로운 생활의 방식~ 세상은 점점~ 세상은 점점'

1960년대부터 2009년까지 집전화의 트렌드를 컨트리풍의 통기타 음악으로 쉽고 경쾌하게 소개한다. KT 집전화의 시대는 가고 이제 인터넷 방식 전화로까지 발전해 그 대표주자가 '마이LG070' 라고 은근히 암시한다.

빛의 속도와 경쟁해야 한다. 더 많은 정보를 고객에게 가져가야 한다. 막힌 세상을 '뻥' 하며 소통시켜야 한다. 거대한 벽과 같은 KT에 끝없이 도전해야 하는 숙명이다. 속도가 맞수인 LG데이콤과 SK브로드밴드. 비트bit 속도를 높이기 위한 숨 가쁜 전진이 시작된다.

혜성처럼 나타난 다크호스, 데이콤

데이콤 역시 KT의 자회사였다. 하지만 LG와 데이콤은 서로 다른 길을 걸을 뻔했다. 하지만 우여곡절 끝에 LG는 데이콤을 품에 안는다. 데이콤은 1982년 KT 자회사로 태어났다. 처음 데이콤은 정부 전산망 등 데이터 통신 사업을 주로 했다. 데이콤은 1990년대부터 국제전화 사업에도 나서 KT와 경쟁하게 된다. 1993년 매출액 2688억 원, 당기순이익 158억 원을 올렸다.

대기업들은 데이콤에 눈독을 들였다. 때마침 정부는 1994년 데이콤 지분을 매각한다. LG는 계열사와 협력사를 통해 데이콤 지분 17.29퍼센트를 사들였다. 통신장비 사업에서 맞수 경쟁을 벌였던 삼성은 당황한다.

삼성의 끝없는 견제가 시작된다. 삼성은 언론과 관료 집단을 통해 LG의 통신 독점을 부각시킨다. LG가 이동통신PCS 사업권을 따내면서 다시 독점 논란은 불거졌다. PCS와 무선통신을 대기업이 모두 갖는 것은 독점이라는 주장이다. 결국 LG는 PCS 사업권을 받는 대신 데이콤을 포기한다.

하지만 LG와 데이콤의 인연은 끈질겼다. 두 회사가 재결합하게 된 것은 IMF 사태가 부른 빅딜 때문이었다. 김대중 정부는 LG에 반도체 부문을 현대로 넘기는 빅딜을 재촉했고, LG는 결사 항전한다. 빅딜에 진척이 없자, 당시 박태준 자민련 총재는 구본무 LG그룹 회장에게 "반도체를 포기하는 대신 데이콤을 인수하는 게 어떠냐"고 제안한다. 빅딜을 거부하기 힘들었던 LG는 결국 반도체를 넘기고 데이콤을 받는다. 1999년이었다.

질긴 인연 재결합 '천리안' 전성기 구가

'삐 지지지~ 삐~.'

데이콤은 PC통신의 강자였다. '천리안'이라는 알짜배기 브랜드가 있었다. 1995년 서비스를 시작한 천리안은 연평균 100퍼센트가 넘는 폭발적인 가입자 성장세를 일궈낸다. 1997년 천리안은 PC통신 최초로 유료 가입자 100만 명을 돌파했다. 월 3천 원을 내는 유료회원이었다. 1988년 매출액은 6억 원이었으나, 1996년엔 531억 원으로 뛰었다. KT의 하이텔과 삼성의 유니텔이 뒤를 따라왔으나, 천리안은 1위를 지켜나갔다.

PC통신 '접속'은 신세계였다. 사람들은 채팅으로 외로움을 달랬다. 시대와 민중과 정의를 놓고 토론을 벌이기도 했다. 육아와 교육, 증권투자 정보도 나눴다. 어떤 이들은 청춘의 열병을 앓기도 했다.

접속번호 '014xy'를 사용했던 PC통신으로 '새롬 데이터맨'이나

'이야기' 같은 접속 프로그램도 같이 떴다. 전화 모뎀은 56Kbps가 최고 속도였다. 하지만 실제 속도는 30Kbps에도 미치지 못했다. 게다가 통신 도중 끊어지기가 일쑤였다. 큰 파일 하나를 다운로드 받으려면 잠자기 전에 다운로드를 걸어놓아야 다음날 아침에 받을 수 있었다. 물론 중간에 끊어지면 헛수고였다.

2000년까지 고속 성장을 하던 PC통신은 2001년 이후 내리막길로 들어선다. 1997년 등장한 초고속 인터넷이 절대적인 원인이었다. 사람들은 더 빠른 속도로 인터넷에서 게임과 동영상을 즐겼다. PC통신은 추억이 된다.

LG데이콤은 천리안을 재빨리 인터넷으로 돌리지 못했다. 물론 이유는 있었다. 당시만 해도 인터넷의 비즈니스 모델은 무료였다. 인터넷으로 갈 경우 유료 가입자에게서 벌어들이는 수익을 포기해야 했다. LG데이콤은 그 대신 네이버·다음과 같은 인터넷 기반 포털과 맞장을 뜬다. 무료 전자우편과 인스턴트 메신저 서비스를 선보이며 포털에 맞선다.

"나는 ADSL"로 패러다임 대전환

하지만 네티즌들은 무료인 인터넷으로 돌아선다. PC통신 업체들은 차례로 무릎을 꿇는다. 하이텔, 나우누리, 유니텔 등은 서비스를 접거나 인터넷으로 옮겨간다. 천리안도 2002년 끝내 백기를 들며 PC통신 서비스를 그만두고 인터넷으로 전환한다.

PC통신 몰락의 중심에는 SK브로드밴드(옛 하나로통신)가 서 있다. 하나로통신이 통신의 패러다임을 PC통신에서 초고속 인터넷으로 바꿨기 때문이다.

하나로통신 역시 공룡 KT의 독점을 막기 위해 1997년 9월 출범했다. 데이콤·두루넷·한국전력·삼성전자·현대전자·대우정보통신·SK텔레콤을 비롯해 444개사가 연합한 거대 컨소시엄 형태였다. 애초 하나로통신은 KT에 이은 제2 시내전화 사업자였다. 하지만 시내외 전화는 물론 국제전화까지 독점하고 있던 KT의 벽을 뚫기는 만만치 않았다. 새로운 먹을거리 사업을 찾아야 했다. 논란 끝에 선택한 것이 초고속통신 사업이었다.

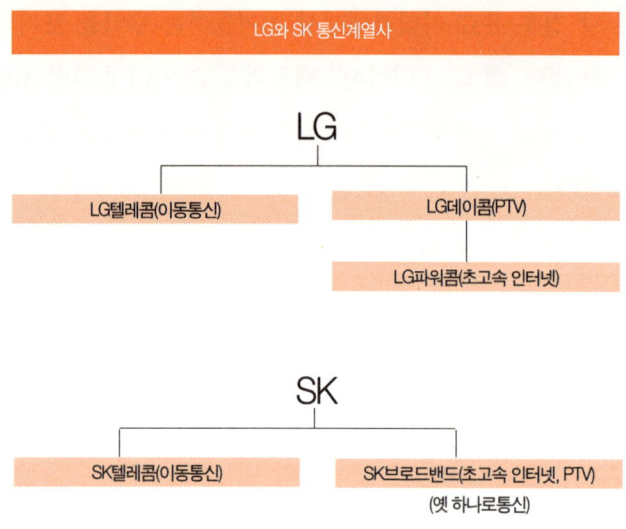

1990년대 중반 무렵만 해도 종합정보통신망ISDN이 대세였다.

ISDN은 전화 모뎀의 두 배인 128kbps의 속도를 냈다. KT가 ISDN 사업을 독점하고 있었다. 김홍식 SK브로드밴드 팀장은 "1등 기업을 따라 하든가, 1등과 차별화를 해야 할 때였다. 전략에 대한 논란이 있었지만 선택은 ADSL이었다"라고 말했다.

ADSL은 미국 통신회사 AT&T가 개발에 성공했지만 상용화가 안 된 기술이었다. 경제성은 더욱 풀기 힘든 숙제였다. 가입자당 모뎀 장비 가격이 무려 60만~70만 원에 이르렀다. 제대로 된 초고속 서비스를 즐기려면 모뎀뿐만 아니라 PC를 업그레이드하든지 새로 사야 했다. 소비자들은 부담이 됐다. 하지만 하나로통신은 삼성전자의 PC와 공동 마케팅을 통해 이 문제를 풀었다.

"나는 ADSL, 따라올 테면 따라와봐." 하나로통신은 1999년 4월 기존 서비스보다 100배 빠른 인터넷과 전화를 동시에 사용할 수 있는 서비스로 치고 나왔다. '나는 ADSL'은 대한민국을 초고속 인터넷 열풍 속으로 몰아넣었다. KT도 ISDN을 버리고 ADSL로 따라오기 시작한다.

'통신 공룡' KT 넘어서기 공통 숙제

LG데이콤이 반격을 한다. 2002년 LG데이콤은 파워콤을 인수한다. 데이콤의 강남 사옥을 매각해 인수자금을 마련했다. 파워콤은 한국전력공사의 자회사였다. 8만6천 킬로미터의 광케이블과 4만8천 킬로미터의 광동축혼합망을 갖고 있었다. 통신망 규모로 보면 KT에 이은 2위 사업자였다.

LG데이콤의 자회사로 편입된 LG파워콤은 2005년 9월 초고속 인터넷 시장에 진출한다. '광랜'이라는 차별화된 전략으로 치고 나왔다. 박형일 LG데이콤 상무는 "광랜 서비스인 엑스피드는 최고 100Mbps의 전송 속도를 자랑한다. 초고속 인터넷 시장 판도가 흔들렸다. 불과 1년 만에 100만 명의 가입자를 확보했다"고 말했다.

그 와중에 SK는 2007년 말 뉴브리지캐피털과 AIG 컨소시엄이 갖고 있던 하나로통신 지분 38.9퍼센트를 주당 1만1900원씩 쳐서 1조 877억 원에 인수했다. 하나로통신은 2008년 9월30일 기존 사명을 버리고 'SK 날개'를 달았다. 초고속 인터넷을 뜻하는 '브로드밴드'로 새 출발을 했다.

'통신 공룡' KT 넘어서기 공통 숙제

두 맞수의 경쟁은 '빛'에서 '콘텐츠'로 바뀌어가고 있다. 바로 인터넷TV(IPTV)다. 두 회사는 2008년 9월 방송통신위원회로부터 IPTV 사업권을 따냈다. SK브로드밴드는 인터넷방송인 하나TV의 성공을 이어가기 위해 '브로드앤TV'이라는 브랜드를 내걸고 유아 및 엔터테인먼트 콘텐츠에 초점을 맞추고 있다. LG데이콤은 '마이엘지TV'라는 이름으로 어학학습 콘텐츠를 준비하고 있다. KT도 사업권을 따냈다. 두 회사는 전화 사업과 초고속 인터넷에 이어 IPTV에서도 통신 공룡 KT와 맞서야 한다.

시나브로 아파트 단지를 점령했던 초고속 통신 업체들이 이젠 거실 안 TV 속으로 파고들고 있다.

하나로통신 둘러싼 재벌 삼국지
LG 막판 울고, SK 훗날 웃어

서기 2003년. 세 명의 제후가 있었다. LG, 삼성, SK. 이들은 초고속인터넷 대전을 준비하고 있었다. 대전의 전략적 요충지는 바로 '하나로통신'이라는 거대한 성이었다. 이 성을 장악해야 당시 초고속인터넷 벌에서 패권을 잡고 있던 KT와 한판 겨룰 수 있었기 때문이었다.

하나로 성을 향해 달려가는 LG

LG가 깃발을 들었다. LG는 절실했다. LG가 총애했던 부장장수인 데이콤을 위해서였다. 데이콤은 시외전화라는 조그마한 영토에서 KT와 어려운 싸움을 벌이고 있었다. 당시 KT는 시외·시내·국제전화라는 광활한 영역을 장악하고 있었다. LG가 하나로통신을 손에 넣는다면, 시내전화(하나로), 시외전화(데이콤), 이동통신(텔레콤), 광케이블(파워콤) 등 통신 벌 전역에서 연합군을 형성할 수 있었다.

한때 LG가문과 사돈이었던 삼성도 하나로에 관심을 드러냈다. 삼성은 통신

2003년 10월21일 경기 일산 하나로통신 사옥에서 열린 하나로통신 임시주주총회에서 표 대결을 벌여 63퍼센트가 넘는 찬성으로 외자인수 안이 가결되자 외자인수에 찬성한 주주들이 만세를 부르며 환호하고 있다.

벌보다 반도체 벌에 강한 전투력을 보이고 있었다. 하지만 삼성 역시 통신장비 업체를 수하장수로 거느리고 있었다. 때문에 하나로통신을 LG에 온전히 빼앗길 경우 역공을 받을 수 있어, LG의 하나로 입성을 막으려 했다. 그 전략의 중심에는 구조본이라는 책사가 있었다.

LG의 무혈입성은 가능할까?

SK는 한발 떨어져 있었다. SK는 KT와 이동통신 벌에서 연일 치열한 싸움을 벌이고 있었다. SK는 '011'이라는 화력이 강한 무기가 있었고, KT는 부장장수 KTF를 전면에 내세우며 '016'이라는 무기로 저항하고 있었다. SK는 이동통신 벌 전투에 집중하느라 초고속통신 벌 전투에 적극적으로 나서지 못했다. 하지만 이동통신 쪽에서 잠재적인 경쟁자인 LG를 견제해야 했기에 SK 역시 LG의 하나로 진입에 반대했다.

하지만 LG는 하나로 성에 가장 가까이 다가선 제후였다. 하나로 지분을 18퍼센트 갖고 있었다. 당시 하나로는 KT와 잇단 전투로 자금을 소진해 유동성 위기를 겪고 있었다. LG는 반도체 부문을 팔고 받은 넉넉한 자금이 있었다. 싸움은 LG의 승리로 점쳐졌다. LG가 무혈입성하는 듯했다.

물 건너온 세력과의 결전

하지만 상황은 반전된다. 'AIG-뉴브리지캐피탈 컨소시엄'이라는 외국 세력이 나타난 것이다. 이들은 하나로 성의 주민(주주)에게 5억 달러라는 막대한 자금을 들여오겠다고 약속했다. 삼성과 SK는 이들의 우산 밑으로 집결한다. 그러자 LG는 하나로의 4대 주주인 대우증권과 막판 담판을 벌여 자신의 세력으로 끌어들인다. LG는 외국세력인 칼라일에게도 원군요청을 했다. 결전의 날이 다가오고 있었던 것이다.

두 세력 모두 하나로통신을 살리기 위해 자신이 나서야 한다고 주장했다. LG는 '유상증자 안'을 내놓으며 "유상증자에 패배하면 통신사업에서 손을 떼겠다"는 배수진까지 쳤다. 반면 AIG-뉴브리지 컨소시엄은 '외자유치 안'을 제시했다. 후세 사학자들은 AIG-뉴브리지 컨소시엄은 '제국의 신인도를 위해 외자유치가 바람직하다'는 대의명분을 내세웠고, LG는 '국부가 유출된다'는 대의명분으로 전투에 임했다고 기록했다.

2003년 일산대전이 벌어지다

『삼국지』의 하이라이트인 적벽대전처럼, 2003년 10월 21일 경기 일산 하나로 본사 주총장에서 '일산대전'이 터진다. 두 세력의 설전이 오가고 칼날이 맞부딪혔다. 자욱한 먼지 사이로 깃발이 떠올랐다. AIG-뉴브리지의 깃발이었다. 외자유치 안이 참석주주의 75퍼센트(총주식수의 63퍼센트)의 찬성을 받으며 일산대전은 대단원의 막을 내렸다.

LG는 쓴잔을 마시고, 하나로 성은 외국세력인 AIG−뉴브리지 컨소시엄이 차지하게 된다. 하지만 외국 세력들은 SK한테 11억 달러에 하나로를 팔고 떠나버린다. 5억 달러를 투자해 3년 만에 6억 달러의 차익을 챙긴 셈이다.

SK에너지 자원개발에 국경은 없다
VS
석유는 수입하는 게 아니다 GS칼텍스

영화 〈자이언트〉에서 제임스 딘은 광활한 미 텍사스 대평원에서 유전을 찾아 나선다. 여느 때와 다름없이 위스키를 들이켜고 시추 작업을 하던 그에게 거대한 굉음이 울린다. 검은 기둥이 하늘을 향해 분수처럼 치솟는다. 석유를 뒤집어쓴 채 그는 환호성을 지른다.

SK에너지와 GS칼텍스는 '21세기 엘도라도'를 꿈꾸며 '검은 황금'을 캐는 맞수기업이다.

SK의 석유사업은 '기회는 준비된 자의 몫이다'로 결론 맺는다. 최종현 선경 회장은 1973년 '석유에서 섬유까지'라는 수직계열화를 천명하며 석유사업에의 의지를 다져나간다. 선경은 그해 15만 배럴 규모의 정유공장을 설립하려 했다. 하지만 중동전이 발발하면서 계획은 물거품이 됐다. 그 뒤 최 회장은 중동 최대 산유국인 사우디아라비아에 눈을 돌렸다. 그는 사우디아라비아와 무역거래를 튼 뒤 왕실 사람들과 인연을 맺어간다.

　최 회장의 '오일외교'는 2차 오일쇼크가 터지면서 불이 타오른다. 1979년 2월 이란에서 혁명이 일어난다. 이란의 석유 수출 중단과 함께 국제 석유 가격이 급등했다. 당시 우리나라의 원유 재고는 열흘 분밖에 남지 않았다. 국가 위기 상태였다. 최 회장은 사우디아라비아의 지인들에게 간곡히 석유를 요청해 그들을 움직였다. 결국 사우디아라비아 정부는 벨기에로 향할 예정이던 5만 배럴 물량을 우리나라로 돌린다.

선경은 유공을 놓치지 않았다

　당시 다국적 석유기업 걸프는 원유 확보에 심각한 타격을 받고 있었다. 걸프는 1962년 우리 정부가 경제개발 5개년 계획의 최우선 과제로 설립한 한국석유공사(유공)의 지분 50퍼센트를 갖고 있었다. 1980년 8월 걸프는 자신들이 보유한 유공 지분을 모두 팔아치우고 우리나라에서 철수해버린다.

　정부는 유공 민영화를 결정한다. 그때 유공은 국내 기업 최초로 매출액 1조 원을 돌파한 기업이었다. 기업들이 눈독을 들이는 것은 당연했다. 오일쇼크를 겪으며 원유 확보의 중요성을 절감한 정부는 인수 자격으로 원유의 장기적·안정적 확보 능력을 우선적으로 내걸었다. 결국 1980년 12월 선경그룹이 쟁쟁한 대기업들을 제치고 유공 인수자로 최종 결정됐다. 재계 10위 안팎을 맴돌던 선경은 일약 재계 5

위로 떠올랐다. 그 뒤 유공은 SK(주)로, 다시 SK에너지로 이름을 바꾸며 성장한다.

GS칼텍스의 시작은 동업이었다. 1965년 초 구인회 럭키 창업회장은 구평회 전무와 한성갑 기획부장을 불러 "새로운 사업 방향에 대해 연구해보라"고 지시했다. 럭키그룹은 그해 가을 석유사업 청사진을 담은 95쪽짜리 '한국석유화학공업(주) 사업계획서'를 만들어낸다. 계획서는 곧 경제기획원과 상공부에 제출됐다. 하지만 정부 반응은 한마디로 냉담했다. 정유사업에 민간 기업을 참여시키지 않겠다는 게 이유였다.

하지만 외부 상황이 달라지기 시작했다. 우리나라 경제가 발전하면서 석유 수요가 급격히 늘어났다. 결국 정부는 1966년 5월 여수에 제2정유공장을 세우는 계획을 발표하고 사업자 공모에 들어갔다. 신청서는 마감 1시간 전까지 한 건도 접수되지 않았다. 마감 직전, 여섯 건이 무더기로 접수됐다. 사운을 걸고 달려든 입찰 전이었다. 국내 최초의 민간 정유사는 '호남정유'를 회사 이름으로 써낸 럭키에 돌아갔다.

자본이 없어 차관이 반드시 필요했던 그때, 럭키는 칼텍스(현 쉐브론)와 손을 잡는다. 지분은 50대 50으로 정확히 반으로 나눴다. 두 회사의 합작은 오일쇼크 때 빛을 냈다. 1973년 1차 오일쇼크가 터지자 국내에선 원유를 못 구해 정유공장의 가동률이 60~70퍼센트로 뚝 떨어졌다. 하지만 호남정유 여수공장은 94퍼센트의 가동률을 보였다. 칼텍스의 지원으로 원유를 안정적으로 공급받을 수 있었기 때문이다.

당시 원유 확보에 어려움을 겪고 있던 유공에도 두 차례에 걸쳐 170만 배럴의 원유를 공급해주었다. 박정희 대통령이 칼텍스 회장에게 감사 편지를 보낼 정도였다.

2차 오일쇼크 넘어선 '미스터 오일'의 리더십

1986년 9월 쉐브론은 지분 50퍼센트를 그대로 유지하되, 경영권은 LG에 넘기겠다고 발표한다. 공동 경영에서 단독 경영 체제로의 전환이었다. 두 회사의 신뢰가 바탕이 됐다. 합작회사는 호남정유 → LG칼텍스정유 → GS칼텍스로 변화 · 성장해간다.

GS칼텍스는 고도성장으로 석유 수요가 폭증하자 1981년 하루 15만 배럴 규모의 정제시설을 증설했다. 그러나 곧바로 2차 오일쇼크에 맞닥뜨렸다. 국내 석유 수요가 급감했다. 이때 허동수 GS칼텍스 회장은 국내에서 원유를 정제해 해외에 내다파는 '임가공 수출'이라는 생소한 해법을 들고 나왔다. 정유업계에 '수출'이라는 개념 자체가 없던 시절이었다. GS칼텍스는 석유 수출이라는 역발상을 맨 처음 실천에 옮겨 1983년 정유업계 사상 처음으로 2억불 수출 탑을, 2008년에는 150억불 수출 탑을 받았다.

위스콘신대 화학공학 박사로, 국내 독보적인 에너지 전문가인 허 회장은 국제사회에서 전문성과 영향력을 인정받아 '미스터 오일Mr. Oil'이라는 애칭으로 통한다. 최근에도 그의 위기대응 능력은 돋보였다. 2008년 9월 고객 1100만여 명의 개인 정보 유출사고가 났을 때,

허 회장은 "숨김없이 대응하라"고 지시했다. 김명환 GS칼텍스 부사장은 "회장의 그 같은 지시로 회사의 엄청난 이미지 실추와 고객 피해를 막을 수 있었다"고 말했다. GS칼텍스는 개인 피해 방지와 수습 방안 마련에 발 빠르게 대처하며 경찰 수사에도 적극 협조했다. 이 때문에 수사는 빠른 속도로 진전돼 착수 이틀 만에 용의자를 찾아냈다.

2003년 닥친 SK글로벌(현 SK네트웍스) 사태로 SK는 절체절명의 위기에 놓이게 된다. SK글로벌의 분식회계와 비자금 조성 혐의로 최태원 회장이 경영 일선에서 물러나면서 경영 공백이 생기고 계열사의 주가가 급락했다. 이런 상황에서 소버린은 SK㈜ 지분 14.99퍼센트를 확보하며 경영권을 위협했다.

이만우 SK에너지 상무는 "그룹이 외국인 기업 사냥꾼 손에 넘어갈지도 모른다는 위기감이 팽배했다. 직원들이 똘똘 뭉쳐 소버린의 경영권 위협을 극복해냈다. 경영 일선에 복귀한 최 회장은 소극적인 방어가 아닌 대대적인 지배구조 개선으로 투명 경영의 발판을 마련했다"고 말했다. SK에너지는 2009년 2월 구자영 총괄사장을 신임 대표이사로 정식 선임했다. 구 사장은 미국 버클리대 재료공학 석·박사

출신으로 엑손모빌 기술연구소 혁신기술 자문위원, 미 럿거스대 교수 등을 역임하고 2007년 1월 SK에너지에 영입됐다. 구 사장은 신재생 에너지 전문가로 통한다.

'에너지 수입국에서 에너지 수출국으로'

사실 두 회사는 내수기업이 아니라 수출기업이다. 석유협회 자료 를 보면, 정유업체 전체 매출 가운데 수출이 차지하는 비중은 2006년 이미 절반(51퍼센트)을 넘어섰고, 2007년엔 53.3퍼센트에 이르렀다. 2005~2007년 석유제품 수출은 반도체 · 자동차 · 무선통신기기 · 조 선에 이어 5위였다. 지난해 석유제품은 반도체와 자동차 등 전통적인 수출 상품을 제치고 조선에 이어 2위에 올라섰다. 금액으로는 석유제 품이 376억 달러로, 반도체328억 달러에 견줘 48억 달러가량 많았다.

두 회사 모두 '산유국의 꿈'을 찾으려 세계 곳곳을 부지런히 누비 고 있다. SK에너지의 해외 자원 개발은 도전과 응전의 역사였다. 시

작은 1983년 인도네시아 카리문 광구였다. 8개월 동안 8개의 탐사정을 뚫었지만 실패였다. 다음해에는 아프리카 모리타니아 9광구 개발에 나섰다. 역시 성과를 얻지 못했다. 잇단 실패에도 굴하지 않고 해외 자원개발 사업을 꾸준히 추진했다. 마침내 1984년 북예멘 마리브 광구에서 추정 매장량 10억 배럴에 이르는 유전개발에 성공했다. 홍경표 SK에너지 부장은 "전 세계 17개국 32개 광구에서 확보한 원유 환산 매장량이 5억 배럴에 이른다. 전 국민이 250일 동안 쓸 수 있는 양"이라고 말했다.

SK 5억 배럴 확보 vs. GS 원유 10퍼센트 자체 조달

GS칼텍스는 2003년부터 자원 개발에 나선다. 출발은 늦었지만 발빠르게 움직이고 있다. 현재 참여 중인 광구는 캄보디아 블록A광구, 타이 육상광구, 베트남 122광구 등 12광구(GS홀딩스 포함)다. 이병무 GS칼텍스 상무는 "동남아, 중앙아시아, 중동 등 주요 전략지에서도 추가 탐사사업을 추진 중이다. 2015년까지 회사 원유 도입량의 10퍼센트(하루 생산량 7만 배럴)를 자체 조달한다는 목표다"라고 밝혔다.

두 회사는 고도화설비에 막대한 투자를 쏟아부었다. 고도화설비는 원유정제 과정에서 생산된 값싼 벙커C(유중질유)를 비싼 휘발유와 경유로 바꿔주는 시설이다. 고도화설비로 부가가치를 높인 석유제품은 중국과 동남아 등으로 수출된다.

SK에너지와 GS칼텍스는 정유업체를 뛰어넘어 차세대 에너지 기업으로 변신을 서두르고 있다. 수소에너지, 2차 전지와 같은 꿈의 에너지 개발에 나서고 있다. 하지만 쉽지 않다. 물에서 수소를 얻는 가장 손쉬운 방법인 전기분해의 경우 얻어내는 수소에너지보다 전기분해 자체에 들어가는 에너지가 더 많다. 하지만 도전하는 쪽은 언젠가 새로운 에너지의 불을 활활 태울 것이다. 〈자이언트〉의 제임스 딘처럼.

브랜드 경쟁도 활활
문근영 · 이기용 등 스타모델 총동원

GS칼텍스 모델 문근영

SK에너지 모델 이기용

GS칼텍스와 SK에너지는 브랜드와 광고에서도 불꽃 튀는 마케팅 경쟁을 벌인다. GS칼텍스는 1995년 1월 '테크론'을 내놓으면서 휘발유 브랜드 전쟁에 불을 댕겼다. 테크론이 선보일 당시 경쟁사들은 '기름에 무슨 브랜드냐'며 냉소적인 반응을 보였다. 하지만 테크론의 브랜드 마케팅은 짭짤한 성과를 거뒀다. 시장점유율 1퍼센트 포인트를 올리기 어려운 휘발유 시장에서 GS칼텍스 점유율은 1995년 2퍼센트 포인트가 높아졌다. 테크론이 선풍적인 인기를 끌자 그해 10월 SK에너지는 '엔크린'이란 휘발유 브랜드를 출시하며 따라왔다. SK에너지는 청정, 연비 개선, 세정 기능 등을 앞세우며 엔크린을 고품질 휘발유 이미지로 굳혀나갔다.

광고 전쟁도 볼거리다. GS칼텍스가 1995년 테크론 모델로 배우 이승연을 기용하자, SK에너지도 이에 질세라 엔크린 모델로 박중훈을 내세우며 맞불 작전을 폈다. 뒤이어 당시 한화에너지는 미국 영화배우 샤론 스톤을 내세워 '강한 걸로 넣어주세요'라는 화끈한 카피까지 등장시켰다.

GS칼텍스는 '국민 여동생' 문근영을 앞세워 재미를 봤다. 왕초보 운전자인 문근영이 길을 잃고 헤매다 초록색이 선명한 GS칼텍스 주유소를 만나 도움을 받게 된다는 내용이다. GS칼텍스는 월드컵 마케팅 효과를 위해 축구스타 박주영을 광고모델로 내세우기도 했다.

SK에너지는 1998년 고소영을 시작으로 엄정화·이효리·이기용·윤지민에 이르기까지 '빨간 모자 아가씨' 들을 내세워 'SK주유소=빨간색' 이라는 연상 이미지를 이끌어내며 컬러마케팅 경쟁에 불을 지폈다.

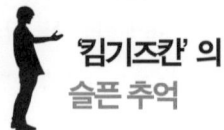

'킴기즈칸'의
슬픈 추억

우즈베키스탄의 수도 타슈켄트 시내에선 대우차를 자주 보게 된다. 마티즈와 라세티, 넥시아(한국 모델명 시에로), 티코, 다마스와 같은 낯익은 브랜드다. 현지 주재원들은 시내의 자동차 10대 중 9대가 대우차라고 말한다. 우즈베키스탄의 이웃 나라인 카자흐스탄만 해도 도요타 · 혼다와 같은 일제 차가 휩쓸었다. 하지만 우즈베키스탄 골목골목에는 여전히 대우 마크가 돌아다닌다.

대우는 1992년 국내 기업 최초로 우즈베키스탄에 들어왔다. 이곳은 이른바 '세계경영'의 교두보가 됐다. 대우는 1996년에는 자동차 조립공장을 세웠다. 자동차를 앞세우고 전자 · 중공업 · 건설 · 금융도 따라 들어왔다. '대우'라는 선단으로 합쳐진 대우군단의 전진이었다. 이 때문에 이슬람 카리모프 대통령은 김우중 회장을 '킴기즈칸'으로 부를 정도로 각별한 애정을 보였다.

우즈베키스탄에선 대우와 관련해 전설 같은 얘기가 많다. 현지에서 만난 전 대우맨 정유상 HIC 사장의 말이다. "1990년대 중반 대우의 한 임원이 우즈베키스탄의 고위 공무원을 만나 얘기를 나눴다. 임원의 비행기 출국 시간이 됐다. 그 임원이 '비행기 출국 때문에 일어서야 한다'고 하니, 고위 공무원은 공항에 전화를 걸어 '비행기 이륙 시간을 늦추라'고 했다. 상상하기 어려운 일이어서 놀랐지만 대우의 위상이 그 정도로 높다는 생각에 뿌듯해했다."

그러나 1999년 대우그룹이 부도 사태를 맞자, 대우차를 생산하던 '우즈대우'는 우즈베키스탄 정부로 소유권이 넘어갔다. 대우인터내셔널이 1996년 설립해 이동통신시장 점유율 1위까지 차지했던 '대우 유니텔'도 2004년 네덜란드의 실크웨이홀딩사에 팔렸다. 대우은행도 산업은행으로 소유권이 넘어가 우즈KDB로 이름을 바꿔달고 영업하고 있다.

김우중 회장의 경영철학은 '세계경영'이었다. 그는 부실기업을 잇달아 인수 · 합병하면서 창업 15년 만에 대우를 국내 4대 재벌로 거듭나게 만들었다. 1990년대엔 선진국 기업조차 관심을 갖지 않았던 동유럽과 중앙아시아로 진출했다. 당시 대우의 해외 현지법인은 전세계 360여 곳에 이르렀다. 김우중은 100여 개국에 600여 사업장을 거느린 '글로벌 총수'로 평가받았다.

상당수 해외 법인들은 '대우제국' 몰락과 함께 역사 속으로 사라졌다. 알리모프 우즈베키스탄 동방대 경제학과장은 "김우중 회장의 방만한 경영과 비자금 문제는, 결국 중앙아시아에서의 대우 몰락으로 이어졌다"고 말했다.

우즈베키스탄 경제주간지 〈비즈니스베스닉 바스토카〉의 스베플라나 브도비나 편집장은 "대우차나 이동통신사가 지금까지 꾸준히 사업을 했다면 우즈베키스탄은 물론 러시아 등 독립국가연합CIS 지역까지 시장을 넓힐 수 있었을 것"이라며 아쉬워했다.

결국 대우는 IMF가 불러온 내실 경영이라는 환경 변화에 적응하지 못하고 대마불사의 신화에 젖어 있었다. 그 결과는 몰락이었다.

아래아한글 20년 잔혹사
- 소프트웨어 강국의 꿈은 어떻게 좌절되었나

1989년 4월, '아래아한글 1.0'이 세상에 태어났다. 올해로 '아래아한글'은 20돌이다. 아래아한글 20년은 우리나라 소프트웨어의 잔혹사이기도 하다.

아래아한글과 함께 출발한 대부분의 소프트웨어 업체들이 마이크로소프트MS에 맞서다 떨어져 나가버렸다. 거품에 취한 벤처들은 시장에서 흔적도 없이 사라졌다. 돈 먹고 돈 먹는 머니게임은 진승현·정현준·이용호 게이트로 이어졌고, 쇠고랑을 찬 CEO도 매년 나왔다. 아래아한글은 이를 묵묵히 지켜봐야 했다. 아래아한글은 불법 복제라는 '만인의 만인에 대한 투쟁'을 거쳐 독점기업 MS와 '맞장'을 떴다.

"컴퓨터에서 우리말을 제대로 쓰고 표현할 수 있는 워드프로세서는 없을까."

한글과컴퓨터의 역사가 이곳에 오롯이 담겨있다.

1988년 서울대 공대 기계공학과 4학년이던 이찬진 현 드림위즈 사장은 당시 이런 생각을 했다. 아래아한글 신화의 시작이었다. 이 사장은 동아리(컴퓨터연구회) 후배였던 김형집·우원식씨와 함께 소프트웨어 개발에 들어갔다. 마침 그해 10월 1일 MS가 처음 한국 땅을 밟았다. 당시만 해도 생소한 회사였던 MS는 30명이 채 안 되는 직원으로 첫발을 내디뎠다.

불법 복제 나라의 우울한 풍경

그때에도 워드프로세서는 있었다. 삼보컴퓨터의 '보석글'과 금성의 '하나워드'가 많이 쓰였다. 하지만 이들 모두 외국 프로그램을 한글화한 것으로, 사람들을 만족시키는 데는 한계가 있었다. 1992년엔 삼성이 '훈민정음'이라는 소프트웨어를 만들기도 했다. 이찬진 사장은 1989년 4월 첫 작품을 만든다. 많은 젊은이에게

외국의 한 소프트웨어 개발업체에서 불법복제 제품을 수거해서 기계로 부숴버리는 퍼포먼스를 연출하고 있다.

벤처의 꿈을 심어준 '아래아한글'의 탄생이다. 어떤 이름을 지을까 고민했다. 이 사장은 고등학교 때 도서모임에서 낸 소식지 이름에서 힌트를 얻는다. 소식지 이름은 한 가지 소리로 뜻을 모으라는 의미의 '훈소리'였다. 우리나라 고어에서 '훈'은 하나라는 뜻이다. 결국 '아래아한글'은 '하나뿐인 글을 쓰는 소프트웨어'라는 뜻이 자연스럽게 나왔다.

아래아한글은 대히트를 친다. 방위병 복무 중이던 이 사장은 1990년 한글문화원의 한 귀퉁이 4평짜리 방에 사무실을 빌려 '한글과컴퓨터'(한컴)를 세운다. 아래아한글 1.0의 판매 수익 5천만 원으로 만든 것이다. 10월 9일 한글날이었다. 이듬해 곧바로 매출 10억 원을 기록하며 소프트웨어 업계의 '무서운 아이들'로 불렸다. 1992년 '아래아한글 2.0'을 내놓았다. 두 달 동안 3만 개가 팔리는 인기를 누렸다. 1993년 드디어 매출액 100억 원을 올렸다. 아래아한글의 확장자 'hwp'가 워드프로세서의 고유 아이콘이 될 만

큰 인기를 끌었다.

하지만 불법 복제는 한컴의 발목을 잡는다. 불법 복제가 아니었다면 '아래아한글 잔혹사'가 아니라 '아래아한글 승리의 역사'를 써야 했을 것이다. 아래아한글 1.0이 나왔을 때 모든 사람이 정품을 샀다면 어떠했을까? 아래아한글 1.0의 가격은 4만7천 원. 당시 우리나라에 깔린 컴퓨터가 150만 대 가량. 이 가운데 100만 대에만 한글이 깔렸다고 가정해보자. 1개 팔 때마다 1만 원의 이익이 들어온다 해도 무려 100억 원이 순수익이다.

괜찮은 소프트웨어 하나로 당시 그 정도의 많은 돈을 번다면 제2의 이찬진을 꿈꾸는 많은 젊은이들이 소프트웨어 시장에 도전장을 냈을 것이다. 한국의 온라인 게임이 그랬다. '리니지'와 '바람의 나라'가 히트를 치면서 젊은이들은 게임 개발에 몰려들었다. 결국 우리나라 온라인 게임은 세계적인 경쟁력을 갖춘 산업으로 성장할 수 있었다.

대한민국 컴퓨터 2대 중 1대에는 꼭 깔려 있다는 알 모양의 아이콘 '알집'이다. 이스트소프트라는 소프트웨어 업체가 이 알집으로 벌어들이는 돈은 1년에 20억~30억 원에 그친다. 글로벌 소프트웨어 업체들이 설립한 사무용 소프트웨어연합BSA이 지난해 5월 발표한 자료를 보면, 우리나라 소프트웨어 불법 복제율은 43퍼센트로 세계 평균(38퍼센트)보다 높다. 피해액만도 연 7500억 원에 이른다.

이는 부메랑으로 되돌아온다. 100대 소프트웨어 기업 가운데 한국 기업은 단 하나도 없다. 안철수연구소와 티맥스소프트 등이 300위권에 이름을 올린 것은 신화에 가까울 정도다.

골리앗 독점기업과의 투쟁

1998년 6월 15일 서울 롯데호텔에서 한컴과 MS코리아의 공동 기자회견이 열렸다. 이 자리에서 이찬진 사장은 MS에 투항했다. 이 사장은 '아래아한글' 프로그램 개발을 포기한다고 선언했다. 포기하는 조건으로 MS에서 2천만 달러 투자계약을 받기로 한 것이다. 때마침 방한한 빌 게이츠 MS 회장은 김대중 대통령을 만나 우리나라 IT 산업에 투자하고 싶다는 뜻을 밝혔다. IMF 관리 체제에서 외자 유치는 다른 어떤 것보다 높은 가치였다. 정부는 기업 활동에 정부가 참여해서는 안 된다며, 거대 외국기업과 싸워야 하는 국내 소프트웨어 업체들을 외면했다.

한컴이 백기를 든 이유는 자금난이었다. 단기부채가 100억 원에 이르렀다. IMF로 자금시장이 꽁꽁 얼어붙었다. 한컴 부도는 시간 문제였다. 1998년 4월에 들어서자 하루하루 어음 결제가 안 될 정도였다. 이찬진 사장은 국회의원직을 사임하고 부도를 막기 위해 사방팔방 뛰어다녔다.

구조적 문제는 불법 복제 때문이었다. 하지만 또 다른 이유는 MS였다. 잘나가던 웹브라우저 넷스케이프도 MS의 익스플로러에 무릎을 꿇었다. MS는 도스와 윈도라는 운영체제os를 갖고 있었기 때문이다. MS는 운영체제에 소프트웨어를 끼워 팔아 우리나라 소프트웨어 시장을 잠식해 들어왔다. MS의 파상공세에 힘없는 국내 소프트웨어 업체들은 순식간에 나뒹굴었다.

처음엔 아래아한글이 MS의 도전을 뿌리쳤다. 아래아한글 손맛에 길들여진 사람들이 MS워드에는 관심을 주지 않았다. 전세계 워드프로세서 시장을 거머쥔 MS워드가 유독 한국에서만 2인자에 머물러야 했다.

하지만 MS는 1992년부터 도스를 벗어던지고 윈도로 운영체제를 바꾸며 시장을 확장해나갔다. 워드·엑셀·파워포인트 등 업무용 프로그램을 두루 갖춰놓고 아래아한글을 압박했다. MS 제품들은 사용 방법이 서로 비슷해 한 가지 기능만 익히면 다른 프로그램에서도 이용할 수 있고, 무엇보다도 데이터를 공유하는 장점이 있다. MS는 워드에 세로쓰기, 옛글체 등을 내세워 한국적 감성에 호소하는 광고를 뿌려댔다. 윈도보다 MS워드 홍보비가 더 많다는 소문이 나돌 정도였다.

한컴은 아래아한글만으로 MS를 이길 수 없다는 생각에 전선을 넓혀나갔다. 한컴은 MS를 따라 사무용 프로그램을 내놓고 조그만 벤처를 잇달아 합병하며 덩치를 키웠다. 포털 네띠앙·심마니와 같은 인터넷 사업과 함께 멀티미디어, 컴퓨터 교육 등으로 사업을 확장해가지만 실패를 거듭했다. IMF를 맞아 무리한 확장은 결국 화를 불렀다.

1998년 아래아한글 포기 선언은 국민 정서를 자극했다. 아래아한글을 MS에 내줄 수 없다는 여론이 들불처럼 일어난다. 한글학회를 비롯해 15개 사회단체가 '한글지키기국민운동본부'를 세우고 국민 모금에 나선다. 1만원 국민주 운동, 100만 회원 모집 운동 등을 펼쳐나간다. 벤처기업협회 이민화 회장(메디슨)은 "우리 국민들이 다시 MS워드를 배울 경우 재교육 비용에 3천억 원, 한글문서 교체 비용으로 1천억 원, MS워드 구매 비용으로 1천억 원 등 적어도 5천억 원 이상의 국가적 손실이 발생한다. 하지만 아래아한글을 보완하고 발전시켜나가는 비용은 50억 원이면 충분하다"고 주장했다.

결국 국민주 20억 원과 메디슨의 50억 원 등 100억 원을 한컴에 투자하는 대신 MS와의 합의는 파기했다. 이찬진 사장은 경영 일선에서 물러났다. 그 뒤 한컴은 재정난 해결을 위해 아래아한글을 쓰자는 취지로 '아래아한글 8·15'를 1만원에 내놓는다.

한컴의 운명은 어떻게 될 것인가

벤처 붐이 절정이던 2000년 1월 4일 한컴은 시가총액이 2조 7380억 원까지 올랐다. 주가가 무려 130배 가까이 급등한 셈이다. 명백한 거품이었다. 한컴도 아래아한글과는 무관한 인터넷 비즈니스에 집착하기 시작한다. 후속 버전을 내지 못하면서 아래아한글의 시장점유율은 점점 밀려나갔다. 이민화 회장은 메디슨 소유의 한컴 지분을 싱가포르 기업에 매각하며 막대한 차익을 얻었다.

닷컴 불황이 깊어지면서 한컴은 또다시 경영난에 봉착했다. 지배주주가 없는 상황에서 2003년 한컴은 외국 국적의 CEO를 맞게 된다. 새 사장은 외국 국적에다 한글을 쓸 줄 모르고 겨우 몇몇 단

아래아한글 출시 20주년을 맞은 ㈜한글과컴퓨터의 김수진 대표가 2009년 2월 18일 소공동 조선호텔에서 '2009년 사업전략 발표회'를 열고 야심찬 사업계획을 발표했다.

어로만 한국말을 하는 정도였다. 이 같은 경영권 분쟁 끝에 2003년 부동산개발회사 프라임그룹이 지분 29.37퍼센트를 사들이며 한컴을 인수한다.

한컴은 2009년 2월 18일 서울 소공동 조선호텔에서 2009년 사업전략을 발표했다. 매출은 2008년의 344억 원에서 535억 원으로, 영업이익은 145억 원에서 150억 원으로 높여 잡았다.

하지만 기자들은 실적보다 한컴의 운명에 더 관심을 쏟았다. 한컴은 6년 만에 또다시 '매물'로 나온다. 이미 프라임그룹은 유동성 확보를 위해 한컴 매각 의사를 밝혔다. 한 벤처기업 사장은 "프라임그룹의 한컴 인수 당시 논란이 있었다. 프라임은 소프트웨어 산업과 거리가 먼 건설·부동산 자본이었다. 긴 안목으로 기업을 키워나갈 수 있겠느냐는 당시의 우려가 현실화되고 있다"고 말했다.

결국 한컴은 새 주인을 맞게 됐다. 삼보컴퓨터는 2009년 6월 16일 모회사인 셀런과 함께 한컴을 인수한다고 밝혔다. 삼보는 한컴 인수를 통해 컴퓨터 전문 기업과 소프트웨어 전문기업의 시너지를 십분 활용한다는 전략이다.

RIVAL NOMICS

사람들은 왜 비싼 스타벅스에서 커피를 마실까요? 은은한 커피 향과 따뜻한 느낌의 조명, 음악을 들으며 책을 보면서 커피를 마실 수 있는 편안함, 매장 안 사람들이 나와 비슷하다는 공동체적인 일체감이 그 이유일 것입니다. 즉 스타벅스는 집과 회사와 다른 '제3의 장소'로서의 문화 공간이라는 이야기를 만들어 냈습니다. 이 때문에 사람들은 기꺼이 지갑을 열게 됩니다.

제6법칙에는 스토리텔링에 관한 얘기를 담았습니다. 할리데이비슨이나 스타벅스는 자신만의 스토리를 갖고 있습니다. 바로 자신만의 콘텐츠이기도 하죠. 스토리텔링은 소비자와 기업이 그들의 과거를 이해하고 미래를 상상하며 정체성을 만들어 나가는 역할을 합니다. 독자 여러분들도 자신만의 스토리텔링, 콘텐츠를 만들어 나가길 바랍니다.

팁에선 스토리텔링 방식으로 성공한 케이스를 보여드립니다. 김연아 패션을 통해 본 제이에스티나와 아이돌 그룹 빅뱅의 스토리텔링 마케팅이 바로 그것이죠.

스토리텔링의
법칙

제일모직 꽃보다남자의 매력
VS
강마에스트로의 품격 LG패션

'제일모직공업주식회사.' 1954년 이병철 삼성그룹 회장은 '공업'을 넣어 회사 이름을 지었다. 이 회장은 한 해 전 '제일제당공업주식회사'를 만들었다. 두 회사는 무역사업을 해왔던 삼성물산과는 사업 성격이나 규모가 전혀 달랐다. 대규모 자본과 노동력이 들어가는 제조업체였다. 당시 섬유는 고부가 상품이었다. 양복지는 홍콩이나 마카오에서 수입해왔다. 마카오 양복 한 벌은 웬만한 봉급생활자의 석 달 치 월급보다 비쌌다. '마카오 신사'라는 유행어까지 나왔다.

제일제당은 곧바로 흑자를 냈지만, 제일모직은 적자를 이어갔다. '비싸도 외제가 좋다'라는 인식이 팽배했을 때다. 이런 상황에서 제일모직은 '골덴텍스' 신화를 만들어낸다. 이 회장은 기술자들에게 더 가는 실을 만들어야 한다고 강조했다. 가늘수록 기술이 까다롭다. 1956년 제일모직은 장미표 골덴텍스를 시장에 내놓는다. 장미는 이 회장이 좋아한 꽃이었다. 이 회장은 장미처럼 미려한 색상의 실을 기대했던 것이다. 회사를 설립하고 10년 뒤 이 회장은 "나는 제일모직의 설립을 영광으로 생각한다"고 회상했다. 사업 초기 적자로 마음고생을 많이 한 이 회장은 그만큼 회사에 대해 애착심을 갖고 있었다.

'반도패션.' LG패션의 첫 이름이었다. 구인회 LG그룹 회장은 1953년 무역회사인 락희산업을 세웠다. 락희산업은 이듬해 사무실을 반도호텔(현 서울 소공동 롯데호텔)로 옮긴다. 당시 반도호텔은 서울 최고의 호텔이었다. 해방이 되자 주한미군 군정장관인 하지 중장이 이곳에 숙소를 정했다. 여러 외국계 기업들이 이곳에 입주해 있었고 삼성물산도 이곳에 사무실이 있을 만큼 우리나라 무역의 본산지였다.

1956년 락희산업은 회사 이름을 반도상사로 교체한다. 반도상사는 당시 수출 주력 상품으로 각광받던 가발을 만들어 큰 성공을 거두게 된다. 1969년에는 부평공장을 세워 가발과 함께 청바지를 만들어 의류사업에 뛰어든다. 1974년 서울 명동에 반도패션 1호점을 열었다. 수출에서 쌓은 경험과 기술로 당시 소규모 의상실 수준에 머물던 국내 패션사업을 한 단계 성숙시켰다. 고급 숙녀복도 만들어 멋쟁이 여성들의 잠들어 있던 심미안을 자극했다.

한국적인 '갤럭시' vs 날씬한 '마에스트로'

"1970년대 말 반도 숙녀복 가운데 유별나게 인기가 좋았던 품목이 있었습니다. 겨울에 여자들이 입는 트렌치코트였습니다. 그 코트는 요즘 항공사 스튜어디스들이 겨울에 입는 코트를 연상시키는 그런 종류였습니다. 코트 스타일 번호가 5701이었는데, 고객이 백화점에서 그 코트를 찾을 때 5701을 달라고 했다 합니다. 따로 말하지 않아도 '5701이요!' 하면 그걸로 통했다고 합니다."(김인권 LG패션 팀장)

'남자를 신사로 만드는' 정장에서 두 회사는 1·2위를 다툰다. 편안하면서 몸에 착 달라붙는 옷을 만들기 위한 경쟁이다. 제일모직은 1983년 '갤럭시'를 내놓는다. 2년동안 치밀한 기획 준비 기간을 거쳤다. 갤럭시는 신사복 부문에서 한참 늦은 후발주자였으나 곧바로 남성복 1위 자리에 오른다. 우리나라 사람들의 체격과 취향에 맞춘 옷을 내놓은 게 성공 포인트였다. LG패션은 1986년 '마에스트로'를 선보인다. 기존 정장보다 어깨를 7밀리미터, 가슴 부위는 6밀리미터, 허리 라인은 3밀리미터씩을 줄여 착용감이 좋고

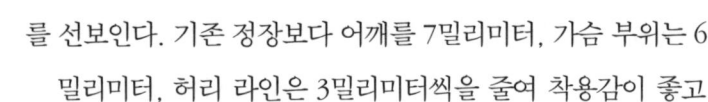

날씬해 보이도록 했다. 이른바 '마스터피스 763' 라인을 통해 고객에게 다가섰다.

캐주얼은 자전거 광고로 맞불

캐주얼에서도 두 회사는 '빈폴'과 '헤지스'로 맞선다. 캐주얼 붐은 1970년대 주5일 근무제를 시작한 미국 실리콘밸리에서부터 불었다. 금요일 일을 마치고 집에 가지 않고 곧바로 여행을 떠날 때 입을 수 있는 옷이었다. 형식보다 창의성을 중시하고 실용적인 면을 우선하는 벤처회사의 사고방식이 캐주얼 시장을 연 셈이다.

1989년 나타난 제일모직 빈폴은 자전거를 타고 가는 영국 신사의 모습으로 다가왔다. 그리고 '그녀의 자전거가 내 가슴속으로 들어왔다' 라는 광고 문구로 강한 인상을 남긴다. 빈폴은 미국 브랜드

굿바이폴 광고.

폴로를 벤치마킹했지만 오히려 폴로를 뛰어넘어 캐주얼 1위 자리를 지키고 있다.

LG패션의 헤지스는 2000년에 나왔다. 2004년 헤지스는 도발적인 광고를 내세우며 폴로와 빈폴에 도전장을 내민다.

헤지스 광고는 두 편이었다. 각각 폴로와 빈폴을 겨냥한 비교 광고였다. '폴로 편'에선 폴로 복장을 한 남성이 말을 타고 지나가다 헤지스 매장을 발견한다. 그는 말에서 내려 헤지스 매장으로 들어간다. 화면이 바뀌면서 헤지스 옷으로 갈아입고 나와 말을 놓아둔 채 걸어간다. 남겨진 폴로 모자와 스틱이 비에 젖는 가운데, 카피가 뜬다. "굿바이 폴."

'빈폴 편'도 마찬가지. 이번에는 한 여성이 자전거를 타고 지나간다. 헤지스 매장으로 들어갔다가 자전거를 버려둔 채 걸어간다. 그리고 "굿바이 폴."

헤지스 광고는 폴로의 로고에는 말이, 빈폴에는 자전거가 들어 있다는 점을 활용했다. '굿바이 폴'은 폴로와 빈폴에 굿바이하고 헤지스를 입으라는 뜻. 헤지스 광고는 비방 광고 논란을 낳으면서 화제를 모았다.

위기 대응은 다각화 vs 집중화

두 회사는 서로 다른 방식으로 위기에 대응한다. 1980년대 들어 섬유산업은 사양길로 접어들고 있었다. 중국 등 후발 개도국들이 바짝 추격해왔다. 제일모직은 새로운 먹을거리 사업을 찾아 나선다. 이병철 회장이 그 변화를 주도했다. 1986년 이 회장은 "직물과 패션은 업종상 성장 한계가 있다. 극단적으로 회사 생존의 한계가 있을지 모른다. 아예 새로운 업종으로 변신해보라"고 지시한다. 이 회장이 타계하기 직전 제일모직은 석유화학사업에 참여한다. 제일모직 사람들은 이를 '선대 회장이 남긴 마지막 유산'이라고 말한다.

제일모직이라는 회사가 사라질 뻔한 위기도 있었다. 1994년 삼성그룹은 전자, 기계, 화학, 금융 등 4개 업종을 전문화하고 소비재와 경공업을 제외한다는 방침을 정한다. 때마침 제일제당도 계열 분리된다. 제일모직은 삼성물산 의류사업부에 통합된다는 확정되지 않은 말들이 나돌았다. 당시 이건희 삼성 회장은 "모직은 삼성의 명예다. 그 명예를 손상시키지 않도록 회사를 키워줬으면 좋겠다"는 말로 깔끔히 정리한다.

LG패션은 패션사업 전문화로 위기를 극복한다. 1990년대 초 세계적인 경기 불황으로 의류업계는 극도의 불황을 탄다. 불황은 이미 예고된 것이기도 했다. 수출 부진의 돌파구를 내수시장에서 찾으려 한 섬유 업체들이 서울올림픽 전후로 의류사업에 대거 뛰어들었다. 의류업계 전체가 공급 과잉과 과당 경쟁, 그로 인한 판매 부진 등 악순환 속에 빠져들었다. 의류업계의 불황은 구조적 양상으로 번지고 있었다.

　LG패션은 수익성이 떨어지는 브랜드를 과감히 철수시켰다. 만시라스 등 10개 브랜드가 사라졌다. 대신 특화 브랜드를 집중 육성하기 위해 유통망을 재정비한다. 새로운 마케팅 방식으로 고객에게 다가선다. '적토마' 서비스가 대표적이다. 매장에서 고객이 찾는 사이즈나 색상이 없을 경우 즉시 근처 매장에서 찾아 오토바이로 집까지 배달해주는 서비스다. 퀵서비스의 원조 격이었던 셈이다. 이렇게 2년 동안 경영 혁신과 적극적인 고객밀착형 마케팅을 펼친 결과, 의류사업은 1993년 15퍼센트 매출 증가를 보이며 3년 만에 흑자로 돌아선다.
　두 회사의 미래 전략도 차이를 보인다. 제일모직은 다각화, LG패션은 집중화 전략이다. 제일모직은 의류뿐만 아니라 화학제품과 전자재료에도 패션을 입히고 있다. 김완수 제일모직 상무는 "패션과 화학 · 전자재료 분야의 사업 다각화로 성장을 이어가고 있다. 휴대전화, 디지털TV, 냉장고 등 정보통신과 가전제품의 플라스틱 외장 케이스가 그것이다. 제일모직은 흠집이 잘 나지 않는 플라스틱을 개발해 '보르도TV'에 입혔다. 보르도가 LCD TV 1위에 오르게 하는 데 조연역할을 톡톡히 해냈다"고 말했다. 2007년 제일모직 매출액(3조1124억 원) 비중은 화학재료(49.8퍼센트)와 패션(33.1퍼센트), 전자재료(14.2퍼센트) 등의 차례였다.

이와는 대조적으로 LG패션은 '패션'을 더욱 강화하고 있다. LG패션은 패션 브랜드 가치를 세계적 수준으로 높여 2015년까지 매출 1천억 원 이상 브랜드를 10개 이상 만들어낸다는 전략이다. 신영식 LG패션 상무는 "개별 브랜드마다 역량을 높이기 위한 전략을 세우고 있다. 단순한 의류업체가 아니라 파워 브랜드를 보유하고 관리하는 '매니지먼트 기업'으로 성장시키는 것이 궁극적인 목표"라고 말했다.

서로 다른 전략의 두 회사가 '디자인하는 패션의 미래'는 어떤 모습일까?

브랜드와 스타 모델
F4 열풍, 강마에 돌풍

최고의 주가를 올리고 있는 F4

돌풍을 몰고온 강마에스트로

F4(Flower 4)로 불리는 꽃미남 주인공들의 패션이 화제다. KBS 드라마 〈꽃보다 남자〉의 폭발적인 인기 때문인데, 누구보다 제일모직은 F4의 인기를 열렬히 반겼다.

제일모직 빈폴은 드라마 주무대인 학교(극중 신화고) 교복과 운동복, 캐주얼웨어 등 520여벌을 특별 제작해 협찬했다. 빈폴은 F4의 세련된 교복 패션인 이른바 '프레피룩Preppy Look'을 유행시킨 셈이다. 프레피룩이란 미 동부 아이비리그 대학생들이 즐겨 입는 옷에서 유래한 스타일이다. 스트라이프와 체크 패턴 셔츠, 면바지가 주요 아이템이다. 컬러는 네이비 · 아이보리 · 그린 · 화이트를 집중적으로 사용한다. 드라마 속 주인공의 의상 문의도 쇄도하고 있다. 구준표가 입었던 럭비 티셔츠는 밀려드는 주문에 물량이 달려 3차례 재생산했다. F4가 즐겨 매는 보타이(나비넥타이), 재킷, 가슴에 부착하는 와펜문장 등 프레피룩 스타일의 소품도 인기다. 빈폴은 전국 매장에 '프레피룩 존'을 만들어 드라마에 나오는 상품을 바꿔가며 전시했다.

LG패션도 지난해 9월 중순부터 석 달 동안 싱글벙글 웃었다. 이 기간에 방영됐던 MBC 드라마〈베토벤 바이러스〉때문이었다. LG패션은 드라마에서 마에스트로 역을 맡은 김명민의 출연 의상을 모두 협찬해 '강마에 효과'를 톡톡히 봤다. 드라마에 나오는 정장들은 모두 마에스트로에서 그를 위해 특별히 만들었다. 이른바 '강마에 라인'으로 출시된 제품들은 '마에스트로룩'이라는 새로운 스타일을 만들어내며 출시 3주 만에 모두 팔려나갔다.

제일모직은 갤럭시 모델로 '007 시리즈'의 미국 배우 피어스 브로스넌을 활용하고 있다. '신사복이 가장 잘 어울리는 배우'로 꼽히는 브로스넌은 2005년부터 갤럭시 전속 모델로 활동하고 있다.

캐주얼에서 LG패션은 1993년 당대 최고의 대중문화 표상인 '서태지와 아이들'을 기용해 '하여가'를 CM송으로 하고 힙합 율동을 선보였다. 서태지 옷차림으로 선풍적 인기를 끌면서 티피코시 브랜드를 일약 청소년 캐주얼의 대명사로 끌어올렸다.

빈폴은 할리우드 톱스타 귀네스 펠트로와 드라마〈내 이름은 김삼순〉에서 인기를 모은 대니얼 헤니를 캐스팅해 인기를 모았다. 빈폴은 또 미국 드라마〈프리즌 브레이크〉의 남자 주인공 '마이클 스코필드'로 열연하며 '석호필'로 국내 팬들에게도 인기를 얻고 있는 웬트워스 밀러를 모델로 기용하기도 했다.

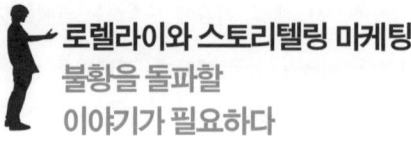

로렐라이와 스토리텔링 마케팅
불황을 돌파할
이야기가 필요하다

"옛날부터 전해오는 쓸쓸한 이 말이 가슴속에 그립게도 끝없이 떠오른다"
라인강이 황금빛으로 물든 저녁녘 한 소녀가 로렐라이에 앉아 자신의 긴 황금빛 머리를 빗으며 감미로운 노래를 부른다. 그녀의 외모와 노래는 너무 매혹적이다. 뱃사람들이 아름다운 노랫소리에 넋을 잃고 그녀를 바라본다. 배는 물결에 휩쓸려 암초에 부딪쳐 난파한다. 뱃사람들은 노래와 목숨을 바꾸게 된다.

이야기를 싫어하는 사람은 없다

하인리히 하이네의 시로 유명한 로렐라이Lorelei의 전설이다. 이 시는 낭만적인 감동을 준다. 하지만 막상 로렐라이 언덕을 가본 사람은 곧 실망한다. 어릴 적 노래를 부르면서 상상했던 이미지와는 너무나 다른 썰렁한 언덕이니까.
로렐라이는 이야기로 승부하는 스토리텔링 마케팅의 전형이다. 스토리텔링은 스토리와 텔링의 합성어로 '이야기하기'다. 스토리텔링 마케팅은 상품에 얽힌 이야기를 포장해 광고와 판촉에 활용하는 브랜드 전략이다.

스토리텔링 마케팅은 이야기를 좋아하는 인간의 본성에 바탕을 두고 있다. 드라마 이야기, 연예가 소식, 정치인 이야기, 항간에 떠도는 소문 등 사람들은 흥미로운 이야기에 관심을 기울인다. 상품도 마찬가지다. 같은 상품이라도 스토리를 갖고 있는 제품은 달라 보인다. 사람들은 평범한 와인보다 히딩크가 마셨다는 와인을 찾는다.

그래서 현대 마케팅에서는 스토리텔링을 주요한 기법으로 여긴다. 사람들은 제품보다 제품이 갖고 있는 가치와 꿈을 소비하고 싶어 한다. 예를 들어 아파트도 기능보다는 유명 연예인이 광고에서 시연해준 브랜드 이미지에 더 끌리고, 관광지도 드라마 세트장과 같은 사연 있는 곳이 더 각광받고 있다.

미래학자 롤프 옌센은 『드림 소사이어티』라는 책에서 "정보나 IT, 첨단기술에서 만들어 내는 부가가치의 총량보다 꿈과 이야기, 감성에서 만들어 내는 부가가치의 총량이 더 많은 사회가 왔다"고 했다. 그 예로 옌센은 덴마크의 안데르센을 들었다. 덴마크는 안데르센 이야기를 통해서 얻어내는 부가가치가 덴마크 GDP의 5퍼센트를 차지한다고 한다.

사실 디즈니는 구석기 원시인부터 안데르센의 동화를 거쳐 인디언 소녀의 삶에 이르는 수없이 다양한 '이야기'를 수천 가지 상품으로 만들어 팔아 막대한 이윤을 올린다. '해리포터' 시리즈 역시 서양에서 오랫동안 전해 내려오던 마법사이야기를 조앤 K. 롤링의 손을 거쳐 디지털시대 최고의 문화상품으로 재탄생했다.

심형래 감독의 〈디워〉가 다른 'B급 괴수영화'와 차별화되는 것도 스토리텔링이 기반이 되었기 때문이다. 500년마다 용으로 승천하는 이무기의 전설은 서양에는 없다. 〈디워〉는 어딘가 어설퍼 보이기도 하지만 이무기와 윤회라는 한국의 문화코드를 서구문화와 접목한 점에서 평가해볼 만하다.

우리 주변에선 스토리텔링을 마케팅으로 활용하는 케이스를 많이 볼 수 있다. 명품 구두 '페라가모'는 할리우드 여배우들이 신는 멋스럽고 편안한 신발이다. 영화 〈7년만의 외출〉에서 마릴린 몬로는 하얀 치맛자락을 날리는 매혹적인 장면을 연출한다. 평소 페라가모 마니아였던 그녀가 영화 속에서도 자신의 각선미를 살리기 위해 페라가모 구두를 이탈리아에서 급히 공수했다고 한다. 페라가모는 이 이야기를 지금까지도 광고 메시지에 활용한다.

와인 가운데 '샤또 딸보'는 우리나라에서 인기다. 2002년 월드컵 16강 진출을 확정 지은 저녁 히딩크 감독은 인터뷰에서 "오늘밤에는 와인 한잔 마시고 푹 쉬고 싶다"고 말했다. 그날 히딩크 감독이 마신 와인이 바로 1998년산 샤또 딸보였다.

야오밍은 NBA의 스토리텔링 작품

일본인들은 프랑스 보르도 마고 지역에서 나오는 '샤또 마고'를 좋아한다. 1997년 일본에서 대히트를 친 영화 〈실락원〉에 샤또 마고가 등장했기 때문이다. 중년의 두 연인이 불륜관계를 맺다 마침내 호텔에서 동반자살을 하는데 그때 샤또 마고 와인에 독약을 풀어 마신다. 샤또 마고는 어니스트 헤밍웨이에 얽힌 스토리도 있다. 헤밍웨이는 이 와인을 너무 사랑한 나머지 태어난 손녀 이름을 마고 헤밍웨이로 지었다. 그러나 마고 헤밍웨이는 나이 40살 때 자살했다. 이 같은 스토리는 더욱 와인 애호가를 끌어당기게 만든다.

스토리텔링 산업은 영화·문화 사업에만 그치는 게 아니다. 스포츠 사업 등으로 확장되고 있다.

미국 프로농구NBA에선 중국의 야오밍을 7500만 달러를 주고 5년 계약으로 데려왔다. 그 뒤 야오밍을 NBA라는 생산 공장에서 가공을 하고 NBA마케팅을 활용해서 계속 키웠다. 야오밍이 NBA에서 경기하는 모습을 TV에서 방영하면 중국 인구 2억명이 시청한다고 한다. 중국 TV는 야오밍의 경기를 사기 위해 엄청난 돈을 지불해야만 했다. NBA는 이렇게 해서 1년에 10억 달러를 벌어들인다고 한다. NBA가 야오밍이란 스토리텔링을 만든 셈이다.

스토리텔링마케팅은 기업뿐만 아니라 지방자치단체나 자영업까지 확장시킬 수 있다. 똑같은 창경궁이라도 "이곳이 사도세자가 쌀뒤주에 갇혀 7일간 고생을 하다 죽은 곳이다"라는 얘기를 듣게 되면 다시 보게 되고 새로운 감동이 솟아난다. 조그만 식당을 차리더라도 그 집 메뉴에 대한 스토리를 담는다면 다른 집과 차별화할 수 있을 것이다.

이야기로 재미를 주면 사람들은 감동을 받아 지갑을 연다. 불황에 꽁꽁 언 소비심리를 스토리텔링 마케팅으로 공략해 보는 것은 어떨까?

삼성경제연구소 정책과 이슈를 선점하라
VS
기업이 무엇을 원하는가 LG경제연구원

2008년 4월 국제유가가 배럴당 150달러를 위협하며 고공행진을 벌였다. 골드만삭스는 수급 불균형으로 하반기에 배럴당 200달러까지 오를 것으로 전망했다. 하지만 삼성경제연구소는 유가 전망을 '60~70달러'로 예측했다. 치솟던 유가는 2008년 하반기부터 하락해 삼성경제연구소의 예측과 비슷하게 움직였다. 글로벌 투자은행 골드만삭스보다 삼성경제연구소의 유가 전망이 보다 정확했던 것이다.

2003년 4월 23일 '책의 날'을 맞아 청와대는 노무현 대통령이 정독하고 있는 몇 권의 책을 소개했다. 그중 하나가 LG경제연구원이 그해 3월에 내놓은 『한국 경제 이렇게 바꾸자』라는 제목의 단행본이었다. 이 책은 성장 한계에 직면한 한국 경제를 한 단계 끌어올리려면 '혁신 주도형 경제'로 전환해야 한다는 방안을 제시하고 있다. 대통령이 LG경제연구원의 책을 추천한 셈이 됐다.

세계 수준의 싱크탱크를 꿈꾸며 미래를 준비하는 사람들이 있는 곳. 민간 경제연구소의 맞수, 삼성경제연구소와 LG경제연구원이다.

LG경제연구원은 1986년 4월 럭키경제연구소로 출발했다. 럭키증권이 100퍼센트 출자한 럭키증권 자회사였다. 최종성 LG경제연구원 연구조정실 부장은 "증권 조사 업무를 전문화하는 게 1차 목적이었다. 당시에는 증권 열풍이 불면서 대기업들이 증권사 부설 경제연구소를 잇따라 세울 때였다"고 말했다.

LG경제연구원은 증권회사의 조사부 기능에서 크게 벗어나지 못했다. 주로 자본시장을 중심으로 국내외 경제와 산업동향 조사업무를 했다. 연구과제 역시 증권투자 정책 수립이나 투자기법 개발 등 증권 관련 업무 위주였다. LG경제연구원은 2년 뒤 그룹 직할 조직으로 개편되면서 럭키금성경제연구소로 이름을 바꾸게 된다. 연구 대상도 증권회사 지원 연구조사에서 그룹사 전체를 위한 연구조사 컨설팅 등으로 전면 개편된다.

그룹 컨설팅 역으로 1986년 나란히 연구소 출범

삼성경제연구소는 이병철 삼성그룹 회장이 다부치 세쓰야 일본 노무라증권 회장을 만난 뒤 설립이 추진된다. 1986년 4월 이 회장의 지시에 따라 삼성 비서실은 경제연구소 설립계획안을 마련한다. 일본의 대표 싱크탱크인 노무라총합연구소NRI가 벤치마킹 대상이었다. 처음에는 독립법인이 아닌 동방생명(현 삼성생명) 부설 기관으로 설립하기로 했다. 초기 자본금은 대략 7억 원. 당시 동방생명이 갖고 있던 막대한 자산(1985년 말 기준 2조5천억 원)의 효율적 운영을 지원하기 위해서였다.

하지만 동방생명은 연구소 이름에 어떤 형태로든 '동방생명'이라는 글자를 넣도록 요구했다. 보험업계 최초로 연구소를 설립하는 명분을 살리고 회사 이미지를 높이는 데 도움이 될 것으로 판단했기 때문이다. 결국 이 회장이 최종 결정했다. 이 회장은 "지금은 역량이 부족해 당분간 삼성그룹 일에 전념하겠지만, 어디까지나 그 지향점은 사회과학 분야의 종합 연구소에 있다"며 이름을 '삼성경제연구소'로 정했다. 영문 이름은 세리SERI가 됐다. 1986년 7월 25명의 연구원으로 출발했다.

IMF 사태는 두 연구소에 도전이자 기회였다. 1994년부터 한국 경제는 가파르게 성장했다. 하지만 국가 경쟁력이 좋아진 게 아니었다. 외부 환경이 좋아서였다. 엔고와 반도체 호황 덕분이었다. 구조조정이 시급했지만 기업들은 오히려 투자를 확대했다. 투자 재원은 대부분 차입으로 조달해 기업 재무 구조는 악화됐다. 경제 곳곳에 거품이 끼었다. 1996년부터 엔고와 반도체 특수가 끝나면서 1997년부터 한보 · 삼미 · 진로 · 기아 · 해태 · 한라 · 청구 등 대기업들이 무더기로 쓰러졌다.

두 연구소 모두 경제 현실을 정확히 진단하지 못했다. 적절한 대응책도 내놓지 못했다. 두 연구소는 이러한 반성을 발판으로 새로운 변신에 도전한다.

삼성경제연구소는 눈높이에 맞춘 보고서를 찾아나선다. 1995년부터 8년 동안 연구소장을 맡은 최우석 소장은 보고서를 사회 수요에 맞추고, 연구를 위한 연구보다 실질적 연구를 할 것을 강조했다. 최 소장은 "각종 보고서가 실질적이지 않고 시의성이 적으며 너무 어려웠다. 현장 연구와 빠른 일처리를 요구하고, 보고서를 알아보기 쉽게 쓰라는 소리를 많이 했다. 이상은 높이 두되 현실에 발을 디딘 연구를 지향했다"고 말했다. 보고서에도 현실성 · 신속성 · 가독성이 강조됐다. 정통적 연구 방식과는 다른 요구에 연구원들은 처음에는 상당한 어려움을 겪었지만 점차 SERI식 글쓰기에 익숙해져 갔다.

이슈와 트렌드를 선점하는 세리

삼성경제연구소의 이 같은 방식은 IMF를 거치면서 빛을 발한다. 트렌드를 중시하는 빠른 분석과 이슈 제기가 주목을 받기 시작했다. 오상우 삼성경제연구소 연구조정실 부장은 "보고서가 시의에 맞고 읽기 쉬워 언론도 자주 탔고 지식인뿐만 아니라 보통 사람들에게도 삼성경제연구소를 알리는 계기가 됐다"고 말했다.

LG경제연구원도 IMF를 거치면서 변신한다. LG경제연구원은 IMF 이전까지 기업은 물론 정부부처, 학교, 공공기관 등 다양한 고객을 대상으로 컨설팅 사업을 벌였다. 그러나 IMF 경제위기 뒤 많은 기업이 사회적 부담만을 남긴 채 몰락했다. 건실하다고 평가받던 기업도 어려움을 겪는 것을 지켜보면서 LG경제연구원은 연구의 우선순위를 기업으로 정했다. 국내 기업을 세계적 기업으로 성장하도록 돕는 것이 국가 경제 발전에 기여하는 일이라고 여긴 것이다. 채정훈 LG경제연구원 연구조정실 차장은 "이를 계기로 LG경제연구원은 국내 주요 산업의 경쟁력 강화, 신사업 창출 등의 연구에 더 많은 노력을 기울이게 된다"고 말했다.

2000년대 들면서 두 연구소는 점차 다른 길을 걷는다. 삼성경제연구소는 연구 주제의 무게를 거시 분야에 두는 반면 LG경제연구원은 상대적으로 기업 안으로 파고든다.

삼성경제연구소는 굵직굵직한 사회·경제적 이슈를 선점하고 화두를 던진다. '강소국론'이나 '동북아경제중심 국가론' '국민소득 2만 달러'는 삼성경제연구소에서 먼저 던진 화두였다. 강한 메시지를 던지면서 정부 정책에 반영하도록 했다. 성장률·금리·환율 등 경제 변수들 중심의 다른 민간 연구기관들과 차별화를 한다.

신현암 삼성경제연구소 연구조정실 상무는 "민간 연구소이지만 국익도 생각해야 한다. 한국 사회에 도움이 되는 정책 제안도 강화하고 있다. 2000년을 전후해 우리나라에서도 글로벌 기업이 나왔듯 글로벌에서 인정받는 연구소를 지향하기 위해 그러한 노력을 하고 있다"

고 강조했다.

고객 맞춤형 보고서도 삼성경제연구소의 강점이다. CEO를 상대로 하고 있는 『세리CEO』는 CEO들의 라이프스타일과 욕구, 필요를 철저하게 분석해 각종 건강·문화 정보까지 알려주고 있다. 와인·재즈·등산·독서 등 다양한 주제의 보고서도 내놓는다.

삼성경제연구소는 각종 이슈를 발 빠르고 광범위하게 보여준다. 재미있고 대중적이면서 현장감이 강하지만, 깊이가 부족하고 가볍다는 비판도 나온다. 임태윤 삼성경제연구소 연구조정실 팀장은 "아카데믹한 연구는 대학과 국책 연구기관의 몫이고, 삼성경제연구소는 실용적이고 현장 정보가 담긴 보고서를 강조한다"고 말했다.

지주회사 전환 밑그림 그려내

LG경제연구원은 기업을 가장 잘 알고 기업 성공을 지원하는 민간 연구소를 목표로 한다. LG경제연구원은 LG의 지주회사 출범 과정에서 이론적 뒷받침과 조직 운영 구상에 이르기까지 큰 그림을 그렸다. 그룹 구조조정본부와 손발을 맞춰 자회사의 역량 조사, 지주회사의

방향 제시 등 주요 과제를 소화해냈다. LG의 지주회사 변신은 한국 기업의 고질적인 문제점 가운데 하나인 재벌의 문어발식 소유지배 구조를 탈피하는 출발점이 됐다.

김영민 LG경제연구원 연구조정실장은 "전자와 화학, 통신 산업에서 다양한 리서치와 풍부한 컨설팅 경험도 강점이다. 이를 통해 현장감 넘치고 심도 있는 내용의 정보를 제공하고 있다"고 강조했다. '이론과 실전'에 두루 강한 것도 LG경제연구원의 강점이다. 현재 전자·화학·텔레콤·상사·유통 등 LG그룹 주요 계열사에 연구원 출신 임원들이 자리잡고 있다. 이윤호 지식경제부 장관도 LG경제연구원 원장 출신이다.

두 연구소는 한때 그룹 회장을 대리해 전쟁을 벌인 적이 있었다. 2003년 6월 5일 이건희 삼성그룹 회장은 신라호텔에서 열린 '신경영선언10주년 기념' 만찬을 열고 "국가 차원에서 인재를 발굴하고 양성하는 데 삼성이 적극 나서야 한다. 제2의 신경영은 '나라를 위한 천재 키우기'에 중점을 두어야 한다"며 사장단에 천재 인재 확보에 나설 것을 당부했다.

그러자 LG 구본무 회장은 며칠 뒤인 6월 21일 스웨덴 스톡홀름에서 열린 회의에 참석한 뒤 귀국하던 기내에서 기자들에게 "한두 사람의 천재가 수만 명을 먹여 살린다고 하는데 나는 그렇게 생각하지 않는다"고 말했다. 이건희 회장에 직격탄을 날린 셈이다. 구 회장은 "그런 천재는 따돌림을 당하기 쉽고 회사 내에서 위화감이 생길 수 있다. 천재보다는 훌륭한 CEO 양성이 중요하다"며 이 회장의 '천재론'에 맞서 'CEO 육성론'을 폈다.

　이 회장과 구 회장이 각각 '천재 육성론'과 'CEO 육성론'을 내세우자, 두 경제연구소는 앞장 서 총수의 경영 철학을 옹호했다. 삼성경제연구소는 '국민소득 2만 불로 가는 길'이라는 보고서에서 "천재 한 사람이 수만 명을 먹여 살리는 시대로 본격 진입함에 따라 우수 인재 양성이 중요하다"고 강조했다. 반면 LG경제연구원은 '평범한 직원으로 고성과 내는 비결'이라는 보고서에서 "시장에서는 일류 인재보다 내부의 평범한 직원과 고성과를 내는 기업들도 많다"며 반박했다.

　삼성경제연구소는 새로운 어젠다와 정책 대안을 제시하며 2010년 동아시아 지식 허브를 꿈꾼다. LG경제연구원은 10년 뒤 미래 비즈니스의 진화 방향을 가장 잘 읽어내는 싱크탱크를 지향한다. 두 연구소 가운데 누가 먼저 우리나라를 대표하는 민간 싱크탱크로 자리매김할지에 관심이 쏠린다.

CEO 인포메이션과 LG 비즈니스 인사이트
분석과 전망 담은 대표 간행물 인기 절정

삼성경제연구소에 『CEO 인포메이션』이 있다면 LG경제연구원엔 『LG 비즈니스 인사이트』가 있다.

삼성경제연구소의 『CEO 인포메이션』은 1995년 8월 22일 '엔화 및 원화 환율 전망과 영향'을 주제로 첫 호를 내면서 세상에 나왔다. 연구소 간행물 가운데 성공한 사례로 평가를 받는다. 그룹 사장단이 1차 고객이었다. 그래서 연구소에선 분석의 깊이, 속보성, 정확한 예측과 판단, 상상력에 많은 신경을 썼다. 가장 중점을 둔 것은 주제 선정이었다. 1~2주 전에 주제가 선정되지만 긴급 이슈가 나타나면 주제가 바뀌기 일쑤였다. 과제 리더를 포함해 2~3명이 보고서를 작성하는데, 신년 트렌드와 같은 큰 주제는 10여 명이 매달리기도 했다. 참여 연구원들은 엄청난 스트레스를 받는다고 한다. 이언오 삼성경제연구소 전무는 "『CEO 인포메이션』이 매년 초 트렌드를 비교적 정확하게 예측했고 외환위기를 극복하는 데 작은 힘이나마 보탰다. 벤처, 디지털, 새 천년 등 무게 있는 주제를 통해 시대의 흐름을 주도해왔다"고 말했다.

삼성경제연구소의 또 하나의 자랑은 홈페이지 seri.org다. 2009년 1월 현재 150만 명 이상의 등록회원을 자랑한다. 경영·경제 전문 사이트가 100만 명 이상

회원을 보유하고 있는 것은 세계적으로도 유례없는 일이다. 특히 전 세계 연구기관 중 유일하게 서비스가 한국어, 영어, 일어, 중국어로 이루어진다는 점이 강점이다. 온라인 동영상으로 제공되는 유료 인터넷 사이트인 '세리CEO sericeo.org'도 인기다.

LG경제연구원의 『LG 비즈니스 인사이트』(옛 『LG 주간경제』)는 1989년 5월 첫 선을 보였다. 20년 가까이 1천 호를 넘기며 매주 발간되고 있다. 국내외 주요 경제·경영 현안의 분석과 전망을 담아 기업과 정부기관, 금융기관, 학계 등 우리 사회 오피니언 리더들에게 전달한다. 국가 경제 및 기업 경영 현안을 다루지만 문제를 과장하거나 과소평가하지 않고 객관적인 시각을 유지하기 위해 노력한다. 경제 분석 기사 외에도 기업이 필요로 하는 주요 경영혁신 방안과 선진 경영 기법을 풍부한 사례를 들어 소개하고, 실전에 바로 활용할 수 있는 액션 플랜도 함께 싣고 있다. 김영민 LG경제연구원 실장은 "정부 정책 당국자들은 물론 언론과 학계, 기업 CEO 등 전문가 집단에서 높은 평가를 받고 있다. 국내 정기 간행물 중 가장 높은 기사 인용도를 보이는 주간지 중 하나"라고 말했다. LG경제연구원이 지난 2004년 말 내놓은 『2010 대한민국 트렌드』도 미래 예측과 트렌드 분석력으로 호평을 받고 있다. 출간 뒤 수년 동안 국내 서점가에서 스테디셀러 자리를 지켜왔다. 국내뿐만 아니라 대만 출판사에서 중국어로 번역·출간돼 대만은 물론 중국 본토에서도 인기를 모았다.

김연아와 제이에스티나
꿈을 현실로 만드는 감성마케팅

피겨요정 김연아가 2009년 4월 2일 고려대에 첫 등교할 때 입은 '새내기 패션'이 한때 인터넷을 달궜다. 네티즌들은 이날 김연아가 했던 귀걸이까지 맞췄다.

바로 '제이에스티나 J.ESTINA'의 더블티아라였다. 이 브랜드는 스토리텔링 마케팅으로 탄생했다. 제이에스티나는 시계로 유명한 로만손의 보석 브랜드다. 2003년 첫선을 보였는데, 첫해 매출이 50억 원에 이를 정도로 인기를 끌었다.

이 브랜드는 이탈리아 공주인 조반나Jovanna에서 따왔다. 조반나 공주는 이탈리아 사보이 왕가의 셋째 공주로 태어나 훗날 불가리아 보리스 왕의 아내가 된 실존 인물(1907~2000)이다. 사실 조반나는 세상에 많이 알려지지 않은 공주다. 그래서 그녀에 대한 신비로운 이미지까지 만들 수 있었다. 만일 이미 잘 알려진 유럽 왕실의 공주를 선택했다면 오히려 그 신비로움과 매력은 반감되었을 것이다.

제이에스티나의 제품들은 조반나 공주와 연계된 이야기를 가지고 있다. 모든 제품들은 조반나 공주를 중심으로 이야기를 만들었고, 이러한 브랜드 스토리가 소비자들의 관심을 끄는데 성공했다. 그녀의 배경을 의미하는 티아라 Tiara(공주를 위한 작은 왕관)를 심벌로 삼았다. 2004년엔 그녀의 애완동물 고양이 '제나'를 선보였고 이어 조반나 공주의 모습을 형상화한 '프린세스 제이에스티나'도 나왔다. 제이에스티나는 스토리텔링 마케팅을 통해 '네오 로열티Neo Royalty'라는 브랜드 콘셉트를 만들어 낸 것이다.

제이에스티나의 타깃은 유럽의 감성을 동경하는 25~35살의 젊고 세련된 여성들이다. 이들은 한번쯤 공주가 되고 싶은 욕망이 있는데다 패션 감각 또한 뛰어나 항상 새로운 장르에 대한 흡수가 빠르다. 조반나처럼 공주이자 왕비가 되고 싶은 현대 여성들의 꿈이 실현되도록 하는 게 브랜드 전략이다.

블루오션도 찾았다. 4조 원대로 추산되는 국내 주얼리 시장은 예물급인 파인 주얼리와 중저가 패션액세서리 시장으로 나뉘어있다. 하지만 그 중간층 시장은 전무했다. 제이에스티나는 그 틈새를 파고들었다.

패션 주도층을 위한 제품인 만큼 품질과 디자인을 높이는 대신 가격은 명품 브랜드보다 저렴하게 제안했다. 10만~30만 원대 중고가의 매스티지(명품과 대중제품의 중간급) 브랜드 전략이었다. 제이에스티나는 2004년 88억 원, 2005년 200억 원, 2006년 276억 원의 매출을 올리며 시장을 확장해 나가고 있다.

스토리텔링 마케팅storytelling marketing은 브랜드 이야기를 친근하게 풀어가는 감성마케팅이다. 상품에 얽힌 이야기를 가공·포장해 광고와 판촉 등에 활용하는 브랜드 커뮤니케이션 활동이다. 디즈니랜드, 나이키, 할리데이비슨, 페라리, 이 모든 것이 꿈과 이야기로부터 시작되었고 그 꿈이 현실을 창조하게 된 것이다.

이수만의 SM 소녀시대의 성공시대
VS
원더걸스의 원더풀 신화 박진영의 JYP

'너무 반짝반짝 눈이 부셔 노노노노노~'

올해 새해는 소녀시대의 〈지Gee〉 신드롬으로 시작됐다. 소녀들은 1월 미니앨범 발매 뒤 9주 연속 가요차트 정상에 오르며 가요사를 다시 썼다.

그녀들은 소녀하면 떠오르는 공주소매, 레이스, 액세서리를 모두 벗어 던졌다. 새로운 스타일을 만들어 냈다. 몸에 딱 붙는 스키니진에 몸매가 드러나는 티셔츠를 걸쳐 입었다. 평범한 아이템이지만 패션리더만이 소화할 수 있다는 진에 티셔츠다. 남성들의 로망이기도 하다. 소녀시대의 포지셔닝은, 여인과 소녀를 오가는 원더걸스와 귀엽고 앙증맞은 카라의 중간 지대쯤 된다. 그녀들은 소녀의 풋풋한 매력을 강조한다. 남성들의 상상력을 자극한다. 아직 채워지지 않는 무언가에 대한 호기심이다.

'소덕후' (소녀시대+오타쿠를 합친 말로 오빠부대), '소시당' ('소녀시대이다'라는 뜻의 팬클럽). 이 단어에 익숙하다? 그럼 당신은 소녀시대 팬이다.

소녀시대와 원더걸스 신드롬

소녀시대는 '소녀들이 평정할 시대가 왔다'는 뜻을 담고 있다. 그 말처럼 그녀들은 젊은 세대는 물론 30~40대를 그들만의 매력에 흠뻑 빠지게 만들었다. 김은아 SM엔터테인먼트 팀장은 "소녀시대는 30~40대 시장을 핵심 타깃으로 삼고 있다. 30~40대가 대중문화의 소비 주체로 커지고 있었지만, 그들을 만족시켜주는 가수들은 없었다. 이젠 30~40대 아저씨나 아줌마가 '나는 소녀시대 팬'이라고 말한다 해서 민망해하거나 놀라지 않는다"고 강조했다.

소녀시대는 SM엔터테인먼트에게 특별한 존재다. SM은 남성 아이돌 그룹에선 항상 1위였지만, 여성 아이돌 그룹은 늘 2등이었다. SM은 H.O.T, 신화, 슈퍼주니어 등 최고의 아이돌 스타를 만들어내 냈다. 하지만 유독 여성그룹에게는 약했다. S.E.S는 고급스러움으로 신선하게 데뷔했지만 편안한 이미지의 핑클에 밀렸다. 천상지희더그레이스는 쥬얼리의 적수가 되지 못했다. 소녀시대만큼은 1등 기대가 컸다. 유망주들을 5년 이상 공들여 연습시켜 자신 있게 선보였다. 하지만 지난해까지 JYP엔터테인먼트의 원더걸스에 밀렸다. 하지만 올 상반기 SM은 소녀시대로 2등에서 1등으로 올라선다.

"텔 미, 텔 미, 테테테테테 텔 미~".

2007년 가을 〈텔 미Tell Me〉는 대한민국을 휩쓸었다. 경쾌한 리듬과 중독성 강한 디스코풍 멜로디는 거리 어디에서나 흘러나왔다. 모두가 '텔미 댄스'에 흠뻑 빠졌던 한해였다. 원더우먼 콘셉트의 옛날 만화 같은 뮤직비디오는 30~40대에겐 향수를, 10대에겐 신선한 재미를 불러 일으켰다. 인터넷에선 '군인 텔미', '경찰 텔미', '고3 텔미'가 잇따라 히트를 쳤다. 팔찌 춤, 어깨 춤, 살랑살랑 춤 등 원더걸스 춤따라하기 열풍이 벌어졌다.

"어머나"라며 소희가 볼에 손을 가져다 대며 눈을 크게 뜰 때, 남성 팬들은 침을 꼴깍 삼켰다. 중년 남성들도 디카와 휴대전화를 꺼내들고 무대 위 원더걸스를 향해 셔터를 눌러댔다.

다양한 세대가 공감할 수 있는 레트로retro(패션이나 음악의 재유행, 복고)풍 노래, 춤, 패션 3박자가 절묘하게 딱 떨어졌다. '노바디'를 부르는 원더걸스 멤버들은 1970년대 유행한 '슈프림스'란 그룹의 패션과 헤어스타일을 선보였다. 과감한 가르마, 찰랑거리는 미니 원피스와 과장되게 부풀려 업시킨 헤어스타일, 진한 마스카라와 속눈썹을 강조한 메이크업이 그것이다. 원더걸스 인기와 맞물려 복고풍 미니

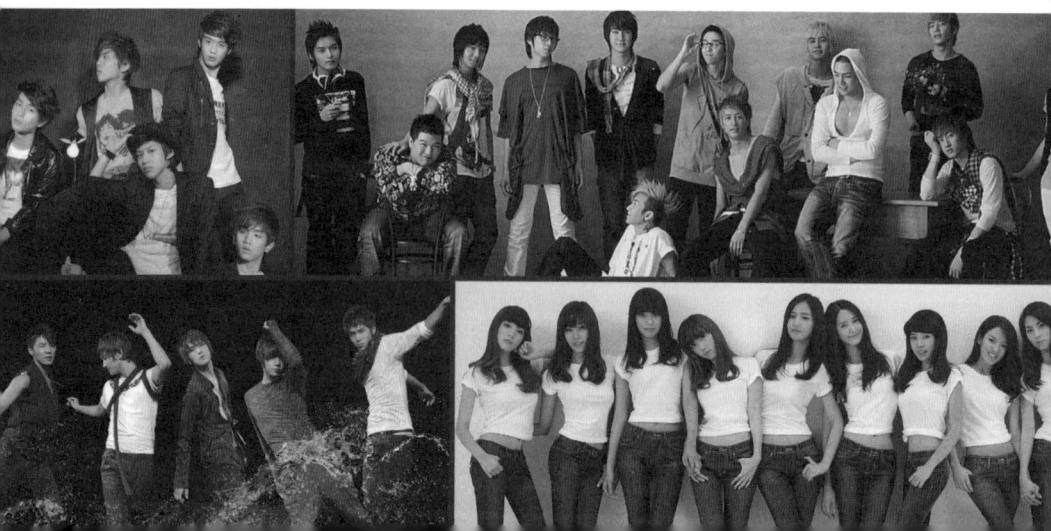

원피스, 화려한 컬러 레깅스 붐이 다시 일기도 했다.

원더걸스는 2007년 50억~60억원을 벌어들였다. 2008년엔 음원 매출 70억원, 음반 판매 10억원, 행사 출연료 15억원, 광고수익 30억 원 등 120억원 이상을 벌어들였다. 삼성경제연구소가 발표한 2007년 10대 히트 상품으로 UCC, 김연아, 박태환과 함께 원더걸스가 선정될 정도였다.

원더걸스가 나올 당시 여자 아이돌 그룹은 핑클과 S.E.S 이후 사실 상 그 명맥이 끊긴 상태였다. 두현수 JYP엔터테인먼트 팀장은 "원더 걸스의 기획 의도 중 하나가 바로 '역발상'이었다. 이렇다 할 걸밴드 가 없는 상황이었기에 오히려 더 적기였다. 명맥이 끊기다시피 한 국 내 걸밴드 시장에선 원더걸스가 블루오션이었다"고 말했다.

1990년대 S.E.S와 핑클이 그랬던 것처럼, 2000년대 소녀시대와 원 더걸스는 여성그룹의 맞수다. 두 그룹은 친구 같고, 동생 같고, 가족 같은 이미지로 특정 세대나 집단을 넘어 다가오고 있다.

두 그룹 뒤엔 맞수기업이 있다. 소녀시대의 '성공시대'를 연 SM엔 터테인먼트와 원더걸스의 '원더풀 신화'를 일궈낸 JYP엔터테인먼트

가 바로 그들이다. 일단 두 회사는 닮았다. 대중음악계의 '미다스 손'으로 불리는 CEO가 가수 출신으로 사업가의 길에 들어섰다는 점에서다.

이수만 SM엔터테인먼트 그룹 회장은 1971년 듀엣 '4월과 5월'로 데뷔한 뒤 가수 활동을 했다. 이 회장은 1989년 SM기획에 이어 1995년엔 SM엔터테인먼트를 세웠다. 1996년 발굴·기획한 H.O.T에서 S.E.S, 신화, 보아, 동방신기, 슈퍼주니어, 샤이니까지 그가 키워낸 아이돌 스타들은 지난 10여 년 동안 국내 대중음악계를 주름잡았다.

박진영 JYP엔터테인먼트 대표는 1994년 데뷔한 뒤 〈날 떠나지 마〉를 히트시키며 가요계에 등장했다. 박 대표는 작곡과 가수 생활을 병행하며 연예활동을 해오다 1999년 JYP엔터테인먼트를 설립했다. 월드스타가 된 비를 비롯해 진주, god, 박지윤 등을 발굴했다.

하지만 두 회사의 전략은 차이를 보인다. SM은 한류를 기반으로 한 현지화 전략이다. 일본에선 보아와 동방신기가 일본어로 된 음반을 발매하고 중국에선 한국인과 중국인 멤버로 구성된 슈퍼주니어-M이 활동하는 등 아시아 시장에서 두드러진 활약을 펼치고 있다.

JYP 세계화 전략, SM은 현지화로

사실 SM은 '한류' Korean Wave라는 용어를 만든 주인공이다. 2000년 2월 H.O.T는 중국 베이징에서 단독 콘서트를 연다. 김은아 SM팀장은 "당시 중국 청소년들이 H.O.T 공연을 보기 위해 새벽부터 진을 치고, 가방에 태극기 배지를 달고 다닐 정도로 한국 열풍이 불었다. 그 뒤 중국 신문들도 따라서 '한류가 중국을 강타했다'고 보도하면서 한류라는 말이 시작됐다"고 말했다.

1996년 H.O.T는 '10대들의 우상High-five Of Teenagers'이란 콘셉트를 들고 나왔다. 청소년을 대상으로 한 첫 그룹이다. 당시 청소년들은 팝보다 가요가 수준이 떨어진다고 생각했다. H.O.T 이전까지 여자 중고생들의 방에는 외국 팝가수 사진이 붙어 있었다. 하지만 H.O.T의 등장으로 한국 가수가 여자 중고생들의 방 안 사진으로 들어간다.

이수만 SM 회장은 '컬처 퍼스트, 이코노미 넥스트'를 강조한다. 문화가 먼저 뜨면, 다음으로 경제적인 부가가치를 생산할 수 있다는 얘기다. 동방신기가 아시아에서 성공하면서 중국을 비롯한 아시아 젊은이들이 가장 가고 싶은 나라가 한국이 됐다. 이처럼 그 나라의 문화에 끌리게 되면, 애인과 사귈 때 삼성 휴대전화를 사고 결혼할 땐 LG 에어컨을 사는 식으로 자연스레 경제적 소비로 이어진다는 것이다.

반면 JYP는 한류를 벗어나려 한다. 박진영 대표는 지난 2007년 연세대에서 '한국 문화의 세계화'라는 주제로 강연을 했다. 그는 이 자리에서 "한국 엔터테인먼트가 활동하게 될 영역은 아시아가 아니다. 나는 미국으로 가야 한다고 생각한다. 모든 연예 상품들은 미국에 기반을 두고 있기 때문"이라고 말했다. 박 대표는 "한국적인 것이 아니라 세계적으로 통용되는 음악으로 아시아의 리더가 되겠다"는 포부도 밝혔다. 박 대표는 같은 해 미국 뉴욕 기반의 비즈니스 전문지 〈크레인스〉와의 인터뷰에서 "미국의 힙합 아티스트들에게 처음으로 데모 CD를 보내기 시작했을 때 본명을 쓰지 않고 'JYP'라고 썼다. 나는 그들에게 내가 아시아인인 것을 알게 하고 싶지 않았다. 그들이 지역색으로 나의 음악을 2류로 단정지을까 두려웠다"고 털어놓았다.

이 때문에 해외 진출을 두고서도 두 회사는 차이를 보인다. JYP는 미국에 좀더 초점을 두고, SM은 아시아와 미국을 동시에 겨냥한다. 박 대표가 미국 시장 문을 두드린 것은 2004년이었다. 로스앤젤레스 주택가의 방 한 칸에 세 들어 살면서 발로 뛰며 자신이 만든 음악을 들고 흑인음악의 거물들을 무작정 쫓아다녔다. 그런 밑바닥 생활 11개월 만에 마침내 윌 스미스의 음반에 자신의 곡을 수록시켜 주목받기 시작했다. 그는 이같은 정열을 바탕으로 비를 아시아의 스타를 넘어 월드스타로 성장시켰다.

SM은 다른 전략이다. 이 회장은 3년 연속 하버드대 경영학석사MBA 과정 학생들을 대상으로 한류를 강의했다. 이 회장은 "최고의 스타는 최대 시장에서 나오기 때문에 아시아 시장이 세계 일류 연예인의 중요한 산실이다. 중국이 미래의 할리우드가 될 것"이라고 강조했다. 이와 함께 SM은 미국 현지 법인인 SM USA를 통해 보아의 미국 활동을 진두지휘하며 할리우드와 아시아 엔터테인먼트 사업을 잇는 에이전시 사업도 추진 중이다.

두 회사는 연예 콘텐츠 면에서도 약간 차이를 보인다. SM은 콘텐츠 다각화를 추구한다. 스타를 이용해 새로운 수익모델을 창출하는 '원 소스 멀티유스'의 선두주자이기도 하다. SM은 사용자제작콘텐츠UCC로 신인들을 미리 홍보하고, 잡지에서 그들이 원하는 기사를 만들어내며, 팬들의 입맛에 맞는 음악과 영화를 제작한다. 슈퍼주니어는 데뷔 당시부터 멤버들이 가수와 연기자, 버라이어티쇼 출연 전문으로 역할을 나눠 쉴 새 없이 새로운 콘텐츠를 만들어냈다. 춤 · 음악 · 외국어를 가르쳐 스타로 키워내는 아이돌 시스템도 눈에 띈다. 백댄서는 줄이 틀려도 동방신기는 칼같이 줄을 맞추며, 한국어를 쓰면 벌금을 매기는 외국어 교육을 받으며 스타로 커나갔다. SM은 음반과 매니지먼트는 물론 노래방 · 반주기 사업, 외식사업, 게임, 뮤지컬 등 문화콘텐츠로도 사업을 확장해나가고 있다.

JYP의 목표는 그들이 키운 가수가 그들이 만든 곡으로 미국 빌보드차트 1위에 오르는 것이다. 박 대표는 음반 프로듀싱에 좀더 집중한다. 실제 그는 JYP의 모든 가수들의 곡을 쓰고 음반을 직접 프로듀싱했다. 특유의 리듬앤드블루스R&B 창법과 흑인음악 색깔을 입힌 대중적인 곡으로 그룹 god와 같은 가수를 길러냈다.

2009년 5월 재계 전문 사이트 재벌닷컴의 연예인 주식지분 평가에선, 코스닥 상장사 키이스트의 최대 주주인 '욘사마' 배용준씨가 154억원으로 1위를 차지했다. SM의 최대 주주 이수만 회장은 129억원으로 2위였다. 비상장 부문에선 JYP의 대주주인 박진영 대표가 161억원으로 1위에 올랐다.

SM과 JYP는 가능성을 가진 원석을 발굴 · 가공해 스타라는 보석을 만들고 있는 중이다. 지금 JYP와 SM은 지구촌 사람들과 함께 뛰어놀게 만드는 스타를 찾고 있다.

스타가 되기까지
보아도 비도 지독한 연습벌레

가수 보아는 '걸어다니는 1인 기업'이다. 보아가 한 해 음반 판매로 벌어들이는 돈은 웬만한 중소기업을 뺨친다. 1년에 수백억원씩 번다. 이밖에 광고 출연과 콘서트, 방송 출연, 기념품 판매 등으로 벌어들이는 돈을 단순 합산할 경우 천문학적 금액이다.

보아는 초등학교 5학년 때 SM에 발탁됐다. SM 오디션을 보는 둘째오빠를 따라갔다 영입됐다. 보아는 3년 동안 트레이닝을 받았다. SM 쪽은 스타가 되기 위한 조건으로 3가지를 든다. 철저한 준비와 현지화 전략, 본인의 노력이다. 그 가운데 가장 중요한 것으로 본인의 노력을 꼽는다. 보아가 대표적이다. 철저한 준비는 하루에 5~10시간씩 이어지는 노래 연습과 춤 연습을 하는 것이다. 현지화 전략은 언어였다. 보아는 초등학교 때부터 일본 아나운서 집에서 유학하며 일본어를 배웠다. 본인의 노력을 보여주는 사례 하나. 스타를 꿈꿀 당시 보아의 집은 경기 남양주에 있었다. 보아는 학교를 마친 뒤 서울 방배동 연습실까지 2시간 넘게 시외버스와 전철을 번갈아 타며 왔다갔다했다. 보아는 3년 동안 생활을 했지만 한 번도 지각이나 결석을 하지 않았다.

보아의 성공에는 일본 진출에 대한 꼼꼼한 사전 조사와 계획도 있었다. SM은 일본 댄스음악이 주로 10대 초반의 청소년에게 어필한다는 점에 착안해 10대 초반의 보아를 발굴해 일본을 공략했다. 보아는 아무로 나미에 이후 빈자리를 메울 대표적인 여성가수로 일본 대중음악계에 자리 잡았다. 보아는 천재이기도 하지만 대단한 노력파다. 지금도 노력한다.

2007년 JYP와 전속 계약이 만료돼 제이튠엔터테인먼트를 설립하며 독립한 비도 수없는 좌절과 연습을 거치면서 스타가 됐다. 비는 "데뷔 전 18번 정도의 오디션을 봤는데 그때마다 노래와 춤은 인정받았지만 얼굴에 대해 지적당했다"고 말하기도 했다.

비는 박진영 대표를 처음 만났을 때 "아, 이거다"라는 생각에 3시간 넘게 그 앞에서 춤을 췄다고 한다. 음반을 안 내줄까봐 술을 먹고 바다에 뛰어들어 못하는 수영을 하기도 했다. 당뇨로 고통받으면서 노점상을 하던 어머니가 약값이 없어 돌아가신 뒤, 어머니가 남긴 통장과 편지를 보며 "나는 쓰러질 수 없다"고 이를 악물었다.

'비'라는 이름은 박 대표가 지어줬다고 한다. 비에게 줄 노래들이 꼭 비 오는 날에만 써져서 그렇게 붙였다는 것이다. 비 역시 지독한 연습벌레다. 스케줄이 일찍 끝나도 집으로 가지 않고 안무실로 간다. 연습을 하루도 빼먹지 않는다. 비는 자신이 정상의 자리에 있는 것이 "다른 사람들보다 재능이 많아서가 아니라 자신보다 더 노력하는 사람이 없기 때문"이라고 말한다. 그의 하루 평균 연습량은 10시간에서 12시간이다.

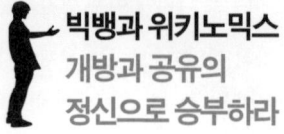

빅뱅과 위키노믹스
개방과 공유의
정신으로 승부하라

김인 삼성SDS 사장이 최근 아이돌 그룹 빅뱅의 책 『세상에 너를 소리쳐!』를 간부 300명에게 선물했다. 김 사장은 전사 전략회의에서 "현재 경제위기는 전시 상황이다. 평상시와 같은 생각이나 행동으로 대응하면 살아남을 수 없다. 일에 미치고 자신의 한계를 한번 넘어서보라"며 간부들에게 빅뱅 책을 '전쟁 지침서'로 나눠줬다.

김 사장이 경제 불황으로 힘겨운 싸움을 하고 있는 간부들에게 빅뱅 책을 선물한 이유는 무엇일까? 숱한 역경과 실패, 좌절에도 결코 꿈을 향한 질주를 멈추지 않았던 젊은이들의 열정과 패기를 높이 샀기 때문이다. 김 사장은 "빅뱅은 끝없는 좌절과 실패에도 가수를 향한 열정 하나만으로 슈퍼스타가 되었다"고 평가하며 그들의 도전의식을 벤치마킹하라고 권유했다.

지-드래곤(권지용), 탑(최승현), 태양(동영배), 대성(강대성), 승리(이승현). 사실 2006년 7월 빅뱅이 데뷔할 때만 해도, 빅뱅은 과연 성공할 수 있을까라는 우려가 앞선 아이돌 그룹이었다. 기존 아이돌을 뛰어넘기는 역부족인 듯 보이는 외모에다 그룹 이름도 촌스러웠다.

하지만 2007년 '거짓말'이 그야말로 빵 터지면서 거짓말처럼 국민그룹으로 떠올랐다. 무엇 때문일까? 빅뱅의 '개방'과 '공유'라는 키워드가 사람들에게 다가왔기 때문이다. 어디서 많이 들어본 두 단어다. 바로 '위키노믹스'wiki-nomics다. 인터넷 백과사전 위키피디아wikipedia의 개방 원리를 경제에 응용한 신조어다. 위키노믹스는 개방과 공유를 통해 대중으로부터 아이디어를 얻어 새로운 가치를 창출하는 것을 일컫는다. 참여와 공유, 개방이 기존 경제의 폐쇄적, 수직적 계층구조를 뛰어넘는 힘을 발휘한다는 게 위키노믹스의 근간이다.

먼저 개방. 빅뱅은 기존 아이돌 스타들이 추구했던 신비주의를 던져 버렸다. 진솔한 이야기를 들고 나왔다. 빅뱅은 2006년 '리얼다큐 빅뱅'을 통해 스타가 되는 과정을 고스란히 보여줬다. 결국 평범한 아이들이 스타가 되기 위해 땀 흘리고 좌절하는 모습을 본 사람들로부터 감동을 이끌어 냈다.

『세상에 너를 소리쳐!』역시 마찬가지였다. 이 책은 빅뱅의 멤버들이 가수의 꿈을 꾸고 연습생 시절을 거쳐 정상에 오르기까지의 과정을 담았다. 공부보다 춤과 노래에 빠져 부모와 갈등하는 내용, 긴 연습생 시절의 좌절, 그리고 인기 최고의 그룹이 된 성공담을 솔직하게 그렸다. 이미 30만권 이상 팔려 나갔다.

빅뱅의 또 다른 경쟁력은 공유다. 빅뱅은 '옆집 동생' 같은 친근감을 준다. 그들은 만만함으로 어필한다. 스타를 보며 꿈을 꾸는 게 아니라 곁에서 함께 하는 느낌을 준다. 빅뱅은 스트리트(길거리) 패션을 선보였다. 빅뱅의 마스크 패션과 고글패션, G-드래곤의 헤어스타일도 젊은층을 중심으로 빠른 속도로 인기를 모았다. 빅뱅의 탑과 G-드래곤이 입었던 배기팬츠가 20~30대 멋쟁이 남성들의 필수 아이템으로 자리 잡았음은 물론이다.

RIVAL NOMICS

우머노믹스, 알파걸이란 말들이 유행합니다. 사회에서 성공하며 씩씩하게 살아가는 여성들의 모습을 우리 주위에서 이젠 흔히 볼 수 있게 됐습니다. 물론 여성들의 승진을 막는 유리천장도 여전히 존재합니다.

제7법칙에는 여성, 그리고 감성 경영에 관한 내용을 담았습니다. 감성 경영의 최첨단을 걷고 있는 호텔과 란제리 업계에선 어떤지를 살펴보겠습니다. 흥미로운 점은, 거친 남성중심 산업으로 알려진 해운업계에서 1,2 업체의 선장이 바로 여성입니다. 두 여성 선장이 펼치는 카리스마와 감성 경영 얘기도 지켜봐 주세요.

팁에선 유리천장을 뚫은 여성 임원들을 보여드립니다. 그리고 립스틱리더십과 블루스타킹 리더십 등 여성 리더십에 관한 내용을 담았습니다.

제7법칙

여성의
법칙

신라호텔 한국미와 현대적 감각
vs
집과 같은 편안함 웨스틴조선호텔

지친 여행자가 무거워 보이는 가방을 들고 호텔 앞에 서 있다. 벨보이가 씨익 눈인사를 하며 가방을 든다. 여행자는 체크인을 하며 호텔 안을 둘러본다. 붉은색 벨벳과 나뭇결이 살아 있는 가구들이 어우러져 클래식한 느낌이다. 고풍스러운 천장에 매달린 화려한 샹들리에에선 은은한 불빛이 새어나온다. 로비 저편에서 감미로운 재즈피아노 선율이 흐른다. 세련된 턱시도와 우아한 이브닝드레스가 잘 어울릴 것 같은 사람들이 서서 잡담을 나누고 있다. 여행자는 호텔 바 한켠에서 한 잔의 와인을 떠올려본다. 눈송이가 바닷물 위로 떨어져 은은한 향기만 남기고 사라지는 그런 와인이다. 여행자는 살짝 웃으며 고개를 흔든다. 그는 객실로 들어간다.

여행자들의 안식처인 호텔. 웨스틴조선호텔과 신라호텔은 한국을 대표하는 맞수 호텔이다. 시작은 조선호텔이 빨랐다. 일제강점기인 1914년 10월 10일치 대한매일신보를 보면, '진선진미한 조선호테루 낙성-본일부터 개업'이라고 기록돼 있다. 호텔 터는 고종 황제가 즉위식을 베풀고 천신께 제를 지내던 환구단 자리였다.

조선호텔, 역사적 인물들의 거처

당시 조선호텔은 건평 580평에 52개의 객실, 커피숍, 로비라운지, 바, 댄스홀 등을 갖췄다. '수직열차'로 불린 엘리베이터, 아이스크림, 뷔페, 댄스파티, 서구식 결혼식 등 서구 문화를 국내에 선보인 곳이기도 했다. 당시 '임페리얼 수우트'라 불렸던 201호실엔 일본 왕족이 묵었다. 해방 뒤 이승만 대통령과 김구 선생이 숙소로 쓰기도 했다. 한국전쟁 때엔 북한 인민군이 호텔을 점령해 마오쩌둥과 김일성 초상화를 걸어놓은 적도 있다. 1953년부터 미8군 숙소로 쓰였던 조선호텔에선 보브 호프와 마릴린 먼로 등 미국의 유명 연예인들이 위문 공연을 벌였다. 애초 조선총독부 산하 철도국 소유에서 시작한 조선호텔은 해방 뒤 교통부와 한국관광공사를 거쳐 1983년 삼성그룹에 인계됐다. 1992년부터 삼성에서 계열 분리한 신세계가 운영하고 있다.

조선호텔은 1967년 철거됐다가 3년 만인 1970년 현재의 조선호텔로 정식 개관했다. 건설은 현대건설이 맡았는데, 기공식에 정주영 현대그룹 회장이 참석했다. 새로 지은 호텔은 지하 2층, 지상 20층(최고층은 18층)이었으나 동양인과 서양인이 싫어하는 4층과 13층이 없었다, 건평 1463평의 500실 규모 호텔이었다. 고층건물이 거의 없던 당시, 조선호텔은 서울 시내에 새로운 스카이라인을 형성했다. 설계에 참여한 정인국 홍익대 교수는 "모든 객실의 창문이 시내 전경을 볼 수 있도록 바깥쪽으로 향하도록 한 것이 자랑거리"라고 말했다.

신라호텔은 박정희 정부의 요청을 받아들여 이병철 삼성그룹 회장이 세웠다. 1972년 이 회장은 정부로부터 영빈관을 인수해 국빈이 투숙하고 대규모 국제회의를 열 수 있는 호텔을 건설해달라는 요청을 받는다. 영빈관은 1959년 이승만 대통령의 지시로 건축한 외국 귀빈 숙소였으나, 심각한 운영난에 빠져 있었다. 이 회장은 검토 끝에 이듬해 봄 정부의 제의를 받아들이기로 한다. '신라'라는 이름도 가장 민족적인 것이 가장 세계적이라는 취지에서 이 회장이 직접 지은 것이다. 나중에 이 회장은 "찬란한 우리 고유문화를 꽃피웠던 신라시대의 우아한 품위와 향기를 재현시켜보고자 호텔신라를 건설하게 됐다"고 회고했다. 하지만 호텔 경영에는 별반 지식이 없었고 자본이 없어 일본에서 기술과 차관을 도입하기로 했다.

공사는 처음부터 난관에 부딪혔다. 1973년 1차 오일쇼크가 일어났다. 이듬해부터 2년 동안 우리나라는 마이너스 성장의 수렁에 빠졌다. 정치 문제까지 불거졌다. 1973년 김대중 납치사건으로 한-일 관계는 급속하게 얼어붙는다. 1974년에는 박정희 대통령 부인 육영수 여사가 피격돼 숨진다. 결국 1975년 공사는 일시 중단된다.

이듬해부터 경기가 회복세로 접어들었다. 국제 금융시장 상황도 좋아지기 시작했다. 악화됐던 한-일 관계도 차츰 개선됐다. 중단된 지

1년7개월 만인 1976년 11월 다시 공사에 들어갔다. 한창 중동 붐이 일던 때여서 건설노동자를 찾는 데 애를 먹었다고 한다. 이 같은 우여곡절 끝에 신라호텔은 1979년 문을 연다. 하지만 또다른 시련에 부딪힌다. 1979년 하반기에 닥쳐온 2차 오일쇼크였다. 경기가 급속히 냉각됐다. 그해 10·26 사태로 외국인 관광객의 발길이 뚝 끊겼다. 위기였다.

"만두가 맛이 없어"

조선호텔도 1980~90년대 서울에 고층의 특급호텔이 하나둘씩 올라가면서 위기를 맞는다. 송병호 웨스틴조선호텔 상무는 "화려한 것만을 선호하던 당시 인식으로 보면 역사가 오래되고 다른 호텔에 견줘 규모가 작은 것이 약점이었다. 하지만 도심 중심에 있어 은행과 대기업 본사, 공공기관이 포진해 있는 점은 강점이었다"고 말했다. 조선호텔은 '비즈니스맨' 고객에 타깃을 맞추게 된다. 객실부터 연회장까지 비즈니스맨 중심으로 리노베이션했다. 한국 경제가 글로벌화되면서 다른 나라 비즈니스맨들이 한국에 대거 몰려들기 시작했다.

개장 초 오일쇼크를 맞은 신라호텔은 초기 적자에 허덕였다. 신라호텔은 고품격 서비스로 위기에 맞선다. 외국인 비즈니스 고객을 우대했다. 우선 돈이 된다고 해서 무리한 할인으로 단체여행객을 받지 않았다.

또 팁을 받지 않는 '노팁' 제도를 만들어 고객들로부터 호응을 받았다. 이병철 회장도 호텔 서비스 강화에 큰 영향을 끼쳤다. 신라호텔의 새 메뉴가 나올 때마다 집으로 가져다 시식해온 이 회장이 중국 만두를 맛본 뒤 "맛이 없다"고 하자 호텔이 발칵 뒤집혔다. 직원들은 서울 시내 유명 호텔을 돌며 만두 속재료의 비결을 찾느라 진땀을 흘렸다. "회장이 별걸 다 시킨다"며 짜증을 냈던 주방 직원들도 분석 작업을 하며 많은 것을 느꼈다고 한다.

인터넷이 보급되지 않았던 1990년대 초부터 인공위성을 이용한 화상회의 시스템과 객실 안 인터넷 서비스를 국내 최초로 실시한 것도 신라호텔이다. 최근에는 객실전화를 휴대전화로 연결하는 인포모바일 시스템, 휴대용 인터넷 와이브로 등 첨단 정보서비스도 아시아 최초, 국내 최초로 제공하고 있다.

실패가 허용되지 않는 순간

호텔은 MOTMoments of Truth로 불리는 '접점 마케팅'을 펼치는 대표적인 곳이다. MOT는 투우사가 소의 급소를 찌르는 순간을 말하는데, '실패가 허용되지 않는 중요한 순간'을 의미한다. 고객이 직원과 만

나 서비스를 받는 모든 순간이 여기에 해당된다. MOT는 고객에게 어떠한 인상을 심어주고 고객을 얼마나 만족시키는가가 관건이다. 이는 곧바로 기업 수익과 직결된다.

호텔은 '집을 떠난 또 하나의 집Home Away From Home' 같은 편안함을 주는 데 초점을 맞춘다. 두 호텔에서는 '익스프레스 체크인 서비스'를 선사한다. 객실을 예약한 고객은 공항에 내리면 호텔 직원의 영접을 받는다. 승용차를 이용하는 경우에는 차 안에 그가 좋아하는 음악, 좋아하는 잡지 등을 갖춰놓는다. 버스나 택시를 타는 고객은 생수, 물수건 등의 서비스를 받는다. 차에서 내리면 또다른 직원이 고객을 기다리고 있다. 직원이 이미 그를 위한 객실 키를 준비해뒀기 때문에 고객은 체크인하려고 프런트에서 기다릴 필요가 없다. 한국에 처음 오는 고객이나 밤늦게 도착하는 여성 고객에게 인기다.

조선호텔은 천국과 같은 포근함을 준다고 해서 '헤븐리 베드'라 불리는 침구를 깔아 놓았다. 모든 객실에는 비즈니스에 필수적인 휴대폰이 비치되어 있다. 또 호텔 안에선 무선 인터넷 서비스가 된다. 고객이 언제든지 편하게 운동을 할 수 있도록 일부 객실에 최신식 러닝머신을 갖춘 워크아웃룸도 있다.

서울 중심지에 위치한 조선호텔은 지리적 이점으로 주로 다국적 기업 CEO나 금융권 유명인들이 주로 투숙한다. 또 홍콩의 주성치, 일본 꽃미남 배우로 유명한 오다기리 죠, 제임스 본드로 유명한 로저 무어 등 유명 배우들도 조선호텔 투숙객 명단을 장식하고 있다.

서울 남산 자락에 자리잡은 신라호텔은 전통적인 한국의 미와 현대적 감각을 지향한다. '세계 속의 한국을 대표하는 종합 호스피탤리티Hospitality 기업'이 목표다. 신라호텔은 외국 유명 호텔 체인과는 관계없는 순수 국내 브랜드다. 하지만 〈아시아 머니〉〈유러머니〉〈비즈니스 트래블러〉 등 세계 유수의 호텔 평가 매체들이 하얏트, 힐튼과 같은 세계적 체인호텔들을 제쳐두고 한국 최고의 호텔로 꼽고 있다. 마이크로소프트의 빌 게이츠 전 회장, 제너럴일렉트릭의 잭 웰치 전 회장과 제프리 이멜트 회장, 휼렛 패커드의 칼리 피오리나 전 회장, 소프트뱅크의 손정의 회장 등 세계적 기업 CEO들이 단골 고객일 정도다.

장우종 신라호텔 팀장은 "신라호텔은 숙박 시설이 아닌 고객의 라이프스타일을 제공하는 복합 문화시설로 거듭나려 한다. 차별화된 문화와 감성을 서비스하는 생활문화 기업으로 성장하는 것이 목표"라고 말했다.

두 호텔의 스위트룸suite room은 어떨까? 스위트룸은 말 그대로 '한데 이어져 있는 방'이라는 뜻이다. 일반적으로 욕실이 딸린 침실과 거실, 응접실 등이 한데 이어져 있는 특급호텔의 특별실을 의미한다.

신라호텔의 스위트룸은 프레지덴셜 스위트 사우스윙과 노스윙으로 불린다. 크기는 각각 117평과 86평 정도다. 하루 이용료만 봉사료와 세금을 포함해 1천만 원이 넘는다. 노스윙이 웅장하고 고풍스럽다면 사우스윙은 남프랑스 풍의 모던한 느낌을 준다.

노스윙은 프랑스 베르사유 궁전을 연상시키는 인테리어로 유명하다. 고풍스러운 입구와 경호원 투숙용 침실을 지나면 화려한 거실과 식당이 자리한다. 사우스윙의 애칭은 예술의 방이다. 한국적 느낌의 인테리어는 동서양의 문화가 절묘한 조화를 이뤘다는 평가를 받는다. 객실 어느 쪽에서나 남산을 조망할 수 있다.

웨스틴조선호텔의 프레지덴셜스위트는 메인 침실과 욕실이 있으며, 수행원을 위한 소규모 집무실과 침실·욕실이 딸려 있다. 집무실·거실·회의실로 쓸 수 있는 식당과 주방을 갖춰 놓았다. 천장의 높이가 일반 객실의 2배로 파티나 연회도 가능하다. 리콴유 전 싱가포르 총리와 로널드 레이건 전 미국 대통령, 앙리 룩셈부르크 황태자 등이 묵었다.

탁. 여행자는 객실로 들어왔다. 이국적 정서가 물씬 풍기는 도시의 야경이 내려다보이는 곳에서 그녀는 옷을 벗고 더운물에 몸을 맡긴다. 이국의 밤은 왠지 모를 향수에 젖게 해 떠나온 집을 그립게 만든다. 바로 옆 그의 손에는 붉은빛 와인잔이 들려 있다.

사촌지간 여성 CEO 맞수
프로세스 혁신 vs 디자인 변신

이부진(39) 신라호텔 전무와 정유경(37) 조선호텔 상무는 사촌지간이다. 이 전무는 이건희 삼성그룹 회장의 첫째 딸이다. 정 상무는 이 회장의 여동생인 이명희 신세계그룹 회장의 외동딸이다. 그동안 대부분 재벌가 2~3세 여성들은 결혼 뒤 바깥활동을 자제하거나 미술관 운영 등 문화예술 활동에 주력했다. 하지만 두 사람은 경영 일선에서 적극적으로 활동 중이다. 두 사람은 어릴 적부터 가까이 지내온 친척이지만 호텔 경영에선 자존심을 건 치열한 대결을 펼쳐나가야 한다.

이 전무는 연세대를 졸업하고 1995년 삼성복지재단에 입사한 뒤 삼성전자 전략기획실 등을 거치며 실무 경험을 쌓았다. 2001년 8월 호텔신라 기획팀 부장으로 호텔 업무를 시작해 2004년 경영전략담당 상무보로 승진했다. 2005년에는 핵심경쟁력 개선과 프로세스 혁신 부문에서 성과를 인정받아 1년 만에 상무로 파격적인 승진을 했다. 2009년에는 전무로 승진했다. 그는 신라호텔의 변신을 이끌었다. 호텔을 단순히 먹고 자는 곳이 아니라 일상생활의 편의를 증진할 수 있는 복합공간으로 탈바꿈시켰다.

이부진 신라호텔 전무   정유경 조선호텔 상무

이부진 전무는 현장을 중시하는 '몰입경영' 과 배려심의 '감성경영' 이 강점이
다. 이 전무의 몰입경영을 보여주는 한 케이스. 호텔에서 가장 많이 받는 고객
불만은 객실의 온도·습도가 일정치 못하다는 것이었다. 시설운영자 경험에
만 의존했기 때문이다.

계속되는 불만은 시스템의 문제

이 전무는 몇 달 동안 호텔객실에 일일이 투숙했다. 고객 입장에서 객실룸 불
만을 개선해 최적의 객실 환경을 제공하기 위해서다. 그는 온도·습도, 밝기,
냉난방 상태를 꼼꼼히 확인하고 데이터를 수집해 실무자들과 함께 선진호텔
사례와 비교했다. 그 뒤 객실의 온도·습도·밝기를 계절, 기상조건에 따라
운영시스템을 표준화했다. 불만사례가 이전보다 70퍼센트 이상 급감했다. 이
전무는 "계속되는 고객 불만의 경우 개인에게 문제를 찾기보다 시스템에서 문
제를 찾아야 한다"고 강조한다.

이 전무는 현장에 몰입하며 파고드는 스타일이다. 업무에 관해선 집요하고 끈

질기다. 신라호텔을 개혁하는 1년 동안 엄청날 정도로 유통, 인테리어 등 호텔과 관련한 공부를 했다고 한다. 이 때문에 워커홀릭으로 불린다. 밤늦게까지 집무실에서 일하거나 종종 새벽 2~3시께 담당자에게 이메일을 보낸다. 의문점이 생길 경우 실무 직원에게 직접 전화나 이메일을 통해 문의하고, 의견을 교환한다. 현장을 중시한 해결 접근법인 셈이다.

하지만 이 전무는 평소 냉철하고 카리스마가 있는 업무 스타일과 달리 감성적이라는 평도 받는다. 추운 겨울에 고생하는 도어맨과 주부사원들로 구성된 룸메이드객실 청소 담당 아주머니들에게 일일이 내복을 선물하고 있다. 레스토랑 주방장이 다리가 아프다는 사실을 듣고 이 전무가 알고 있는 병원을 직접 소개시켜주기도 했다.

새벽 2~3시까지 '열공' 하는 CEO

이 전무는 해외출장을 갈 때도 반드시 해당 분야의 담당자를 동행한다. 담당자가 해외 최고 호텔에서 숙박도 해보고 서비스도 받아보고 식당에서 먹어도 보는 게 중요하다는 판단에서다. 하지만 직원들의 지갑이 빠듯한게 현실. 그때마다 이 전무가 지갑을 털어주며 "실무자가 더 많이 돌아보고 경험해야 한다"며 배려하고 있다.

호텔 경영에 먼저 나선 사람은 정유경 상무다. 정 상무는 이화여대(비주얼디자인 전공)와 미국 로드아일랜드 디자인학교(그래픽디자인 전공)를 졸업하고 1996년 조선호텔 마케팅담당 상무보로 호텔 경영에 뛰어들었다. 2003년부터 조선호텔 프로젝트실 상무로 일하고 있다.

정 상무는 호텔의 인테리어나 외식사업, 소품 등 디자인 관련한 업무에 집중한다. 호텔 경영 전반에 참여하기보다 전공을 살린 분야에 치중한다.

조선호텔의 주요 레스토랑이나 웨딩사업 등 디자인 요소가 필요한 분야는 대부분 정 상무의 손길을 거쳤다고 한다. 룸 키, 성냥, 메모지, 우산 등 고객들에게 바로 와닿는 물건의 디자인을 심플하고 현대적으로 바꿨다. 그로 인해 고풍스러웠던 호텔이 젊고 세련된 이미지로 개선됐다는 평이다.

디자인의 중요성을 강조한 그는 호텔업계 최초로 비주얼 디자이너를 두도록 제안했다. 비주얼 디자이너들은 작게는 소소한 호텔 안 소품부터 크게는 리노베이션까지 눈에 보이는 모든 디자인 콘셉트를 정하고 업체 선정에 참여하는 등 총괄적인 비주얼 디자인 업무를 진행하고 있다.

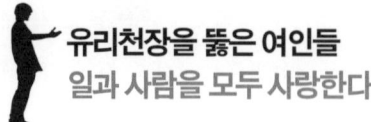

유리천장을 뚫은 여인들
일과 사람을 모두 사랑한다

2008년 민주당 대통령 후보 경선에 나섰다가 패한 힐러리는 경선 승복 연설에서 '비록 가장 높고 단단한 유리천장'을 깨진 못했지만 거기에 1800만개의 균열(1800만 표)을 남겼다'고 표현했다.

유리천장은 1970년 미국 '월스트리트저널'이 여성들의 승진을 막는 보이지 않는 장벽을 뜻하는 조어로 쓴 이래 여성차별의 상징어처럼 자리 잡았다. 옛날보다 여성의 사회 진출은 늘었지만 승진을 가로막는 유리천장은 여전히 존재한다. 때문에 엘리트집단의 젊은 여성을 뜻하는 '알파걸'은 많아도 '알파우먼'은 없다는 얘기까지 나온다.

CEO에겐 능력차이만 있을 뿐

보수적인 우리나라 재계에서도 그동안 유리천장은 견고하고 단단했다. 하지만 최근엔 유리천장에 균열이 생기고 있다. '기업의 별'이라는 임원으로 승진하는 여성들이 속속 나오고 있기 때문이다.

김정아(47) CJ엔터테인먼트 대표는 2009년 1월 정기 임원인사에서 그룹 역사상 처음으로 여성CEO가 됐다. 국내 30대 기업 가운데 오너 일가가 아닌 여성이 CEO가 된 것은 김 대표가 처음이다. 김 대표는 사교적인 성격과 여성스러운 섬세함에다 거친 영화판에서 남성 못지않은 강한 추진력을 인정받고 있다. 국내외 영화업계의 두터운 인맥도 강점이다. 지난해 해외영화사업본부장으로 근무하면서 관객 400만 명 이상이 든 〈아이언맨〉〈쿵푸팬더〉〈인디애나 존스4〉 등을 흥행작으로 만들었다.

그는 기자간담회에서 "CEO에겐 업무 능력의 차이가 있을 뿐 성차별은 없다"고 강조했다. 또 "콘텐츠 산업 분야에서 여성 인력의 중요성이 커지고 있으며 신입 사원, 간부의 비중이 꾸준히 늘고 있어 조만간 여성 CEO가 많이 나올 것"이라고 내다봤다.

심수옥(47) 삼성전자 브랜드전략팀장은 2008년 말 삼성그룹 정기 인사에서 삼성전자 최초의 여성 전무가 됐다. 그룹 안에서도 최인아 제일기획 전무에 이어 두 번째. 심 전무는 지난 2006년 P&G에서 삼성전자로 자리를 옮겨 브랜드 전략을 담당하고 있다. 삼성 제품에 명품 이미지를 심는 전략을 수립한다. 심 전무는 세계 소비자들에게 삼성 브랜드를 친숙하게 만드는 데 큰 기여를 한 인물로 평가받고 있다.

심 전무는 한 언론과의 인터뷰에서 "여성은 육아나 출산 때문에 회사를 포기하고플 때가 많다. 하지만 절대 포기하지 말라고 전하고 싶다. 긍정의 힘을 믿고 포기하지 않는다면 방법은 어떤 식으로든 생긴다"고 말했다.

조미진(46) LG디스플레이 상무는 회사 내 유일한 여성 임원이다. 조 상무는 유리거울을 깨기 위해선 '열정'을 가져야 한다고 강조한다. '사람에 대한 애정'과 '일에 대한 애정'을 합친 것이 열정이라고 정의한다.

조 상무는 "슈퍼우먼 신드롬에서 깨어나야 한다"고 말한다. 일과 가정, 모두 완벽하게 해낼 수 있다는 자만이 스스로를 옭아매고, 쉽게 지치게 된다는 것이다. 상황에 따라 일과 가정의 비중을 유연하게 조절할 수 있는 지혜가 필요하다는 얘기다.

2009년 초부터 LG그룹 경영총괄을 담당하고 있는 조준호(49) 부사장이 조 상무의 친오빠다. 남매는 휴대전화 사업과 남다른 인연도 갖고 있다. 조 부사장은 2000년 LG전자에서 휴대폰 전략기획을 맡아 저가 브랜드 이미지가 강했던 LG 휴대폰을 프리미엄 브랜드로 끌어올리는 데 기여했다. 조 상무 역시 휴대전화 업체인 모토롤라에서 꼬박 20년을 일했다.

사장보다 고객이 먼저

이명희(43) 한화증권 상무는 전국 최상위 실적을 이룬 공로로 2009년 임원으로 승진했다. 이 상무가 지점장으로 있는 서초동 G-five 지점은 문을 연지 6개월 만에 한 달 수익이 전국 지점 가운데 1위로 올라섰다. 이 상무의 영업 원칙은 고객과의 약속은 무슨 일이 있어도 지킨다는 것이다. 지난 2005년 사장한테서 CEO 초청 골프행사에 참여할 것을 권유받았으나 고객과의 선약을 이유로 거절했던 일화는 지금도 널리 회자되고 있을 정도다.

이 상무가 가장 존경하는 투자자는 피터 린치다. 린치는 투자성향에 맞는 투자원칙을 지켜 10년 동안 100만 고객에게 25배의 투자수익을 올려준 월가의 전설적인 영웅이다. 이 상무의 투자 철학도 린치와 닮았다. 투기적인 매매가 아니라 충분히 분석한 뒤 안정성 있게 투자하며 위험과 수익률의 상관관계를 검토한 뒤 분산 투자한다.

차재연(43) KT 상무는 2009년 2월 연간 30조원의 예산을 주무르는 상무로 승진했다. 차 상무의 주 업무는 자금 조달이다. 지난해 9월 해외 사모펀드에서 2억 달러의 자금을 낮은 금리에 조달했다. 리먼브러더스 파산으로 세계 금융시장이 소용돌이에 빠져들기 일보 직전에 이뤄낸 성과였다. 조건도 변동금리가 아닌 고정금리(연 4.32퍼센트)였다. 리먼 사태가 터지면서 국내 기업의 외화 채권 발행은 전면 중단됐고 금리도 연 8퍼센트 이상으로 껑충 뛰어오르자 차 상무는 가슴을 쓸어내렸다. 그는 "2008년 초부터 국제 금융시장의 이상기류를 감지하고 회사채 발행 시점을 앞당긴 것이 리먼 사태를 피할 수 있었던 배경"이라고 설명했다.

국제 금융시장이 파국으로 치닫던 2008년 12월에도 2300억 원 규모의 회사채를 발행하며 승부사 기질을 보여줬다. 덕분에 KT는 900억 원의 비용절감 효과를 거뒀다. 차 상무는 적극적 일 처리와 냉철한 판단력 덕분에 '차다르크' '돌격대장' 으로 통한다.

비비안 풍만한 볼륨업
VS
편안한 메모리 비너스

2008년 한 시상식에서 가수 이효리는 레드 체크무늬 스커트에 화이트 블라우스를 입고 나왔다. 그녀는 여기에 블라우스 단추를 3개쯤 풀어헤쳐 블랙 브래지어가 살짝 보이는 아찔한 섹시함을 연출했다.

〈섹스 앤 더 시티〉의 캐리가 편안한 '이지룩'을 연출할 때 자주 애용하는 것도 바로 블랙 브래지어. 스타일리스트 서은영도 자신의 책 『스타일북』에서 영화 〈말레나〉의 모니카 벨루치와 〈마리아스 러버〉의 나스타샤 킨스키를 예로 들며 블랙 브래지어 예찬론을 펼친다.

블랙은 '빅토리안 스타일'이다. 빅토리안 시대는 영국 빅토리아 여왕이 왕위에 있던 시기를 말한다. 열여덟 나이로 왕위에 오른 빅토리아는 스무 살 때인 1840년 사촌인 앨버트 공과 결혼했다. 1861년 남편이 죽자 그녀는 버킹검 궁전에 틀어박힌 채 국무에서 손을 뗄 정도로 상심했다. 그 뒤 여왕은 블랙만을 고집했다. 사교계에 블랙패션이

유행하고 블랙은 깊은 사랑을 상징하는 로맨틱한 패션이 됐다.

빅토리아 시대는 여성의 순결과 금욕을 강조한 성적으로 가장 엄숙한 시기였다. 억압의 시대에 비밀스레 감춰둘 수밖에 없었던 여성들의 욕망은 블랙을 통해 고혹적인 느낌으로 다가온 것이다.

불경기일수록 유행한다는 블랙. 블랙정장에 블랙 매니큐어까지. 블랙 브래지어도 올해 유행할까? 모를 일이다.

브래지어와 거들, 팬티, 스타킹 등을 란제리lingerie라고 한다. 체형을 보정해주는 게 임무다. 하지만 보석과 더불어 여성의 맨살에 허락된 란제리에는 화려한 '섹시 코드'도 숨어 있다. 란제리에 의해 감추어진 부위는 성적인 매력을 더욱 강조해준다. 예기치 못한 상황에서 살짝살짝 드러나는 여성의 란제리는 더욱 섹시해 보인다. 란제리는 여성에게 가장 은밀한 아름다움이자 즐거움이다.

'아름다움의 시작' 슬로건 앞세워

여성의 몸을 감싸주는 란제리 시장에서 1~2위를 달리는 브랜드, '비비안'과 '비너스'다. 두 브랜드는 미국·프랑스의 유명 브랜드를 제치고 우리나라 대표 브랜드로 자리 잡고 있다. 국내 속옷 시장 규모는 5천억 원 정도. 수입 브랜드 비중은 10퍼센트 안팎에 그친다.

비너스를 만드는 회사는 신영와코루다. 창업주인 이운일 회장은 1954년 신영염직공업사를 만들면서 국내 란제리 시장을 개척했다. 이 회장이 부인과 함께 일본을 오가며 란제리를 처음 본 뒤 '사업이 되겠다'고 생각해 시작했다고 한다. 이 회장은 미의 여신인 비너스를 브랜드로 내세웠다. 몸매를 아름답게 가꿔나간다는 뜻을 담았다. '비너스는 아름다움의 시작입니다'와 '비너스는 아름다운 패션입니다'라는 두 개의 슬로건을 신영은 앞세운다.

3년 뒤인 1957년 ㈜남영비비안은 비비안이라는 브랜드를 선보인다. 당시 부산과 홍콩을 오가며 무역업을 했던 창업주 남상수 명예회장이 란제리 시장에 뛰어들었다. 남 회장은 홍콩에서 본 서양 여성들의 양장 차림이 멋져 보였다고 한다. 양장의 맵시를 제대로 드러내게 하는 게 란제리라고 생각해 사업에 뛰어들었다.

남 회장은 처음 브랜드 이름을 지을 때 조건 두 개를 내걸었다. 첫째 여성스럽고 사랑스러운 이미지를 가져야 한다. 둘째 3음절로 부르기 쉽고 기억하기 쉬워야 한다. 그렇게 해서 채택된 이름이 바로 비비안이다.

1960~70년대만 해도 우리나라에서 란제리 사업은 쉽지 않았다. 두 회사 임직원들은 미국과 유럽에서 속옷 샘플을 갖고 와 란제리를 만들었지만 대부분 우리나라 여성 체형과 사이즈에 안 맞았다. 여성의 가슴 사이즈는 체형마다 달라 브래지어를 처음 내놓을 땐 입어보고 착

용감을 애기해주는 모델이 필요하다. 하지만 당시에는 속옷을 입어보는 일을 전문으로 하는 '피팅 모델'을 찾는 일이 불가능했다. 그래서 신제품이 나오면 직원들은 아내에게 입혀보고 다음날 착용감이 어떤지를 물어보곤 했다. 그런 식으로 한국 여성의 체형에 맞는 브래지어를 만들어나갔다. 속옷 광고 모델도 구하기 힘들 때였다. 일러스트로 대체하거나 마네킹을 썼다. 그나마 얼굴이 안 나온다고 설득해 스타킹 광고는 실제 모델이 신고 다리만 찍어 내보낼 수 있었다.

하지만 1980년대부터 상황이 달라졌다. 볼륨 있는 가슴, 꽉 조인 허리, 탄력 있는 힙을 향한 욕망이 여성들 사이에서 커지기 시작한다. 좀더 아름답고, 더 고급스럽고, 보다 기능적인 속옷을 원하고 있었다. 이제 두 회사는 본격적으로 경쟁을 벌이게 된다.

브라는 과학이다

한 장의 브래지어를 만들려면 보통 20가지 이상의 자재가 들어간다. 봉제 공정도 25~30번 이상 거쳐야 한다. 여성의 살에 가장 먼저

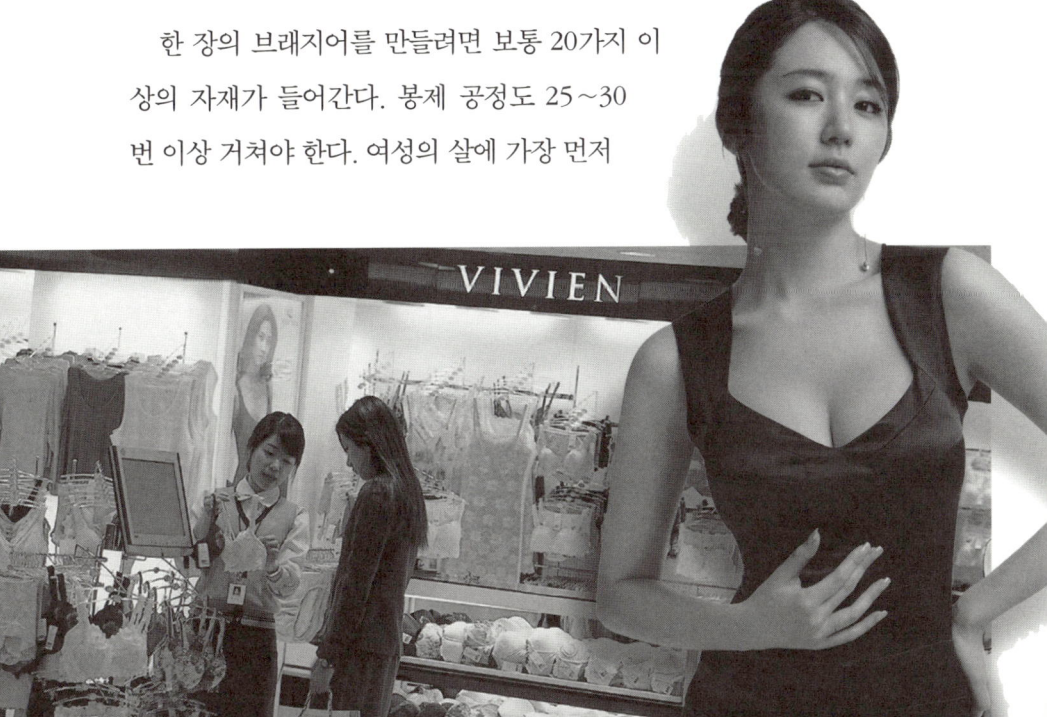

닿는 속옷이다 보니 그만큼 정교한 과정이 필요하다. 박종현 비비안 홍보실장은 "브래지어 컵을 어떻게 하면 정교하게 만들 수 있는지를 연구하면서 밀리미터와 전쟁을 벌여야 한다"고 말했다.

두 회사는 앞서거니 뒤서거니 하며 과학을 응용한 브래지어를 선보인다. 1988년 비너스는 형상기억합금 와이어를 사용한 '메모리 브라'를 내놓는다. 형상기억합금은 여성 가슴 모양을 기억해뒀다가 세탁을 해 다시 착용할 때 그 모양 그대로 돌아가게 하는 기능을 갖췄다. 곧바로 여성들에게 인기를 끌었다. 김상범 비너스 상무는 "브래지어 철사는 여성들의 가슴을 답답하게 만들었다. 두께 1밀리미터, 폭 2~3센티미터의 철사를 조절하는 일이 여간 힘든 게 아니었다. 그런데 형상기억합금이라는 신소재를 활용하자 그런 고민은 한꺼번에 풀렸다"고 말했다.

1990년대 들어 풍만한 가슴은 하나의 섹시 코드로 떠올랐다. 이 같은 사회 변화는 기업에게 도전이자 기회다. 당시 젊은 여성들은 자신의 아름다움을 표현하는 데 더욱 과감해졌다. 서양여성과 같은 볼륨 있는 몸매가 당당한 아름다움으로 비춰졌다.

비너스가 와이어에 주목했다면 비비안은 여성의 볼륨 있는 몸매에 주목했다. 이런 유행에 맞춰 1995년 비비안은 처음으로 '볼륨업브라'를 선보인다. 볼륨 있는 몸매를 원하는 여성들의 욕구를 만족시키기 위해 가슴을 커보이게 하는 부직포 패드가 삽입된 브래지어였다. '가슴은 볼륨업'이라는 광고도 히트를 치면서 발매 열 달 만에 100만 장이 판매됐다.

비비안은 브래지어 어깨끈이 고정이라는 관념도 깨버렸다. 2000년에 선보인 '투씨브라'는 투명어깨끈을 사용해 어깨 전체가 드러나는 탑이나 원피스를 입을 때도 어깨끈을 그대로 드러낼 수 있도록 했다. 브래지어 끈이 드러나 옷을 추켜올리느라 곤혹스러운 경험을 해본 여성들의 고민도 말끔히 없애버렸다. 그 뒤 브래지어 어깨끈은 다양한 형태와 디자인으로 나오면서 여름철 여성들의 필수 아이템으로 자리 잡고 있다.

스타킹은 패션이다

비비안은 최초로 나일론 스타킹을 선보였다. 1992년엔 '고탄력 스타킹'을 내놓는다. 종아리와 힙을 신축성으로 받쳐준다는 뜻에서 붙인 이름이었다. 대박이 터졌다. 당시 나일론 스타킹은 한 켤레에 600원, 고탄력 스타킹은 1500원으로 가격이 배 이상이었지만 고탄력 스타킹은 '수요의 가격탄력성price elasticity of demand'을 받지 않을 정도로 잘 팔려나갔다.

하지만 1990년대 말 들어 스타킹 시장은 변하고 있었다. 스타킹이 반드시 필요했던 여성용 유니폼을 없애버리는 회사가 늘어났다. 여성들은 반바지를 입고 샌들을 즐겨 신기 시작했다. 스타킹 신는 것을 예의로 여겼던 여성들은 스타킹을 내려 돌돌 말아 장롱 안으로 내팽개쳐버렸다.

박종현 비비안 홍보실장은 "스커트를 입을 때 다리를 보호해주는 양말 수준으론 더이상 여성을 붙잡을 수 없었다. 그래서 '스타킹은 패션이다' 라는 개념을 들고 나왔다. 싸구려 대신 고가품으로 가자는 전략이었다. 1천~2천 원이 아닌 1만 원 안팎의 고급 스타킹을 내놓았다"고 말했다. 자외선을 차단하는 스타킹, 임산부를 위한 스타킹, 다리 라인을 잡아주는 틈새형 스타킹이 화려한 외출을 하게 된다.

고급화와 정예화로 도전 물리쳐

두 회사에게 위험은 있었다. 란제리 회사는 아니었지만 패션 속옷을 내세우며 강력한 도전자가 나타난 것이다. '보디가드' 브랜드를 들고 나온 '좋은사람들' 이었다. 개그맨 주병진이 1990년에 만든 회사다. 좋은사람들은 대학 경영학과 마케팅 수업에 케이스로 소개될 만큼 돋보이는 마케팅 전략을 펼친다. 좋은사람들은 '패션 속옷' 으로 자신들을 포지셔닝한다.

그때만 해도 속옷은 청결과 보온이 최고였다. 누가 질 좋은 흰색 면을 만드느냐가 관건이었다. 디자인이 세련될 필요가 없었다. 주요 고객은 주부와 아들을 둔 어머니였다. 주부들이 많이 가는 시장이 마케팅 포인트였다.

하지만 좋은사람들은 '속옷도 패션이다' 로 치고 나온다. 실크 등 다양한 소재, 특이한 디자인 제품을 내놓는다. 속옷을 사는 고객을 젊은 층으로 타깃화했다. 매장도 젊은이들이 많이 모이는 곳으로 옮기고, 광고 전략도 젊은이에 어필하는 소재에서 찾았다.

비너스와 비비안은 고급 브랜드 전략으로 후발 주자의 도전에 맞선다. 비너스의 한 사례. 1990년대 들어 홈쇼핑에서 란제리가 많이 팔리기 시작했다. 홈쇼핑에선 브래지어와 팬티 여러 벌을 싼 가격으로 팔았다. 매출은 높일 수 있었지만 브랜드 전략으로 보면 마이너스였다. 비너스는 홈쇼핑에서 제품을 판매하는 것을 놓고 전략회의를 벌였다. 갑론을박이 오갔다. 이의평 신영와코루 사장이 깨끗이 정리한다. "싼 가격에 질이 떨어지는 제품을 내놓는다면 고객이 만족하겠나? 비너스라는 브랜드를 지킬 수 있겠나? 그렇다면 우리 회사가 할 필요가 있나?" 아무도 대답하지 못했다. 결국 비너스는 홈쇼핑에서 제품을 팔지 않기로 했다.

비비안도 마찬가지. 먼저 유통 구조 개혁에 착수했다. 외곽 상권과 중복 상권의 점포 개설을 줄이고 동일 상권 안에서 경쟁력 있는 지점으로 통합해나갔다. 1997년 2천여 곳이던 매장을 2003년 300곳(백화점 100곳, 전문점 200곳)으로 정예화했다.

비너스와 비비안은 회사를 세운 뒤 지금까지 적자를 내지 않았다. 1997년 금융위기로 굴지의 대기업이 무너지는 소용돌이 속에서도 두 브랜드는 살아남았다. 비너스와 비비안이 지속 가능할 수 있었던 것은 외고집으로 란제리라는 한 우물을 팠기 때문이다. 강한 브랜드가 불황을 이겨냈던 셈이다.

란제리 모델 변천사
마네킹→ 외국인→ 스타 연예인

란제리 광고가 처음 시작된 건 1960년대였다. 당시엔 실제 인물이 란제리 광고에 나오는 일은 상상조차 할 수 없었다. 그 시절 란제리 광고에는 주로 속옷을 착용한 여성 그림을 사용하거나 속옷을 입힌 마네킹을 사용했다.

'나만이 알고 있는 사랑의 비너스 아름다운 비너스, 비너스 브라자, 비너스 거들, 비너스 올인원, 아름다운 당신의 화운데이션.' 1976년 나온 '사~랑~의 비너스' 라는 이 광고송은 한때 군대에서 아침 구보를 할 때 불렸을 만큼 남성들에게 인기를 끌었다.

1980년대에 들어오면서 실제 인물이 속옷 광고에 등장하기 시작했지만, 대부분 외국인 모델이었다. 그때만 해도 연예인들은 신인 때 속옷 모델로 나섰다 얼굴이 알려지게 되면 이미지가 훼손된다는 이유로 란제리 광고를 기피했다. 하지만 1990년대 들어서는 이른바 '잘나가는' 모델들만이 란제리 모델로 뽑혔다. 비비안은 1995년부터 속옷 업계 최초로 국내 유명 연예인을 모델로 기용했다. 패션모델이던 김지연을 발탁해 '가슴은 볼륨업'이라는 카피로 광고를 시작했다. 비비안은 그 뒤 박지윤·김남주·한은정·송혜교·김태희·김아중·윤은혜를 광고모델로 기용했다. 비너스는 김규리·고소영·장진영·한예슬·이다해·김민을 모델로 썼다.

유명 연예인을 모델로 발탁하게 된 건 크게 두 가지 이유에서다. 하나는 자신의 몸매와 속옷에 대한 여성들의 관심이 높아졌기 때문이다. 또다른 이유는 개성이 강한 젊은 여성들이 소비의 중심축이 됐기 때문이다. 그들이 닮고 싶어하고 따라하고 싶은 유명 모델이 속옷 업계에 필요하게 된 것이다.

속옷 광고에는 남자 탤런트도 나왔다. 1990년 업계 1·2·3위를 차지하던 백양(비와이씨)·쌍방울·태창의 광고모델로 유인촌·이덕화·노주현이 활동했다.

우머노믹스 시대가 왔다
여성을 가까이 하고 함께 해라

우머노믹스Womenomics는 영국의 〈이코노미스트〉가 미래 경제의 키워드로

제시한 용어다. 여성women과 경제economics를 합친 말이다. 여성의 경제 활

동이 늘어나면 더 부유한 세상에서 살 수 있다는 의미에서 쓰인다.

〈이코노미스트〉는 2007년 4월 '우머노믹스가 되돌아오다Womenomics revis-

ited' 라는 기사에서 세계경제포럼WEF 조사 결과 남녀가 평등한 나라일수록 1

인당 국내총생산GDP이 높았다고 강조했다. 골드만삭스 역시 여성의 취업률

이 남성과 같은 수준으로 올라가면 미국의 GDP는 현재보다 9퍼센트, 유럽은

13퍼센트, 일본은 16퍼센트 더 상승한다고 보고하기도 했다.

남성들이 주도했던 마케팅 분야에서도 여성 임직원이 늘어나고 있다. 최종 소

비를 주도하는 여성의 욕망을 예민한 감수성으로 찾아내는 데는 남성보다 여

성이 뛰어나기 때문이다. 기업들이 브랜드나 광고에서 감성 능력을 중시하고

있는 것도 여성에겐 유리하다. 여성들의 섬세함이 남성의 그것보다 경쟁우위

에 있어서다.

이른바 '고관여 상품high-involvement product' 에까지 여성들은 구매결정권을

넓히고 있다. 고관여 상품은 특정 제품을 살 때 가격과 품질 정보를 많이 수집하고 결정도 신중하게 내리는 제품을 말한다. 아파트, 자동차가 대표적 고관여 상품이다. 자동차나 TV를 덜컥 사버리는 사람은 거의 없다.

기업들은 여성고객의 마음을 사로잡기 위해 여성들의 변화에도 눈길을 돌린다. 나이키는 지난 30년 동안 남성 위주 마케팅에 주력했다. 하지만 최근 들어 스포츠 및 피트니스 트렌드는 남성이 아닌 여성이 주도하고 있다. 나이키는 이러한 변화에 맞춰 요가와 댄스 등 여성 주도의 운동 역시 스포츠라 정의하며 여성고객들에게 다가서고 있다.

남성의 전유물(자동차·첨단기기) 또는 여성 우대(또는 여성 전용)라는 성별 인식도 바뀌고 있다. 김혜란 현대경제연구소 연구위원은 〈여성의 마음을 얻는 기업, 시장을 지배한다〉라는 보고서에서 "과거의 전통적인 남녀관계가 급격히 변화되고 있기 때문에 지나친 성적 차별을 강조한 제품이나 서비스는 시대에 뒤떨어질 수 있다"고 강조했다.

발기부전 치료제 시장에서 시알리스는 비아그라의 아성에 도전하고 있다. 이 약을 만드는 다국적 제약회사 일라이 릴리는 시알리스를 '강한 남성'으로 부각시키지 않는다. 대신 '중년부부의 로맨스'라는 콘셉트로 차별화했다. 나라별로 성문화가 다르지만 이런 접근법은 많은 부부들한테 좋은 호응을 얻었다.

남성 위주 시장으로 여겨져 왔던 IT 시장에서 여성 고객들이 차지하는 비중도 증가 추세다. 첨단기기에 관심이 많고 적극적으로 구매하는 여성이란 뜻의 '테크파탈Tech Fatale족'을 겨냥한 제품도 속속 개발된다. 휴대전화·MP3플레이어·노트북 등에서 남성 위주의 딱딱한 디자인과 검정 색상에서 벗어나 여성스러움을 상징하는 분홍, 오렌지색 등 화사한 색상을 입히고 있다. 여기에 바비 인형 콘셉트, 슬림형 디자인 등도 제품에 적용하고 있다.

한진해운 마담과 마린
VS
"자신있습니다" 현대상선

울산 앞바다의 주인 잃은 배 3척, 현대상선의 시작이다.

현대상선의 뱃길을 연 건 정주영 현대그룹 명예회장의 '기업가 정신'이었다. 건설사업으로 성공한 정 회장은 달러를 벌어들일 수 있는 사업을 찾았는데 바로 배를 만드는 조선사업이었다. 종이배조차 만들어본 경험이 없는 그였지만, 신념은 확고했다. 정 회장은 "배를 만든다는 것은 큰 철탱크 속에 터빈을 집어넣는 것이어서 발전소 건설이나 다를 바 없다. 조선소 독dock도 큰 수영장을 건설하는 것과 크게 다르지 않다. 무슨 일이든 어렵게 생각하면 한없이 어렵지만 쉽게 여기면 또한 한없이 쉬운 법"이라며 조선사업에 뛰어든다.

하지만 돈이 없었다. 정 회장은 차관을 도입해 독자적으로 조선소를 건설하기로 하고 1971년 영국 런던으로 날아갔다. 그러나 영국의 바클레이스 은행 문턱은 높았다. 정 회장은 기술계약을 맺은 영국

A&P 애플도어 엔지니어링 회장인 롱바텀을 찾아가 도움을 청했다. 롱바텀 회장 역시 비관적이었다. "아직 배를 계약할 선주도 나타나지 않은 실정이고, 또 한국의 상환 능력과 잠재력에 의문이 많아 곤란할 것 같군요."

거북선 지폐 보여주며 자금투자 설득

그때 문득 정 회장은 바지 주머니 안에서 한화 500원짜리 지폐를 꺼낸다. "이것은 한국 지폐입니다. 그리고 여기 그려진 것이 바로 거북선이지요. 우리 한국은 이미 1500년대에 철갑선을 만들었습니다. 조선 기술의 잠재력을 갖고 있습니다. 영국의 조선 역사가 1800년대이니, 한국이 그보다 300년은 앞선 셈입니다."

결국 정 회장은 뚝심을 발휘해 차관 도입에 성공한다. 1972년 정 회장은 당시로선 엄청나게 큰 금액인 8천만 달러를 투자해 울산의 35만 평 터에 50만 톤급 드라이독을 갖춘 현대울산조선소 건설공사를 시작했다.

하지만 1973년 10월 1차 오일쇼크가 터진다. 전 세계 경제는 급속히 얼어붙는다. 나라마다 무역 물량도 크게 줄었다. 그러자 선박을 발주했던 선사들이 선박 인수를 거부하는 사태가 일어났다. 현대울산조선소에서 만들고 있던 유조선 3척도 선주가 인수를 거부해 주인 잃은 선박 신세가 됐다.

정 회장은 유조선 3척을 밑천으로 해운업 진출을 결심한다. 위기를 도약의 기회로 삼은 것이다. 1976년 3월 이 주인 없는 유조선 3척으로 시작한 해운사가 바로 아세아상선, 지금의 현대상선이다.

한진해운의 시작은 컨테이너였다. 베트남전이 한창이던 1966년 조중훈 전 한진그룹 회장은 베트남의 퀴논항을 시찰한다. 당시 한진상사는 베트남에서 군수 및 생필품 무역을 하고 있었다. 퀴논항은 전쟁의 소용돌이 속에서도 살아 움직이는 듯 활기로 가득했다.

그때 조 회장의 눈길은 '갠트리크레인'이라는 특수 크레인이 들고 있는 컨테이너에 머문다. 무게가 무려 40톤이나 되는 컨테이너 상자들이 2분마다 한 개씩 부두 위에 내려지고 있었다. 당시만 해도 12명의 짐꾼이 1시간 동안 작업해야 겨우 그만한 화물을 내려놓을 수 있었다. 조 회장은 2시간여 동안 컨테이너 하역작업을 지켜보며 컨테이너가 바로 '해상운송 혁명'임을 깨달았다. 해운의 미래는 컨테이너 발전과 직결된다는 것을 직감한다.

트럭 한 대로 시작해 1950년대 주한미군 물자 수송, 1961년 서울~인천 지정좌석버스 등 운송사업을 개척해온 그였다. 1966년 베트남에 파병한 미군과 하역·수송 계약을 맺은 뒤 5년 동안 베트남에서 벌어들인 돈은 1억5천만 달러였다. 당시 1인당 국민소득은 200달러 안팎, 한국은행이 보유한 외화가 5천만 달러에 그치던 시절이었다.

1970년대에 들어서도 조 회장의 해운업 구상은 계속된다. 해운사 설립을 준비하던 조 회장은 1977년 초 박정희 대통령을 면담하게 된다. 박대통령의 말이다. "대한항공이 세계로 뻗어나가면서 나라의 체면을 세워주고 있습니다. 항공사업이 어느 정도 궤도에 올랐으니 이제는 육상운송과 항공사업에서 쌓은 경험을 살려 우리나라 해운업 발전에도 힘을 기울여주십시오."

곧바로 조 회장은 컨테이너 전용 해운사를 설립한다. 한진해운의 출항이다.

현대상선은 막상 배 3척으로 해운회사를 차렸지만 먹고살기가 막막했다. 유조선이어서 석유를 실어 날라야 했다. 정 회장은 당시 세계 7대 석유 메이저 중 하나였던 걸프오일과 중동산 원유 수송권을 놓고 협상을 진행하기로 결심한다. 이 협상은 신생 기업과 메이저 기업의 대결이라는 점에서 쉽게 성공을 기대할 수 없었다. 그러나 정 회장이 직접 이끈 6개월에 걸친 협상으로 아세아상선이 원유 수송권을 확보하는 극적인 반전을 일궈낸다. 이로써 현대상선은 초기 성장 기반을 마련하게 된다.

대한선주 인수, 경영 정상화 성공

조 회장은 한진해운 설립 한 달 만에 현대중공업과 일본 조선사에 잇달아 선박 건조를 주문한다. 이듬해 일본 조선사에서 760TEU(1TEU는 20피트 컨테이너 1개)급 컨테이너 전용선을 인수해 자신의 호를 따서 '정석靜石호'라고 이름지었다. 선박에 대한 조 회장의 애정은 각별했다. 그는 선박 이름 모두를 그의 친필체로 새겼다. 조 회장은 선박에 서울·인천·부산·포항·제주·광양·군산 등 국내 주요 도시의 이름을 붙였다. 이들 배는 세계 각지를 누비며 한국 도시를 알렸다. 1985년부터는 국내 주요 도시의 이름이 소진되자 뉴욕 · 롱비치 · 요코하마 · 사바나 등 외국 기항지 지명이 사용됐다.

　1979년 2차 오일쇼크는 세계 해운업계를 극심한 불황으로 몰아넣는다. 국내 해운업체들도 빈사 상태에 빠졌다. 한진해운은 1985년에 큰 폭의 적자를 냈고, 1986년에도 개선 기미가 보이지 않은 채 적자 폭이 더욱 커졌다. 한진해운은 당시 주력 시장인 미주 지역을 분석하기 위해 경영개선팀을 파견한다. 조 회장이 직접 회의를 주재하며 위기를 돌파해나간다. 또 매주 이사회를 열어 개선 조치 현황을 일일이 점검한다. 노후 선박을 처분하고 운항 노선을 합리적으로 조정하고 정기 스케줄을 편성했다. 해외 하주 비중을 높이기 위해 국제적인 네트워크도 구성했다.

　이러한 가운데 조 회장은 경영 위기를 맞은 대한선주를 인수하라는 정부의 요청까지 받고 두 번의 거절 끝에 인수하게 된다. 대한선주

는 우리나라 최초 국책기업인 대한해운공사가 모태로 한국 해운을 이끌어온 대표기업이었으나 해운 불황으로 심한 경영난(1250억 원 적자)에 시달리고 있었다. 1988년 한진해운과 대한상선(대한선주가 상호 변경)이 합병돼 오늘의 한진해운으로 새롭게 탄생한다. 한진해운에는 한국 해운 대표 기업의 정통성과 육·해·공 물류 전문 한진그룹의 경영 노하우가 접목된다.

조중훈 회장의 셋째아들인 조수호 회장의 글로벌 경영으로 한진해운은 급속히 세계적인 해운기업으로 발전한다. 조수호 회장이 사장으로 취임할 때인 1994년 매출은 2조 원에도 못 미쳤지만 불과 10년 만인 2005년엔 6조 원의 매출을 달성한다. 조 회장은 한진해운을 국내 1위는 물론 세계 유수의 해운 선사 대열에 올려놓았다. 그는 이러한 열정과 노력의 결과로 1995년 금탑산업훈장을 받았다.

비행기는 동산이지만, 배는 아파트처럼 부동산이다. 때문에 배에는 이름은 물론 등기도 있다. 요즘 배들은 규모에서 상상을 초월한다. 2008년에 9척이 건조된 1만3천TEU급 배를 한 번 보자. 이 배를 세워놓으면 366미터다. 에펠탑(320미터)보다 높다. 크기는 30평형 아파트 약 1840채에 해당한다. 이 배에 실을 수 있는 컨테이너 수는 1만 3100개다. 양문형 냉장고가 19만대가 들어간다. 배의 갑판 크기는 1만7641제곱미터로 일반축구장(4500제곱미터)의 4배다. 8개 팀이 축구 경기를 동시에 할 수 있는 공간이다.

두둥실 배가 떠다닌다고 생각하면 오산이다. 속도도 상당히 빠르다. 현대상선의 8600TEU급 배는 시속 27노트(약 50킬로미터)로 달린다. 육상 남자 100미터 세계기록 보유자인 자메이카의 아사파 파월(9.75초)보다 2.64초 정도 빠르다.

대북송금 특검 시련 이겨내

현대상선은 2000년대 들면서 위기를 맞는다. 2002년 9월 국회 국정감사에서 이른바 '대북송금 의혹'이 돌출됐다. 현대의 대북사업 추진 과정에서 남북정상회담 대가로 막대한 금액의 대북송금이 이뤄지지 않았느냐는 의혹 제기였다.

이 사건으로 정몽헌 회장이 타계하자 KCC가 현대그룹을 인수하기 위해 현대엘리베이터와 현대상선 지분을 사들이면서 경영권 분쟁이 불거진다. 현정은 현대그룹 회장은 경영권 방어를 진두지휘하면서 경영자의 길에 들어선다. 결과를 예측할 수 없었던 경영권 분쟁은 현대 상선 주주총회에서 62.54퍼센트의 높은 찬성으로 현 회장이 현대상 선의 등기이사로 선임되면서 일단락된다. 이렇게 사그라진 현대그룹 의 경영권 분쟁은 2006년 현대중공업이 외국계가 보유하고 있던 현 대상선 주식을 매집하면서 다시 불붙었다. '시숙의 난'에 이은 '시동 생의 난'이었다. 두 번에 걸친 경영권 분쟁을 성공적으로 방어한 현 회장의 리더십은 세간에 인정을 받는다.

2008년 한진해운은 매출에서, 현대상선은 당기순이익에서 각각 1 위를 차지했다. 한진해운은 컨테이너선에 강하고, 현대상선은 벌크선 에 강점을 갖고 있다. 벌크선은 석탄·철광석·곡물 등 가루로 된 재 료를, 컨테이너선은 주로 자동차·컴퓨터·백색가전 등 공산품을 실 어 나른다. 지난해엔 벌크선이 떴다. 세계의 공장인 중국에 각종 원자 재와 재료를 실어 날라야 했기 때문이다. 반면 미국과 유럽에 수출이 잘될 때는 컨테이너선이 잘나간다.

글로벌 경제위기는 땅뿐만 아니라 바다에서도 몰아치고 있다. 최 근 3년 동안 우리나라 해운사 수는 2배 이상 늘었다. 2004년 말 73개 에서 2008년 말 현재 177개사에 이른다. 이들이 보유한 배는 471척 에서 819척으로 급증했다. 세계 26개 항로의 벌크화물 운임과 용선료 를 종합한 BDI지수(발틱운임지수)는 2008년 5월 20일에 사상 최고치 인 1만1793까지 치솟았다가 12월 5일 663까지 추락했다.

최근 몇 년 동안 한진해운과 현대상선은 순풍을 받아 물살을 가르 며 항해를 해왔다. 앞으로는 국제 해운시장의 험난한 파고와 풍랑을 헤쳐 나가야만 한다. '닻'은 이미 올렸다. '대항해 시대'가 시작됐다.

'여성 선장' 현정은·최은영 회장 리더십
도전적 열정과 춤추는 감성

국내 1·2위 해운업체인 한진해운과 현대상선은 나란히 '여성 선장'이 이끈다. 현대상선은 현정은(54) 회장이, 한진해운은 최은영(47) 회장이 키를 잡고 있다.

남편 사후 주부에서 전문경영인으로

두 사람 모두 남편 사후 주부에서 경영인으로 변신했다. 전문경영인(한진해운 김영민 사장, 현대상선 김성만 사장)을 신뢰하는 스타일도 닮았다. 현 회장과 최 회장은 2007년 현 회장의 시어머니인 변중석 씨가 타계했을 때 서울 아산병원 장례식장에서 만난 적이 있다.

최 회장은 2006년 말 남편인 조수호 회장이 작고한 뒤 주부에서 한진해운 경영자로 변신했다. 그녀는 남편이 별세한 뒤 1년여 동안 비워뒀던 회장직을 2007년 11월부터 맡고 있다.

최 회장은 여성 특유의 섬세한 소통을 내세우며 '부드러운 카리스마'로 임직원들을 아우르고 있다. 일상적인 경영활동은 김영민 사장이 챙기고 최 회장은

현정은 현대상선 회장 　　　　　　　　 최은영 한진해운 회장

좀더 적극적으로 한진해운의 글로벌 전략을 모색하고 있다. 최 회장은 대모 Godmother 역할을 강조한다. 그는 "거스 히딩크 같은 명감독에게 전권을 위임할 때 한국 축구가 잘됐듯 한진해운도 능력 있는 전문경영인이 잘 이끌어가도록 할 것"이라고 말했다.

최 회장은 기회가 있을 때마다 거리감 있는 '회장님' 대신 항공 코드명인 'DDM'으로 부르라고 한다. DDM은 '마담'과 '마린'을 뜻한다. 최 회장은 최근 기자들과 만나 "직원들은 공기청정기 하나만 설치해도 좋아하는데 남자들은 잘 모른다"며 부드러운 감성경영을 강조한다. 최 회장의 감성경영은 여기에 그치지 않는다.

춤추는 모습이 아름다운 최고경영자

최 회장은 지난해 12월 스페인의 전통 춤인 플라멩코를 추면서 고객을 감동시켜 화제를 모았다. 한진해운은 지난해 초 스페인 안달루시아 지역의 컨테이너 전용 터미널 개발자로 선정돼 안달루시아 주정부의 부지사를 비롯해 관계자들을 한국으로 초청했다.

스페인 방문단이 한진해운 관계자들에게 같이 춤을 추자고 제안했다. 최 회장은 거리낌 없이 무대에 올라가 스페인 여성과 한 팀을 이뤄 경쾌한 플라멩코 리듬에 맞춰 약 2분간 율동을 따라했다.

최 회장은 지난해 기자간담회에서 "오너 경영자로 변신한 이후 여자라고 봐주는 법이 없다는 것을 뼈저리게 느꼈다"고 말했다.

카리스마는 과도기, 감성경영은 진면목

"현대맨은 누군가 '자신 있습니까'라고 물으면 '자신 있습니다'라고 즉각 외치세요." 현 회장은 틈만 나면 "어떤 문제에 대해서도 자신 있다고 말하는 자세를 가져달라"고 당부한다.

현대의 TV 광고에도 '대한국민에게 묻습니다. 자신 있습니까?'라는 문구가 나온다. 현대그룹은 이 광고를 3월까지 선보인 뒤 4월부터는 이에 화답하는 '자신 있습니다' 광고를 연이어 내보냈다.

'감성경영'의 전도사였던 현 회장은 최근 들어 변신한다. 현 회장은 취임 초 삼계탕, 목도리 등을 임직원과 가족에게 보내는 등 감성경영을 드러내 보였다. 하지만 최근 들어선 카리스마로 무장하고 있다. 현 회장의 변신은 KCC · 현대중공업과 경영권 분쟁을 마무리 짓는 등 그룹 안팎의 신뢰를 얻은 데 따른 것이란 분석이다.

현 회장은 요즘 회식 자리에서 "자신 있습니까"라고 건배 제의를 한다. 그는 올해 경영 화두를 '자신감'으로 정했다.

글로벌 경제위기로 대내외 경영 환경이 어려운 가운데 현대맨의 패기와 열정을 잃지 말아달라는 게 그의 주문이다.

현 회장과 최 회장은 지금까지 해운업 경기가 순풍을 맞았던 시기를 거치며 순조로이 항해를 해왔다. 그러나 글로벌 금융위기로 폭풍이 예고되는 해운업계에서 경영 선두에 나선 이들의 진정한 리더십 평가는 이제부터다.

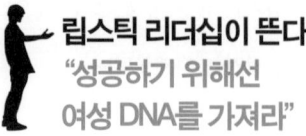

립스틱 리더십이 뜬다
"성공하기 위해선
여성 DNA를 가져라"

리더의 자리, 권력과 조직은 여성에게 맞지 않다는 속설은 옛말이 됐다. 오히려 "부드러운 것이 강한 것을 이긴다." 노자의 『도덕경』에 나오는 이 글귀가 리더십의 화두다.

삼성경제연구소가 펴낸 『여성, 리더 그리고 여성 리더십』에선 감성과 창조의 힘을 강조하는 여성리더십이 현대 조직에 매우 적합하다고 분석한다. 산업사회는 위계적이며 통제적인 관리시스템이 쓸모 있었다. 하지만 오늘날엔 보다 탄력적이고 민주적인 조직운영이 효과적이다. 남성적 리더십보다 협동적이고 부드러운 수단을 사용하는 여성 리더십을 강조한 것이다.

부드러움은 어떻게 리더십이 되는가

이른바 '립스틱 리더십Lipstick Leadership' 으로 불리는 여성 리더십은 감성경영과 창조경영 시대에 새롭게 요구되는 '대안적 리더십' 이다. 립스틱 리더십은 여성이 가진 부드럽고 위기에 강한 여성 특유의 장점을 강렬하게 표현하는 것이다.

립스틱 리더십은 립스틱 컬러처럼 개별적이고 독창적인 리더십으로 정의되기도 한다. 자신에게 어울리지 않는 립스틱은 건강이나 미를 손상시키듯, 남의 리더십을 흉내 내지 않고 자기에게 맞는 리더십을 차별화하는 것을 의미한다. 40년 역사의 펩시콜라에서 첫 여성 CEO로 유명해진 인도 출신의 인드라 누이가 좋은 예다. 그녀가 최고재무책임자CFO로 일하고 있을 때 사내에서 이벤트가 열렸다.

그녀는 인도 전통복장인 '사리'를 입고 나와 강연을 한 뒤 인기가요를 선창해 종업원들의 합창을 이끌어냈다. 딱딱한 행사가 그의 행동으로 따뜻하게 진행됐다. 대외 행사에 사리 차림으로 즐겨 나서고 누구 앞에서든 스스럼없이 전자 기타를 연주해 보이는 누이의 감성적 리더십은 빛을 발휘한다. 누이는 2008년 경제 주간지 '포브스'가 선정한 '세계에서 가장 영향력 있는 여성' 3위에 오르기도 했다.

'지시형 리더'에서 '변화형 리더'로

립스틱 리더십은 '감성지능 리더십emotional intelligence leadership'으로도 불린다. 감성지능 리더십은 1998년 다니엘 골만이 '하버드 비즈니스 리뷰'에 냈던 논문에서 처음 소개됐다. 과거 리더십이 이성과 논리를 강조했다면, 감성지능 리더십은 공감대 형성과 사교적인 기술 등 5가지를 강조하고 있다.

'백악관 최초의 여성 대변인'이란 타이틀을 거머쥔 디디 마이어스는 『우머노믹스』에서 "여성이 '변화형 리더'가 될 가능성이 높고 '남성은 지시형 리더'가 될 가능성이 높다"고 말한다. 여성 리더는 집단적 목표를 설정하고 팀원들이 목표를 달성할 수 있도록 권한을 허용한다. 하지만 남성 리더는 부하직원들에게 기대하는 바를 알려준 다음 성공하면 보상을 하고 실패하면 책임을 지게 한다는 것이다. 마이어스는 여성 리더가 더 효과적이라고 주장하지 않는다. 그보다 여성들이 다양한 스타일의 리더십을 발휘할 수 있다는 점을 강조한다.

'당신의 정숙한 아내는 왜 밤마다 블루스타킹을 벗는가?'

유혜선 SM컨설팅 대표는 자신의 책 『블루스타킹』에서 다소 도발적인 질문을 던진다. 유 대표는 문학을 좋아하거나 문학가를 자처하는 여성들을 경멸적으로 이르던 말인 블루스타킹에 새로운 견해를 제시한다. 『제2의 성』으로 개성적인 여성론을 펼쳤던 프랑스 소설가 시몬 드 보부아르를 예로 들며, 블루스타킹이 시대를 앞서나가는 여성리더라고 강조한다. 유 대표는 "오늘날 시야에서 보면 그들이야말로 창의적이고 문화를 이끌어간 선구자들"이라고 말한다. 오늘날의 블루스타킹은 풍부한 경험과 현실 감각으로 창의적이고 다양한 해결책을 제시해 줄 수 있는 '부드러운 감성의 현장형 여성 리더'를 의미한다는 것이다.

블루스타킹에서 팜므 파탈까지

블루스타킹은 너무 여성적이지도 않고 너무 차갑고 단호하지도 않다. 독립적이고 도전적이지만 색다른 그녀들만의 끼와 재능으로 분위기를 리드할 줄 아는 쿨 하면서도 다정다감한 감성을 지닌 리더이다.

같은 맥락으로 '팜므파탈 리더십'도 제시된다. 악녀라는 뜻의 팜므파탈은 남성을 유혹해 극한의 상황으로 치닫게 만드는 '숙명의 여인'을 말하는 사회심리학 용어다. 유교적 기준에선 팜므파탈은 '나쁜 여자'다.

하지만 오늘날 시각으로 볼 땐 팜므파탈은 자신의 감정을 솔직하게 표현하고 당당하고 강한 여자로 재해석된다. 독일의 심리학자 우테 에어하르트는 『나쁜 여자가 성공한다』에서 '희생적인 여자가 비즈니스에서 성공한다' '여자는 다른 사람들이 기대하는 대로 행동해야 한다' '성공한 여자는 사랑받지 못한다' 등 여자의 성공에 대한 잘못된 9가지 편견을 꼬집고 있다. '모나리자의 미소'에서 벗어나 팜므파탈이 되어 비즈니스를 쥐락펴락 해 보는 것은 어떨까?

여성 CEO 열전
- 유리천장의 시대는 갔다

김성주(53) 성주그룹 회장은 2008년 11월12일 미국 뉴욕에서 배우 브룩 쉴즈와 특별한 만남을 가졌다. 미국 드라마 〈립스틱 정글〉에 출연하며 40대 중반에도 S라인 몸매를 여전히 과시하는 쉴즈가 MCM 오픈파티에 참석한 것. 블랙 팬츠 정장으로 시크하고 세련된 스타일을 연출한 쉴즈는 김성주 회장을 직접 만나 반가운 인사를 나눈 뒤 MCM 매장을 둘러봤다.

김성주 회장의 감회는 남달랐다. 이날 MCM은 뉴욕 패션계의 심장부인 플라자호텔 쇼핑몰에 단독 매장을 열었기 때문이다. 2005년 전 세계 21개국 유통망을 갖고 있는 독일 패션 브랜드 MCM을 김 회장이 전격 인수한지 3년 만이다.

짧은 머리. 176센티미터의 큰 키. 서구적 외모. 세련된 스타일. 유창한 외국어 실력. 김성주 회장의 이미지다. 그는 비서 없이 홀로 세계를 누비며 글로벌 스케일의 일을 처리한다. 블랙베리 · 모바일폰 ·

랩톱 컴퓨터로 무장한 채 1년에 60번 이상 비행기를 타면서도 그는 전 세계 사무실과 완벽한 커뮤니케이션을 해낸다.

김 회장은 대성그룹 창업자인 고 김수근 회장의 일곱 남매 중 막내 딸이다. 보수적인 집안에서 자란 그는 어릴 때부터 '여성은 아무것도 아닌 존재'란 세뇌를 받고 자랐다. 하지만 '딸은 좋은 집안과 중매로 결혼하는 것이 최고의 행복'이라는 집안 분위기를 깨버린다. 외국인과 결혼해 집에서 쫓겨나기도 했다.

어렵게 미국 유학을 갔지만 국제결혼 한 것 때문에 아무 지원도 못 받고 아르바이트로 돈을 벌어야 했다. 귀국해서도 월급 18만 원짜리 직원으로 창고일부터 시작했다. 좋은 집안의 아내로 살기보다 여자도 경영할 수 있다는 것을 보여주고 싶었다고 한다. 그래서 무일푼으로 시작해 지금의 MCM 브랜드를 만들었다.

"온실 속 장미처럼 평생 살아갈 수 있다는 것은 저에겐 큰 유혹이었습니다. 남성인 오빠들은 아버지에게 경영수업을 받았어요. 하지만 저는 좋은 집안에 시집가서 부잣집 마나님으로 살아야 했죠. 여성인 저도 할 수 있다는 걸 보여주고 싶었습니다."

물론 쉽지 않았다. 임원 회의에 나가면 젊은 여성이 CEO 자리에 앉아 있는 게 불편하다고 노골적으로 감정을 드러내는 사람도 있었다. "비서 말고 사장"을 소리치다 여성이 CEO인 것을 알고는 말도 않고 발길을 돌린 바이어도 있었다.

술과 봉투로 상징되는 남성중심 문화는 여전했다. "지금은 많이 달라졌지만 제가 사업을 시작하던 1990년대엔 모두들 봉투 없이 하는 사업은 불가능하다고 할 정도였죠. 그때 결심했습니다. 무슨 일이 있어도 깨끗하고 투명하게 일하자고요."

그러다 보니 불이익도 참 많이 받았다. 업계에서 '왕따' 취급도 당했다. 김 회장은 이 같은 차별에 좌절하지 않았다. 여성의 '약점'을 여성의 '강점'으로 극복한다. 바이어를 술자리로 이끄는 대신 콘서트와 전시회에 초대했다. 바이어나 그의 가족이 아플 때는 제일 먼저 찾아가 도움을 주며 인간적인 유대감을 쌓았다.

김 회장은 가장 힘들었던 시기로 하나 밖에 없는 딸아이가 3도 화상을 입고 중환자실에 입원했을 때를 꼽았다. 하지만 김 회장은 병원에서 딸을 간호하면서 회사의 모든 보고를 직접 받아 처리했다. 김 회장은 만약 그때 사업을 포기했다면 지금의 그는 없었을 것이라고 단언한다.

김 회장은 "여성이기 때문에 더 노력했고, 재벌가 딸이기에 더 열심히 일했고, 배워야 지도자가 될 수 있다는 심정으로 공장에서 일하며 직접 핸드백을 만들었어요"라고 말했다.

김 회장의 최종 목표는 MCM을 글로벌 명품 브랜드로 다져 나가는 것이다. 그는 동양의 섬세한 감성과 서양의 글로벌한 문화를 절묘하게 조화해 세계 패션 시장 평정에 도전하고 있다.

최근엔 '여성CEO'란 말이 낯설지 않다. 벤처기업은 물론 대기업에서도 여성CEO는 익숙해져 간다. 대기업의 여성CEO는 남편의 갑작스런 작고로 기업을 물려받는 경우가 많다. 여성임원조차 전무하다시피 한 국내 대기업에서 여성CEO의 잇단 등장은 새로운 바람을 일으키고 있다. 여성CEO에게 좀 더 투명하고 민주적인 여성적 리더십을 기대하는 이들도 적지 않다.

　미국에선 남편 사망 뒤 〈워싱턴 포스트〉를 세계적 매체로 키워낸 캐서린 그레이엄 명예회장이 대표적이다. 그는 아버지가 사주社主인 〈워싱턴 포스트〉에서 기자생활을 하다 1940년 변호사인 필립 그레이엄과 결혼했다. 6년 뒤 〈워싱턴 포스트〉 발행인 자리는 남편에게 넘어갔으나 남편이 1963년 우울증으로 자살하자 그레이엄 여사가 경영권을 맡았다.

　전 세계 언론인 가운데 가장 화려한 조명을 받았다고 해도 과언이 아닌 그레이엄 회장. 그가 단지 여자라는 이유만은 아니었다. 1971년 3월 경쟁지 〈뉴욕타임스〉는 월남전 극비문서「펜타곤 페이퍼즈 Pentagon Papers」를 특종 보도했다. 리처드 닉슨 정부는 즉각 "국익을 헤친다"며 출판정지 가처분 신청으로 후속보도를 중지시켰다. 하지만 다른 취재원을 통해 보고서를 입수한 〈워싱턴 포스트〉는 온갖 협박에도 보도를 감행했다. 3500만 달러 규모의 주식상장을 앞두고 자문 변호사들이 보도중지를 건의했지만 그녀는 귀 기울이지 않았다.

　1974년에 닉슨 전 대통령을 권좌에서 끌어내린 워터게이트 사건도 '워싱턴포스트' 작품이었다. 밥 우드워드와 칼 번스타인이라는 두 민완기자가 도청 사실을 포착하자 존 미첼 당시 법무장관은 "캐티(캐서린 그레이엄의 애칭)의 젖가슴을 세탁기에 넣고 짜 버릴 것"이라고 위협했다. 그러나 그녀는 "내가 관심을 갖는 것은 오로지 공정하고 정확한 보도"라며 압력을 물리쳤다.

　그레이엄 회장은 기업가로서도 뛰어난 수완을 보였다. "좋은 신문이라야 돈도 번다"는 지론을 갖고 있던 그녀는 가족 기업이었던 〈워싱턴 포스트)를 신문·잡지·TV·케이블 및 교육사업 등을 망라한 언론기업으로 키워냈다. 워싱턴 사교계의 최대 명사이기도 했던 그는 1997년 자서전 『개인의 역사Personal History』를 펴내 퓰리처상을 받기도 했다.

우리나라의 경우 '전업주부'에서 '철의 여인'으로 변신한 경영인으로는 장영신(73) 애경그룹 회장, 양귀애(62) 대한전선 고문, 이어룡(56) 대신증권 회장, 현정은(54) 현대그룹 회장, 최은영(47) 한진해운 회장이 손꼽힌다. 이들은 결혼 뒤 남편 내조에 머물거나 미술관 등 문화사업과 같은 제한된 대외활동을 벌이다 경영자로 변신했다.

장영신 회장은 국내 여성CEO 1호로 불린다. 장 회장도 남편의 갑작스런 사망으로 회사를 떠맡은 경우다. 1970년 막내아들인 채승석 애경개발 사장을 낳은지 사흘 만에 남편 고 채몽인 사장을 심장마비로 떠나보낸 뒤 경영 최전선에 뛰어들었다. 1971년 남편 타계 1주기가 끝나자마자 경리학원에서 복식과 부기를 배웠다. 이듬해인 1972년 8월부터 회사에 정식 출근했다. 시댁과 친정 가족은 물론 회사 임원들까지 장 회장이 CEO가 되는 것을 반대했다. "암탉이 울면 집안이 망한다"에서부터 "그만두겠다"고 어름장을 놓는 임원들도 있었다. 둘째 오빠 고 장선돈 씨는 회사를 나가버렸다. 하지만 장 회장은 남성 못지 않은 카리스마로 애경을 계열사 20여개의 중견 그룹으로 일궈냈다.

양귀애(62) 대한전선 고문은 '그림자 경영'이라는 수식어가 따라 붙는다. 경영 일선에 나서지 않고 대신 음지에서 묵묵히 경영을 뒷받침하고 있다는 의미다. 양 고문은 고 양태진 국제그룹 창업주의 막내

딸로 서울대 음대를 졸업하던 해인 1969년 고 설원량 전 대한전선 회장과 결혼했다. 35년 동안 가정주부로 지냈지만 2004년 남편이 뇌출혈로 급작스레 세상을 뜨자 대한전선의 1대주주가 됐다. 남편이 타계한 이듬해부터 남아프리카공화국 현지법인을 방문하고, 국제 전선업계 회의에 참여하는 등 조용히 실무를 익혔다.

이어룡(56) 대신증권 회장은 증권업계 최초 여성CEO다. 이 회장도 2004년 폐암으로 유명을 달리한 남편 양회문 회장을 대신해 경영일선에 나서기까지 28년 동안 살림만 했던 평범한 주부였다. 이 회장은 2008년 2월 금연을 당부하는 편지를 임직원들에게 보냈다. 흡연이 얼마나 나쁜 것인 줄 너무나 잘 알고 있는 이 회장이 직원 건강을 위해 팔을 걷어붙인 것이다. 이 회장은 편지에서 "대신증권 임직원들이야말로 회사의 소중한 자산이기 때문에 건강을 챙기는 것은 회사의 경영성과를 높이는 것 이상의 가치 있는 일"이라고 강조했다.

이 회장의 직원 챙기기는 여기서 그치지 않는다. 대신증권 본사 11층과 연수원 구내식당 입구엔 '화학조미료를 절대 쓰지 않는다'는 문구가 쓰여 있다. 영업점을 돌면서 낡은 점포는 무조건 뜯어 고쳤다. 지저분한 곳은 새로 인테리어를 했다. 비용을 아긴다고 건물 2층에 올라가 있는 영업점은 1층으로 끌어내렸다. 본사에는 모든 화장실에 비데를 설치했다.

아버지로부터 독립하며 성공한 케이스도 있다. 이명희(66) 신세계 그룹 회장이 대표적이다. 이명희 회장은 이병철 삼성 창업주로부터 가장 사랑받은 귀여운 막내딸이었다. 이명희 회장이 1991년 삼성에서 계열 분리할 때 백화점과 조선호텔만 갖고 나왔다. 하지만 신세계를 국내 최고의 유통 '명가'로 키웠다. 그룹 주력이 된 이마트는 이 회장이 직접 사업 아이디어를 낸 것이라고 한다. 직원에게 일을 믿고 맡기는 스타일이지만 주요 매장 개점 등을 직접 챙기며 자신의 아이디어와 경영 방침을 현장에 반영하고 있다. 신세계 본점 1층 로비에 가면 이병철 삼성그룹 창업주의 흉상이 있다. 이 창업주가 1963년 7월 동화백화점을 인수해 신세계백화점을 출범시킨 것을 기념하기 위한 것이다.

평범한 주부에서 반짝이는 아이디어로 CEO가 된 여성도 눈에 띈다. 한경희(45) 한경희생활과학 대표는 청소를 하다가 '걸레질 좀 편하게 할 수 없을까'라는 아이디어를 밑천으로 1999년 창업했다. 3년 동안 제품 개발에 매달린 끝에 대걸레질 하듯 서서 청소할 수 있는 스팀청소기를 내놓았다. 틈새시장을 개발한 것. 이 청소기는 두 집 건너 한 집은 갖고 있는 필수가전이 됐다. 자본금 3억원으로 출발한 이 회사는 현재 1천억원대 매출을 올린다. 한 대표는 미국 〈월스트리트저널〉이 선정한 '주목해야 할 최고의 여성 50인'에 포함되기도 했다.

이희자(55) 루펜리 대표는 남편 회사 부도라는 위기를 기회로 되살렸다. 이 대표는 남편의 환경사업이 IMF 위기로 실패했을 때 사채업자들의 협박에 시달려야 했다. 돈이 없어 아이들 급식비도 제대로 내지 못할 처지에 내몰렸다. 그러다 뚝뚝 떨어지던 음식물쓰레기 국물을 보면서 제품 아이디어를 떠올렸다. 1999년 당시엔 낯설었던 음식물쓰레기처리기를 세상에 내놓았다. 2002년부터 대기업에 OEM(주문자상표부착) 방식으로 납품하기 시작했다.

두 사람 모두 살림하는 주부의 고충을 사업 아이디어로 발전시켜 성공한 CEO라는 점에서 닮았다. 또 TV홈쇼핑과 주부들 입소문을 발판 삼아 대기업도 생각하지 못한 신규 생활가전 시장을 열었다는 공통점도 갖고 있다.

CEO는 아니지만 가업을 잇는 2세대 여성 경영인들도 최근 부쩍 늘었다. 2009년 승진한 이부진(39) 신라호텔 전무는 인천공항 면세점 사업을 진두지휘하는 등 호텔경영에 적극 나서고 있다. 동생인 이서현(36) 제일모직 상무는 제일모직의 미래사업 발굴과 브랜드 전략을 이끌고 있다. 현대그룹 현정은 회장의 장녀인 정지이(32) 전무는 2004년 현대상선에 평사원으로 입사한 뒤 2007년 전무가 되는 등 후계자 수업을 받고 있다. 이명희 회장의 딸인 정유경(37) 조선호텔 상무는 디자인 전공을 살려 호텔의 리노베이션 등 디자인 분야에 집중하고 있다. 조양호 한진그룹 회장의 맏딸 조현아(35) 상무는 기내식사업본부장을 맡고 있다.

여성CEO들은 경영일선에서 시나브로 부각되고 있다. 하지만 이를 보편적인 추세로 보기는 아직 어렵다는 반론도 만만치 않다. 전체 CEO 가운데 여성CEO가 차지하는 비중은 여전히 미미하다. 보수적인 기업문화를 감안하면 우리나라 기업에서 인드라 누이 펩시 CEO 같은 여성 경영인이 나오기까지 시간이 걸릴 것이라는 추측도 있다.

미국은 지난 1991년 유리천장 위원회Glass Ceiling Commission를 만들어 여성들의 사회 진출을 제도적으로 독려했다. 그 뒤 미국인늘은 어느 때보다 화려한 여성CEO 시대를 지켜보고 있다.

맞수기업열전

ⓒ 정혁준 2009

1판 1쇄 2009년 7월 13일
1판 2쇄 2009년 7월 27일

지은이 정혁준
펴낸이 강성민
편집장 이은혜
마케팅 신정민

펴낸곳 (주)글항아리 | 출판등록 2009년 1월 19일 제406-2009-000002호

주소 413-756 경기도 파주시 교하읍 문발리 파주출판도시 513-8
전자우편 bookpot@hanmail.net
전화번호 031-955-8888(관리부) 031-955-8898(편집부)
팩스 031-955-2557

ISBN 978-89-93905-03-8 03320

본문 사진 ⓒ 이병곤

에쎄는 (주)글항아리의 에세이, 실용 분야 브랜드입니다.

이 도서의 국립중앙도서관 출판시도서목록(CIP)은 e-CIP홈페이지(http://www.nl.go.kr/ecip)에서
이용하실 수 있습니다. (CIP제어번호 : CIP2009001947)